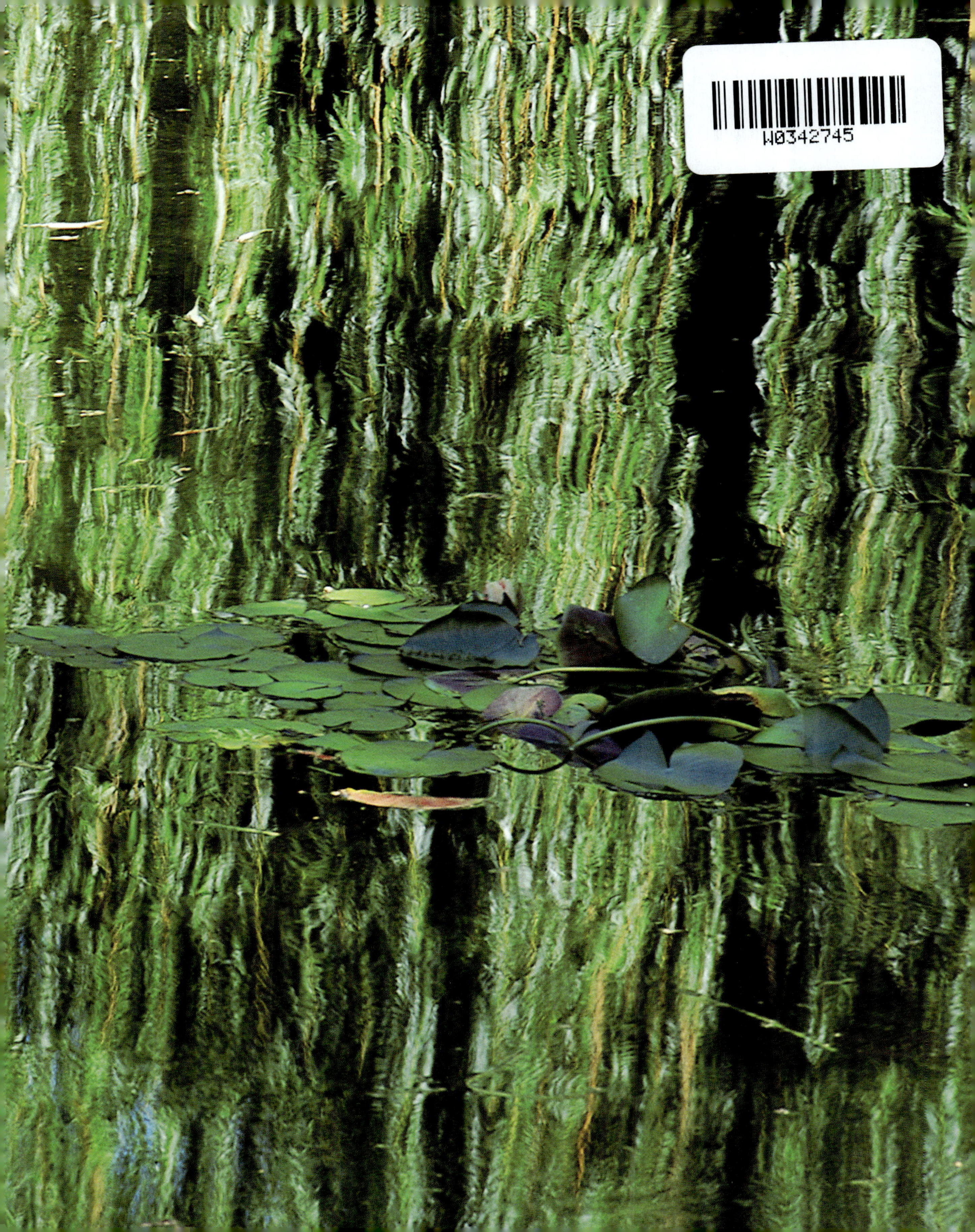

Wolfgang S[illegible] - [illegible]

von Frau [illegible]

Monet

und sein Garten
in Giverny

Collection
Rolf Heyne

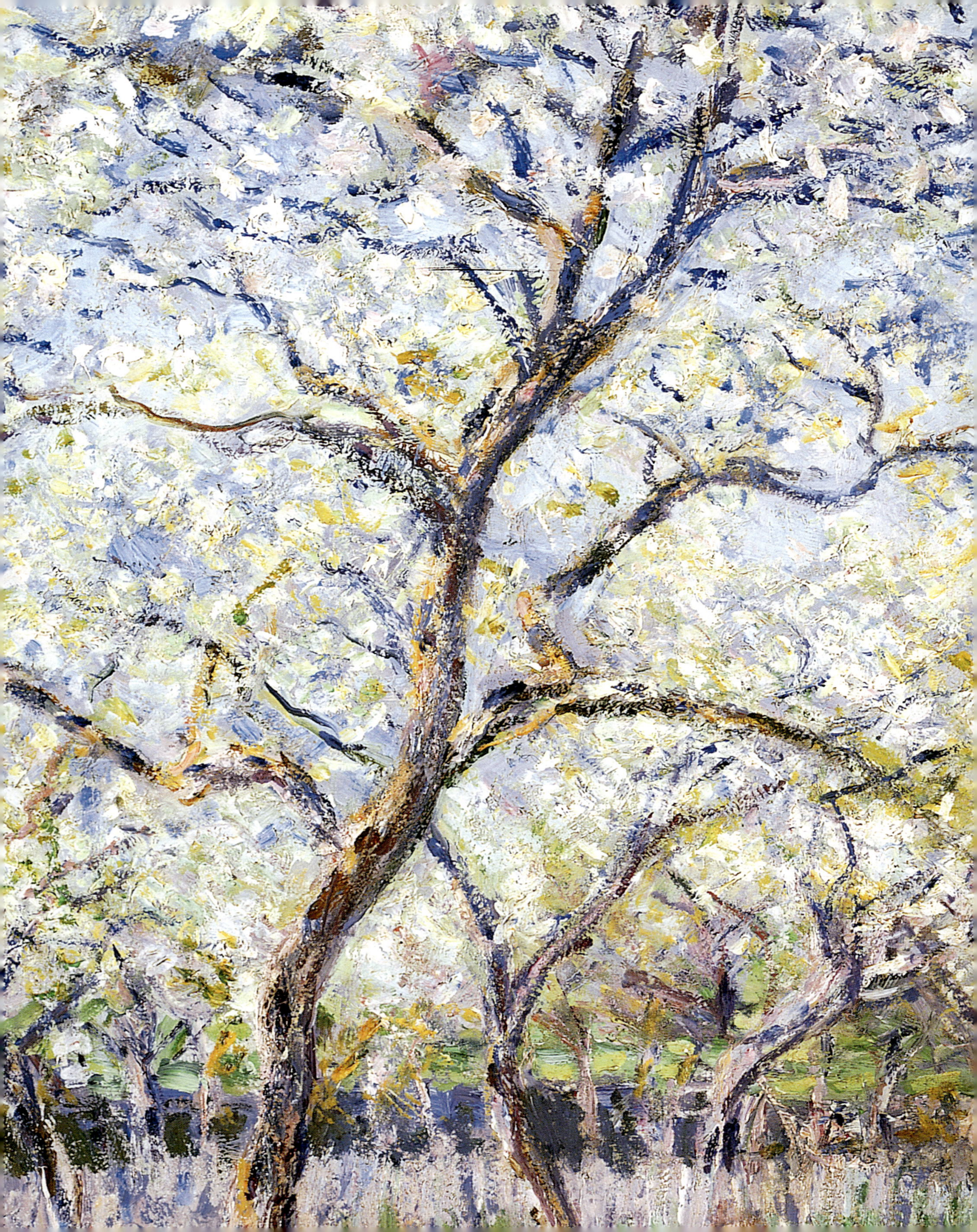

Caroline Holmes

Monet

und sein Garten in Giverny

COLLECTION ROLF HEYNE
MÜNCHEN

Meinen Eltern gewidmet.
Ihre Zuneigung, ihre Lebensfreude, ihr Humor und ihre Liebe zu Frankreich gehören zu den schönsten Dingen, die ich erleben durfte. Ich hoffe, ein wenig davon weitergeben zu können.

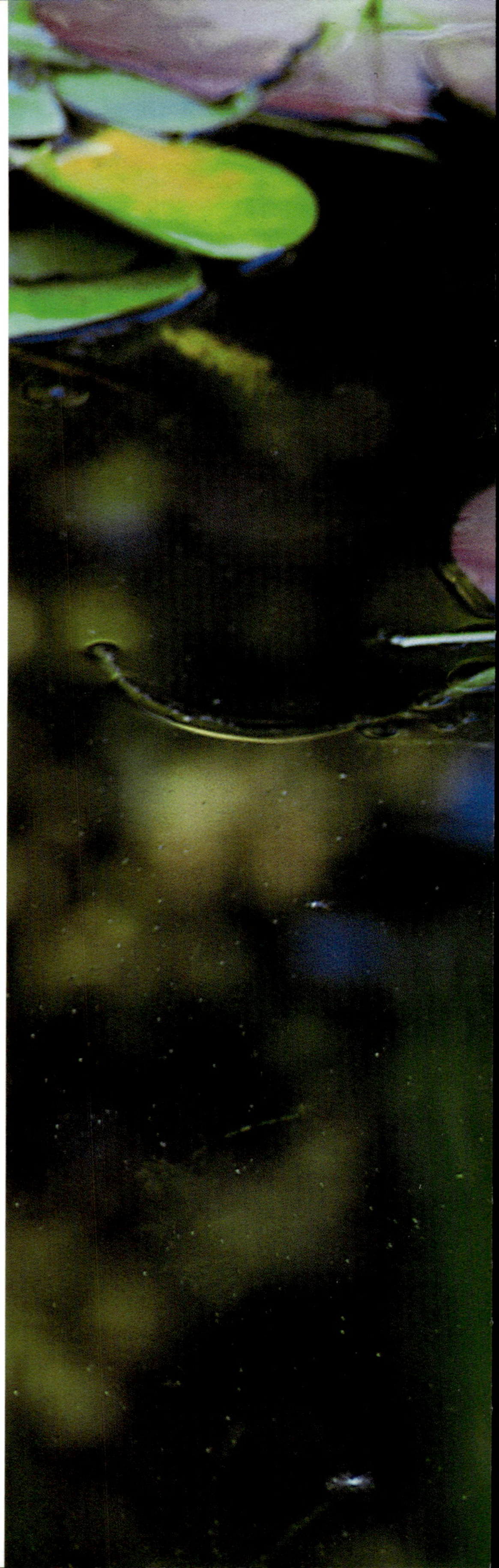

Titel der englischen Originalausgabe: *Monet at Giverny*
Ins Deutsche übertragen von Kirsten Sonntag

Die Originalausgabe erschien 2001 bei
Cassell & Co
Wellington House
125 Strand
London WC2R 0BB

Umschlaggestaltung: Hauptmann und Kampa Werbeagentur, CH-Zug, unter Verwendung folgender Bilder: Claude Monet, *Seerosen*, 1908, auf der Umschlag-Vorderseite: Bridgeman Art Library/Christie's Images; Monets Porträts auf der Umschlag-Rückseite und auf dem Rücken: Philippe Piguet Collection; Ansichten von Giverny auf der Umschlag-Rückseite: Andrew Lawson Collection; Claude Monet, *Seerosen*, 1914–17, auf der Umschlag-Rückseite: Bridgeman Art Library/Musée Marmottan; Bild von Caroline Holmes auf der hinteren Klappe: Nick Holmes.
Layout: David Rowley
Redaktion: Christa Klus-Neufanger
Herstellung: Karlheinz Rau
Satz: Grafikhaus, München
Druck und Bindung: Printer Trento, Trient
Printed in Italy

ISBN 3-89910-151-0

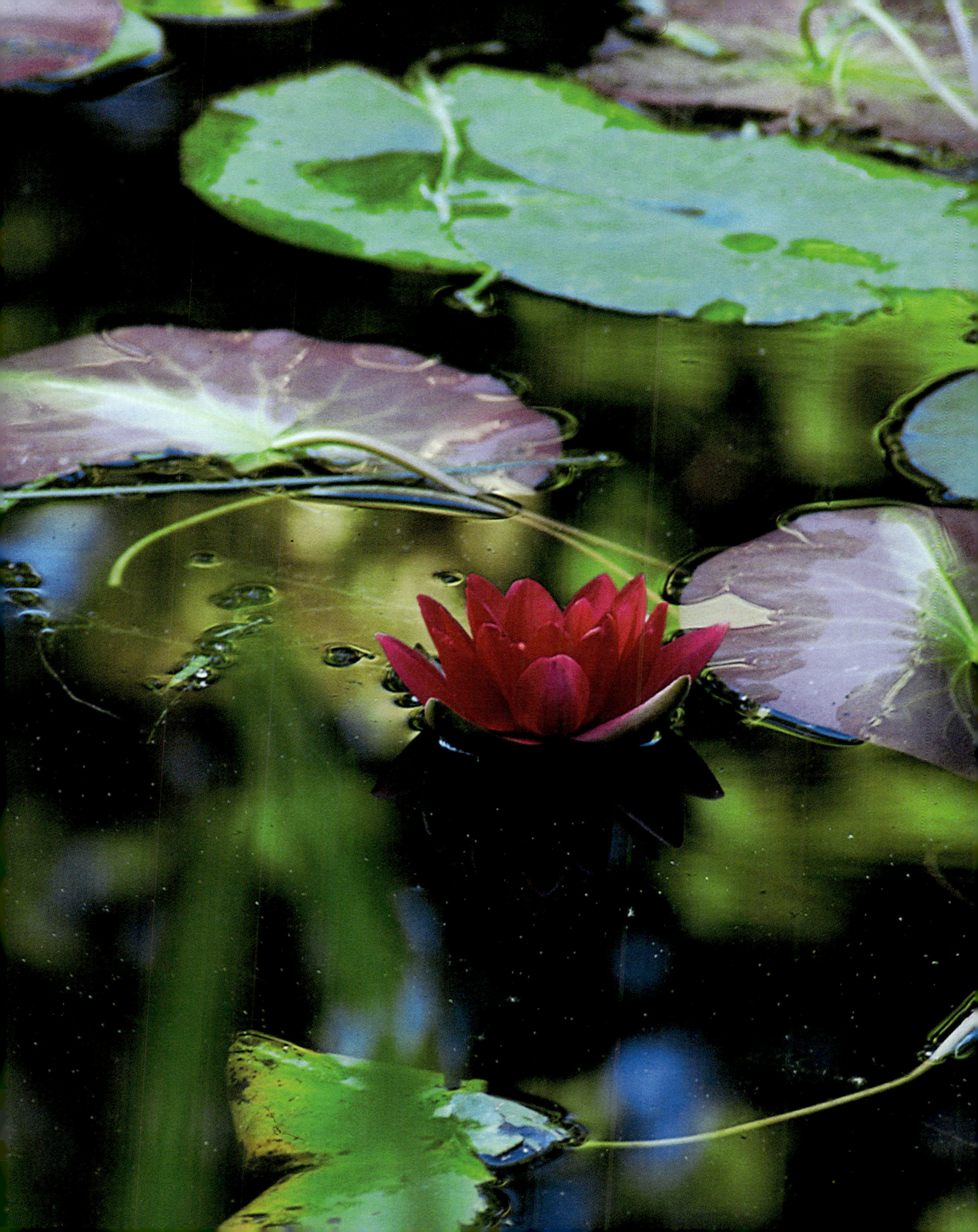

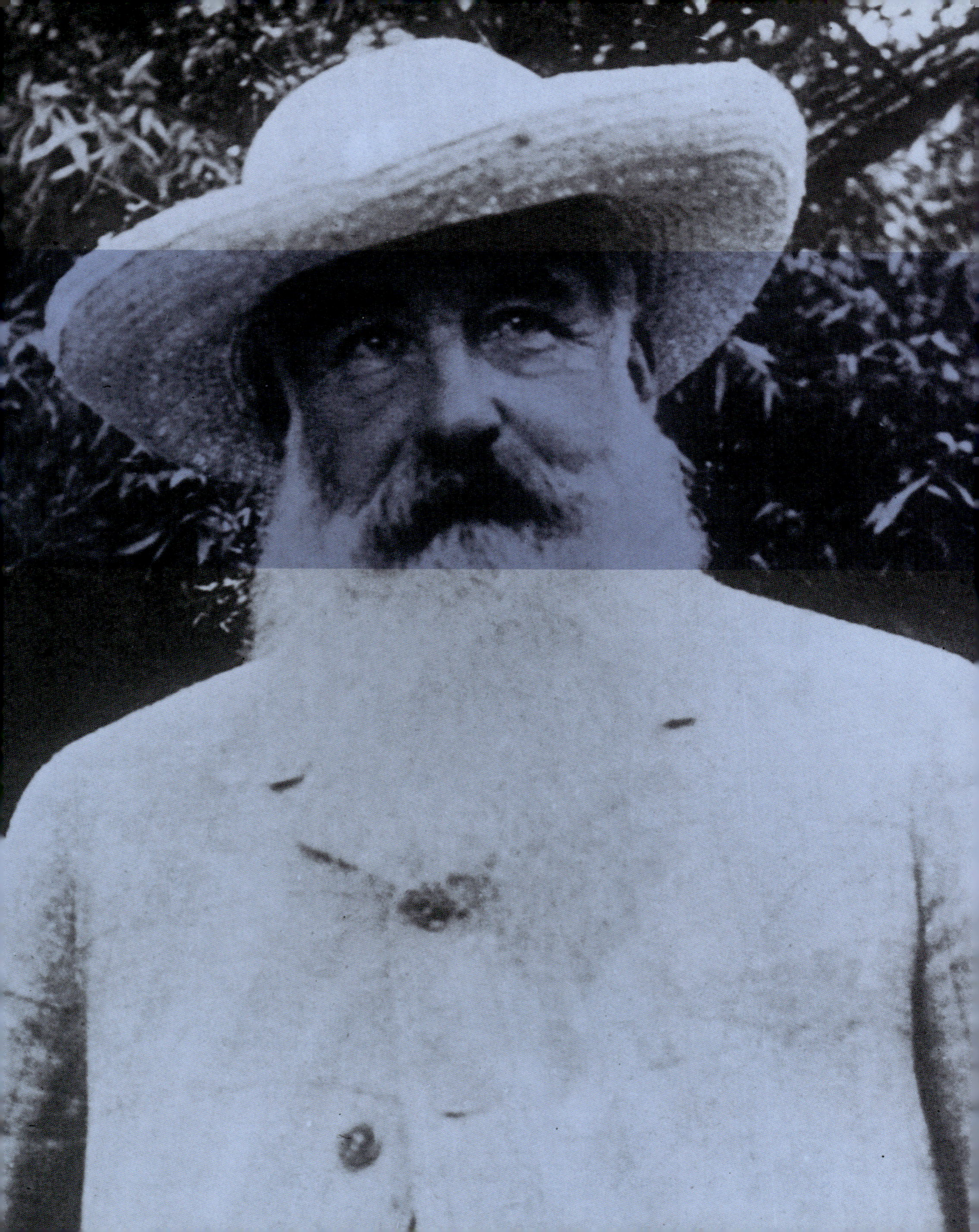

INHALT

Einführung

DER WEG, DER MICH ZU MONET und nach Giverny führte, wo er 43 Jahre lang gelebt und gearbeitet hatte, war lang und oft voller Überraschungen. Viele Bilder des Künstlers haben mich berührt, solange ich zurückdenken kann; heute betrachte ich sie allerdings mit ganz anderen Augen als früher und sie sprechen mich auf eine andere Weise an. Dass die Reaktion auf ein Werk Wandlungen unterworfen ist, war eine Erfahrung, die auch Monet selbst machte.

Monet und seine Gemälde sind mir praktisch von frühester Kindheit an ein Begriff. 1927, also ein Jahr nach dem Tod des Malers, öffnete das Musée de l'Orangerie seine Pforten und präsentierte Monets Denkmal für die Gefallenen des Ersten Weltkriegs der Öffentlichkeit. Dabei handelte es sich um die so genannten *Grandes Décorations*, großformatige Wandtafeln, die Gartenansichten von Giverny zeigen. Im selben Jahr kam mein Großvater nach einem sechsmonatigen Aufenthalt in Hollywood mit seiner Frau und seinem kleinen Sohn nach Paris, um Kinobetreiber bei der Umstellung vom Stummfilm auf den neuen Tonfilm zu beraten. Von 1927 bis 1937 lebte meine Familie in einem Haus vor den Toren der Stadt, in der Rue Corot in Ville d'Avray. Ihr Vermieter, ein älterer Herr, hatte sowohl Camille Corot als auch Monet als Nachbarn kennen gelernt. Ganz in der Nähe hatte Monet 1866 *Frauen im Garten* gemalt. 1960 hörte ich als kleines Mädchen zu, wie meine Familie Erinnerungen an diesen Ort wachrief, und betrachtete dabei die Illustrationen in dem dicken Buch von William Seitz mit Titel *Monet*, das mein Vater während eines beruflichen Aufenthalts in Italien gekauft hatte. 40 Jahre später stellte dieses Buch für mich den Wendepunkt in der Neubeurteilung des Lebenswerks von Monet dar. Als ich 1989 mit meinem fünfjährigen Sohn Nick die Ausstellung »Monet in the Nineties« in der Londoner Royal Academy of Arts besuchte, hingen unsere Augen fasziniert an den Gemälden. Die Betrachtungsweise meines Sohnes war geprägt von kindlicher Offenheit und Neugier, meine von der Liebe zu Gärten. Die Gärtnerin in mir fragte sich voller Unverständnis, wie jemand immer und immer wieder ein und dasselbe Motiv malen konnte. Nick kommentierte munter plappernd all die vielen Farben und Lichteffekte, die ihm umso lustiger und anregender erschienen, als das Motiv immer das gleiche blieb. Als wir elf Jahre später die Ausstellung »Monet in the 20th Century« besuchten, hatte sich unser Hintergrundwissen nicht unbedingt verbessert, auf jeden Fall war aber unsere Sichtweise eine ganz andere.

Auch Monet erklärte nach einem mehrmonatigen Aufenthalt in London, dass er von den Werken Turners gänzlich unbeeindruckt sei. Als er jedoch zwanzig Jahre später zurückkehrte, revidierte er seine Meinung. War es der Künstler oder der Gärtner in ihm, der diesen Wandel bewirkt hatte? Schwierig zu sagen, denn die Charakterzüge beider Persönlichkeiten können untrennbar ineinander verwoben sein. So erklärte die oftmals als »impressionistische Gärtnerin« apostrophierte Gertrude Jekyll einmal, Turners *Fighting Temeraire* habe ihre Farbgebung vieler prächtiger Staudenanlagen der ersten Jahrzehnte des 20. Jahrhunderts inspiriert.

Nach der von Gerald van der Kemp 1977 durchgeführten gärtnerischen Restaurierung von Giverny las ich mit großem Interesse alles über die Wiederauferstehung von Monets Garten. 1990 hatte ich die Gelegenheit, diesen Ort persönlich kennen zu lernen und zu erfahren. Da ich französisch spreche und das Loiretal gut kenne, erhielt ich das Angebot, eine Reisegruppe durch französische Gärten zu führen. Und welcher Ort hätte sich besser als Ausgangspunkt für die Tour in das weiter südlich gelegene Loiretal geeignet als Monets Garten in Giverny?

Im Juli 1991 wirkte der obere Gartenbereich mit seinen Lauben, Wegen und Blumenbeeten recht trocken und ein wenig blass auf mich. Doch je weiter ich den Wegen in Richtung des erfrischenden, klaren Wassergartens folgte, desto mehr nahm mich Giverny gefangen. Seitdem komme ich mindestens einmal, manchmal sogar dreimal im Jahr hierher. Im Winter wirken die Anlagen vollkommen unspektakulär, im Frühling aber besticht der obere Garten durch ein Blütenmeer, dessen impressionistische Farbenpracht einen Kontrapunkt zu der Stille und schlichten Eleganz des Wassergartens setzt. Selbst wenn sich große Menschenmassen hier aufhalten, herrscht noch immer eine Atmosphäre beschaulicher Ruhe. Mit den Eintrittsgeldern wurde ein sehr sinnvolles Bewässerungssystem finanziert – doch nun müssen Barrieren die vielen Besucher daran hindern, auf den Spuren Monets bis in den letzten abgeschiedenen Winkel seines bezaubernden und unglaublich faszinierenden Paradieses vorzudringen.

Allein, mit Verwandten oder Besuchergruppen bin ich regelmäßig zwischen Giverny und den drei wichtigsten Pariser Museen gependelt – dem Musée d'Orsay, dem Musée Marmottan und dem Musée de l'Orangerie, das zum Zeitpunkt des Entstehens dieses Buches noch geschlossen war. Am Musée d'Orsay, einem ehemaligen Bahnhof, der liebevoll MD'O genannt wird, fasziniert mich besonders die Architektur, die von den herrlichen Kontrasten zwischen den Warteräumen der Erste-Klasse-Reisenden im schwerfällig-plumpen Stil des 19. Jahrhunderts und den luftig-leichten, großzügigen Bahnsteigen geprägt wird. Die umfassende Sammlung französischer Kunst nach 1848 erlaubt dem Besucher, Vergleiche zwischen Monet und seinen Zeitgenossen anzustellen. Das Musée Marmottan präsentiert Monets Werke in einer großartigen chronologischen Abfolge, zeigt aber auch, wie die dem Großbürgertum angehörende Familie Marmottan lebte und sammelte, während sich Monet bei seiner eigenen Kollektion von ganz persönlichen und eklektischen Motiven leiten ließ. Die beiden elliptischen Räume im Tiefgeschoss der Orangerie sind ausschließlich Monets großem Vermächtnis an sein Vaterland gewidmet, der Zauber seines Garten wird hier in Form der Seerosendarstellungen zum Ausdruck gebracht. Die fröhliche Atmosphäre dieser vier Orte ist sowohl visuell als auch intellektuell spürbar, doch ihre Faszination wächst, je besser man sie kennen lernt – auch ein Gärtner erlebt ja, dass seine eigenen Fähigkeiten durch Wissen und Erfahrung erst reifen müssen.

Im Lauf der Jahre wurde Giverny zum Lebenselixier Monets; die Rhythmen und Harmonien der Natur gingen in sein Denken und seinen Geist über. Blanche Hoschedé, die Stief- und zugleich Schwiegertochter Monets, pflegte das Anwesen hingebungsvoll bis zu ihrem eigenen Tod zwanzig Jahre später, doch dann erlosch der Glanz von Giverny. Gleich einem Dornröschenschloss versank das Anwesen unter Brombeerranken und Gestrüpp, auch die Rabatten und Strukturelemente, vor allem die geschwungenen Ufer des Wassergartens verfielen mehr und mehr. Nachdem der Garten von Monets Sohn Michel schließlich der Académie des Beaux-Arts vermacht worden war, beauftragte im Jahr 1976 der Konservator Gerald van der Kemp den jungen Gilbert Vahé, heute leitender Gärtnermeister, von der Ecole Nationale d'Horticole in Versailles gemeinsam mit einer Verwalterin, der heutigen Direktorin Claudette Lindsey, mit dessen Wiederherstellung. Die Auferstehung von Giverny erforderte viel Geld und großes Können. Der Erfahrung und dem großen Talent dieser beiden Personen verdanken wir unser heutiges Wissen und Verständnis in Bezug auf Giverny.

Als Monet begann, in Giverny zu malen, ging er davon aus, dass sich die Lichtverhältnisse in halbstündigen Intervallen veränderten. Gegen Ende seines Lebens war er nach jahrzehntelangen Beobachtungen jedoch zu dem Schluss gekommen, dass dies schon nach wenigen Minuten der Fall war. Verbringt man als Besucher nur zwei oder drei Stunden im Garten, so sollte man diese Wechsel beobachten, um zumindest einen winzigen Bruchteil von Monets 43 Jahre währendem, konzentriertem Schaffen in Giverny zu erfassen. Vor dem Besuch des Gartens sollte man auf der Dorfstraße nach Westen zu dem alten Hôtel Baudy gehen, in dessen Garten ich suppentellergroße Pfingstrosen entdeckte, die von einem eigens aufgestellten Sonnenschirm liebevoll beschattet wurden. Hier stiegen zu Monets Lebzeiten häufig junge amerikanische Künstler ab; ihr Gartenatelier existiert noch heute. Lassen Sie dann den Blick nach Norden schweifen, hinüber zu den nahe gelegenen Hügeln, und dann nach Süden, vorbei an Platanen und Pappeln bis zur Seine. Auf dem Weg zurück zum Garten sollte man immer wieder innehalten und die jeweilige jahreszeitliche Stimmung auf sich wirken lassen. Den Rundgang durch Monets Anwesen beginnt man am besten im Haus. Ein Weg zum Herz des Künstlers führte durch seinen Magen: Stellen Sie sich bei der Besichtigung der Küche und des Speisezimmers vor, das Stimmengewirr der anderen Besucher sei das Geplauder der abendlichen Gäste des Malers.

Wie die meisten Häuser des Dorfes ist auch Monets Haus in Ost-West-Ausrichtung erbaut, sodass von morgens bis abends helles Tageslicht durch das Blattwerk der Pappeln, der Weiden und der Kirschbäume in die Räume, auch sein früheres Schlafzimmer, dringen kann. Die von Monet angebaute Veranda stellt geschickt die Verbindung zwischen Haus und Garten her. Von hier aus kann man den Blick entlang der Zentralachse schweifen lassen: Die Grande Allée führt zur Blutbuche, die als Blickfang dient. Im Spätsommer erkennt man, dass dieser Weg mehr als nur eine nach formalen Prinzipien angelegte Allee ist: Der dichte grüne Tunnel schließt Himmel und Erde aus; die Decke des Tunnels besteht aus einem Rosengeflecht, die Wände sind mit einer Millefleur-Tapete aus unzähligen Blüten geschmückt, Kapuzinerkresse bildet einen dicken Teppich zu Füßen des Besuchers. Zu beiden Seiten der Grande Allée laden mit Clematis überrankte »Zimmer« zum Verweilen ein, das Auge erfreut sich an rasterförmig angelegten Blumenbeeten in den prächtigsten Farben.

Eine Straße teilt den Garten in zwei Hälften. Ihre Überquerung würde den Zusammenhalt der Anlage und den Genuss beeinträchtigen – glücklicherweise wurde im Zuge der Wiederherstellung eine Unterführung hinüber zum Wassergarten geschaffen. Hier herrscht ein gänzlich anderes Licht; die Atmosphäre wird vom Grün der Weiden und des Bambus beherrscht, ein schmaler Fußweg schlängelt sich am Teichufer entlang zu der japanischen Brücke, die unter einem Meer von Glyzinen versinkt. Auch wenn diese Szenerie durch zahllose Reproduktionen hinlänglich bekannt scheint, fasziniert die Wirklichkeit der leuchtenden Seerosen auf der glitzernden Wasseroberfläche immer wieder aufs Neue. Lassen Sie ihrer Fantasie freien Lauf, genießen Sie die Reflexionen des Wassers, die Spiegelbilder der Blüten und der Brücken, bis Himmel und Wasser miteinander verschmelzen.

Monet und Giverny sind untrennbar miteinander verbunden. Hier schuf der Künstler einen unnachahmlichen Ort, der ihn zu zahllosen großartigen Gemälden inspirierte. Das Zusammenspiel von Licht und Farbe, von Natur und Leinwand verdichtete sich in Giverny zu einem einzigartigen kreativen Impetus. Er sorgte für eine dichte, sinnliche Umgebung, die Monets künstlerische Vision bis zu seinem letzten Tag nährte.

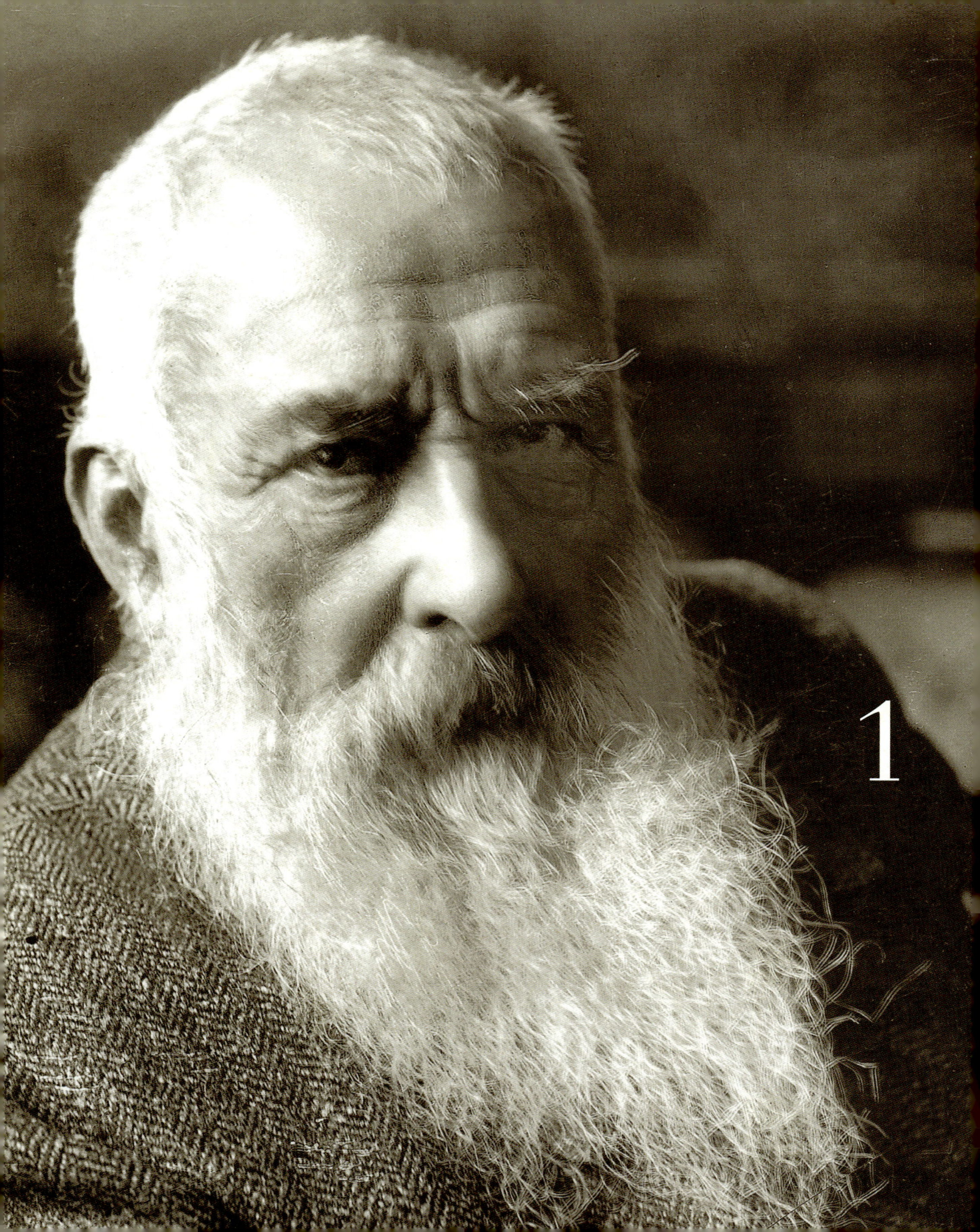

1

Der Mensch

Ein künstlerischer Geist

WÄHREND SEINER LANGEN JAHRE in Giverny wich Monets Tagesablauf nur selten von der gewohnten Routine ab. Zwischen vier und fünf Uhr morgens stand er auf, öffnete das Fenster und betrachtete den Himmel. Kündigte sich schönes Wetter an, nahm er ein kaltes Bad, dem gegen 5 Uhr 30 ein herzhaftes Frühstück folgte. Dann begann er mit dem Malen, oftmals assistiert von einem Familienmitglied. Gegen 11 Uhr beendete er seine morgendliche Sitzung; das Mittagessen musste um Punkt 11 Uhr 30 auf dem Tisch stehen. Danach wurden Kaffee und selbst gebrannter Pflaumenschnaps gereicht. Nach einem kurzen Mittagsschlaf verließ er bei schönem Wetter das Haus, um im Freien zu malen. Er beobachtete die Veränderungen des Himmels, dessen Wolken sich im nahe gelegenen Fluss spiegelten. In späteren Jahren beschränkte er seine Naturbeobachtungen fast gänzlich auf den Teich in seinem Garten. Ab und an blieb er auch in seinem Atelier. Um 19 Uhr wurde zum Abendessen geläutet und gegen 21 Uhr 30 ging Monet zu Bett. Abweichungen von diesem Rhythmus waren äußerst unerwünscht und Monet reagierte überaus ungehalten, wenn er einen schlechten Tag hatte oder das Wetter nicht seinen Wünschen entsprach. Der feste Tagesablauf beeinträchtigte jedoch niemals die herzliche Gastfreundschaft, mit der Monet Freunde und Verwandte empfing und die Giverny zum Mittelpunkt und Herzstück einer großen Familie machte.

Unten: Fotografien waren für Monets künstlerischen Schaffensprozess ohne Bedeutung. In dieser Beziehung unterscheidet er sich von Zeitgenossen wie beispielsweise Delacroix. Die Monet-Hoschedés sahen im Fotografieren allerdings ein beliebtes Freizeitvergnügen. Auf einem vom Künstler selbst aufgenommenen Foto spiegelt sich sein breitkrempiger Strohhut im Wasser.

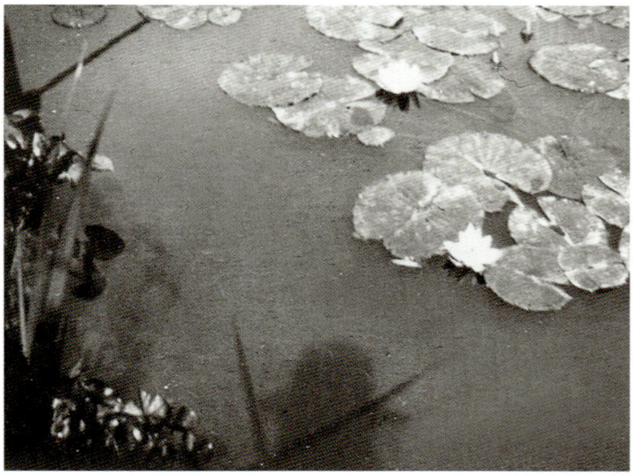

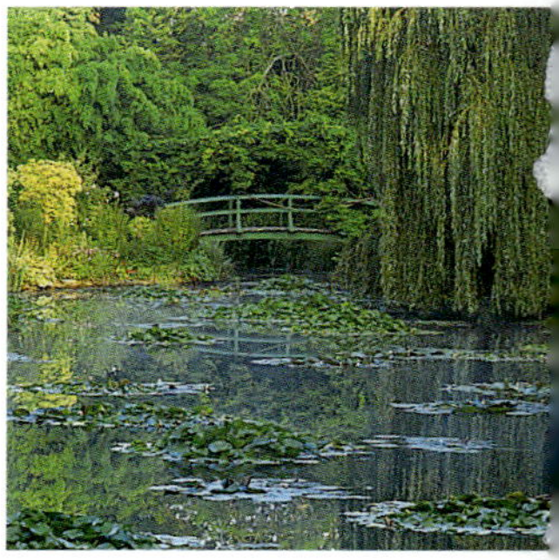

Oben: 1903 wurde der Teich auf eine Länge von sechzig Metern vergrößert; die Brücke erhielt eine Galerie; Seerosen sorgen für prächtige Farbtupfer auf dem Wasser.

Rechts: Mit kühnen Farbkreisen schuf Monet die beinahe abstrakten Seerosengruppen, die auf der Leinwand zu treiben scheinen. In diesem stimmungsvollen Ausschnitt von ***Seerosen*, *Grüne Spiegelungen***, 1916–26, spiegeln sich Himmel und Weiden in Form von texturierten Flächen im Wasser.

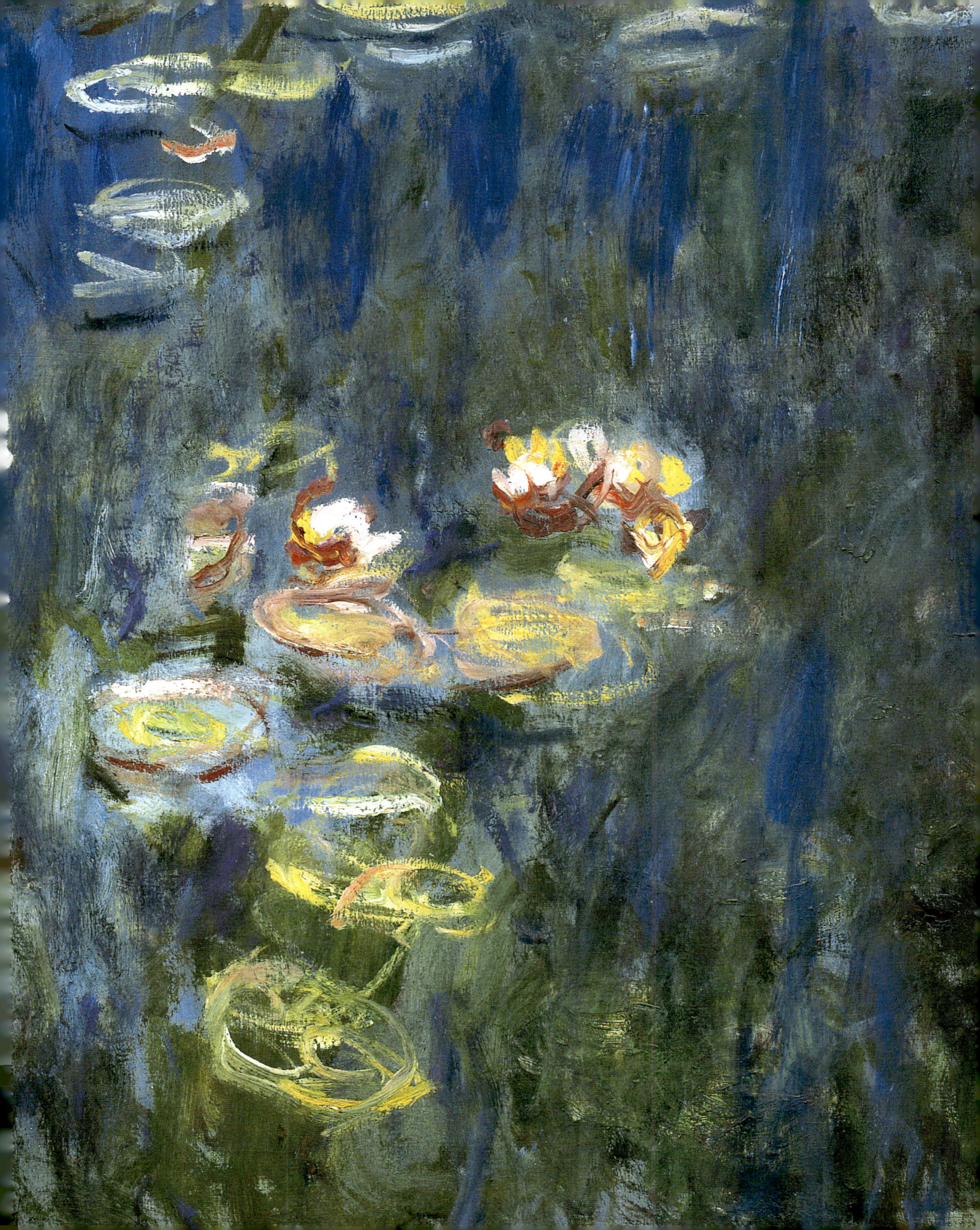

Rechts: Monet ließ am Haus eine Veranda anbauen, die später üppig berankt war. Im Sommer verschwindet die rosafarbene Fassade beinahe völlig unter dem Wilden Wein. Zwei Eiben rahmen den Blick von der Grande Allée zur Tür.

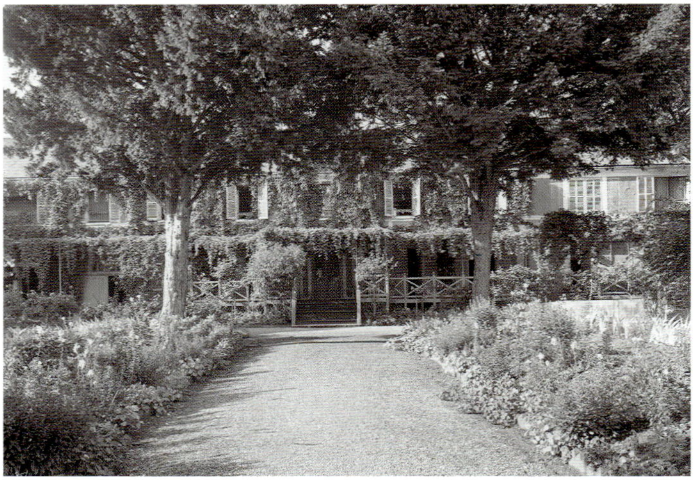

In den sechs Jahren vor der Übersiedlung Monets nach Giverny hatten persönliche Extravaganzen und der schleppende Verkauf seiner Bilder sowohl ihn selbst als auch die Familie seines Freundes und Förderers, Ernest Hoschedé, an den Rand des wirtschaftlichen Ruins gebracht. Angesichts des drohenden Bankrotts verließ der einst wohlhabende Kaufmann und Industrielle Ernest Hoschedé seine Familie, als seine Frau Alice gerade mit ihrem sechsten Kind, Jean-Pierre, schwanger war. Als die Familie Monet 1878 von Paris an die Seine nach Vétheuil zog, schloss sich Alice Hoschedé mit ihren Kindern den Monets an. Kurz zuvor, im März desselben Jahres, hatte Camille Monet ihren Sohn Michel zur Welt gebracht. Es folgte eine langwierige Bauchentzündung, der Camille im September 1879 erlag. Die Monets und die Hoschedés behielten den gemeinsamen Haushalt bei und zogen mehrmals um. Zwischen 1881 und 1883 verlegten sie ihren Wohnsitz von Vétheuil nach Poissy, von dort an die Küste nach Pourville in der Nähe von Dieppe und später zurück nach Poissy.

Rechts: Leuchtende Blütenfarben dominieren das Bild der Grande Allée auf dem Gemälde ***Der Garten in Giverny***, 1902. Die nach vorne geneigten Rabatten des Hügelbeets glühen im Sonnenlicht voll pulsierender Intensität.

»Finden Sie nicht, dass man sich allein in der Natur

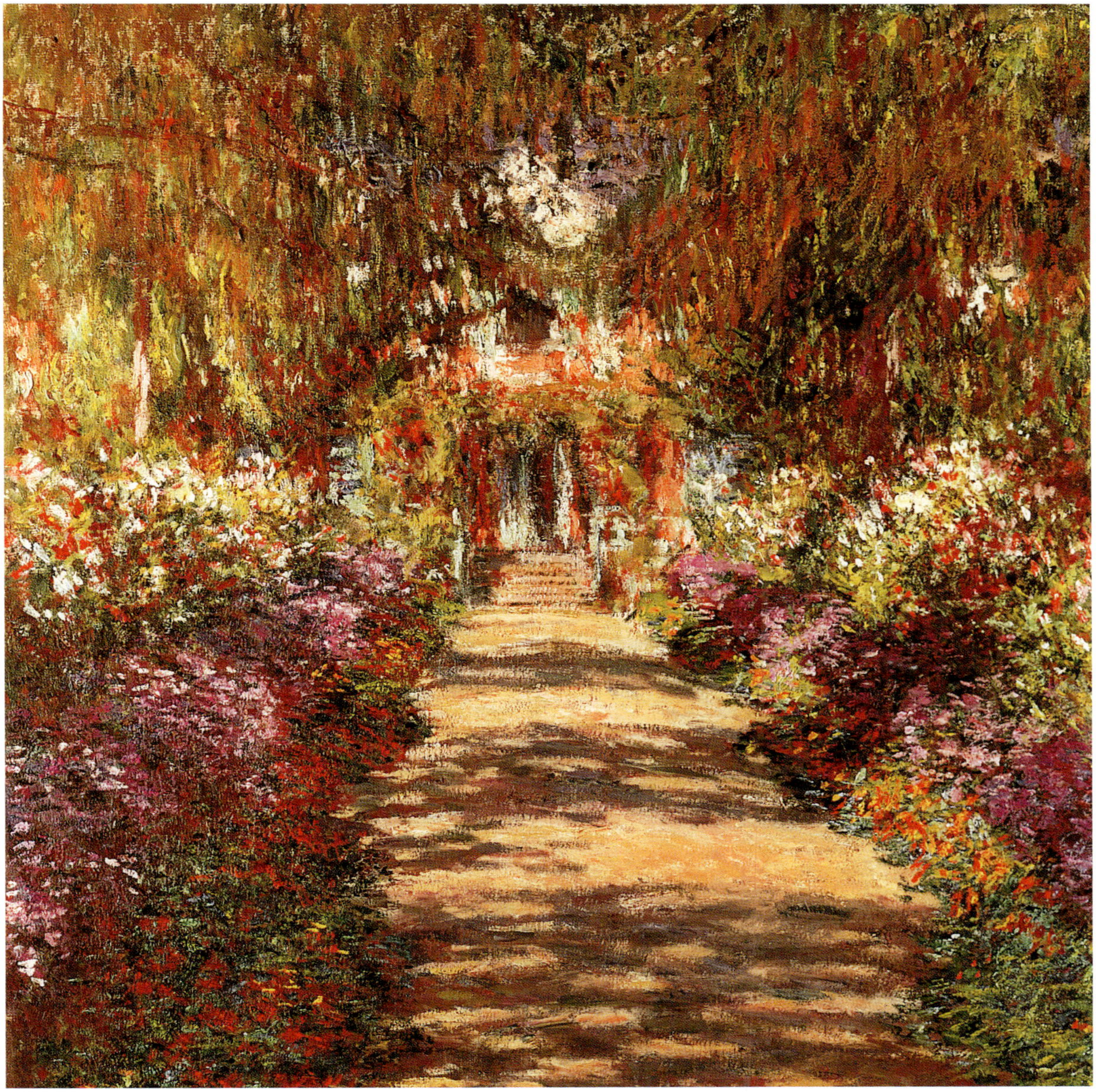

am wohlsten fühlt? Dies ist meine feste Überzeugung.«

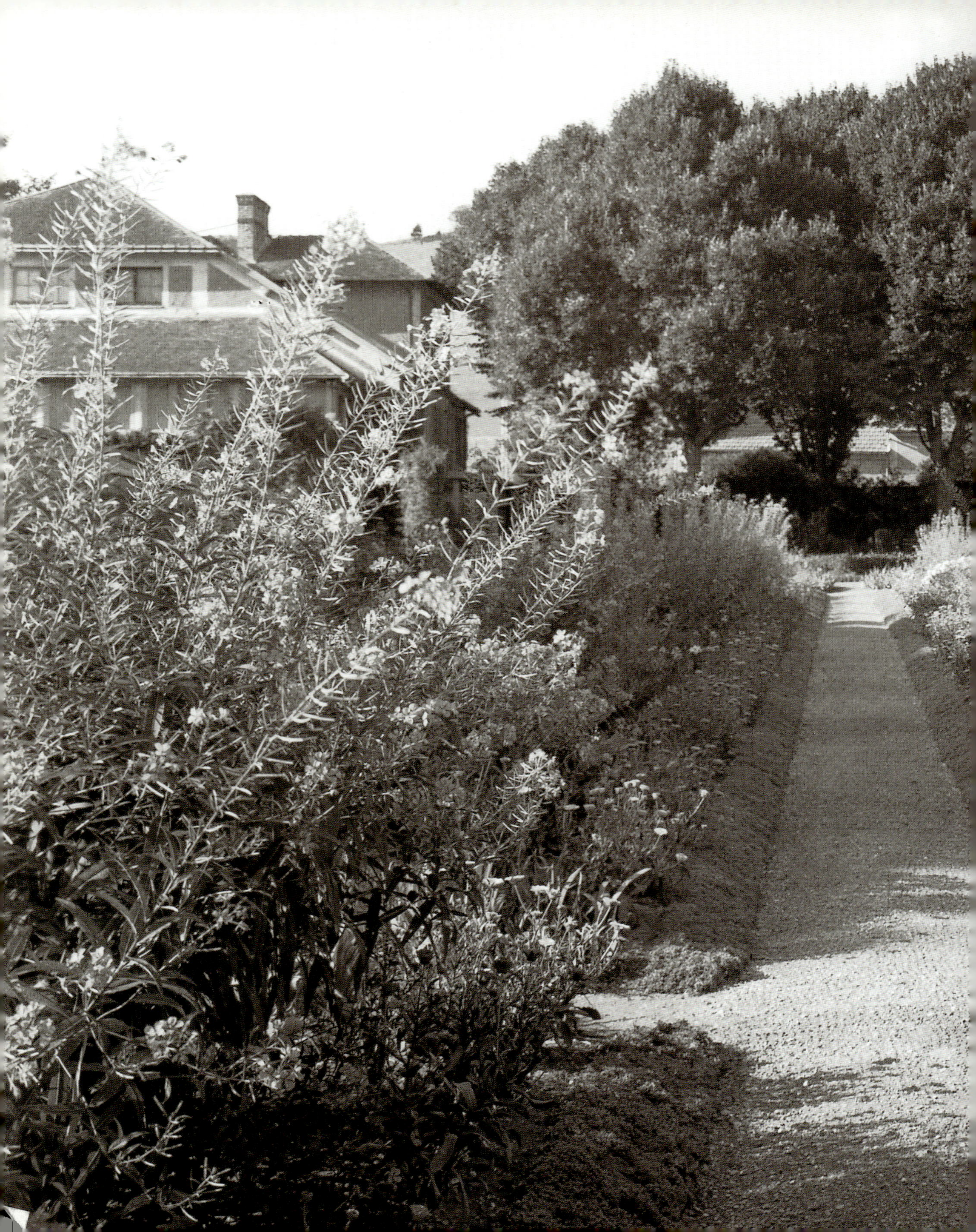

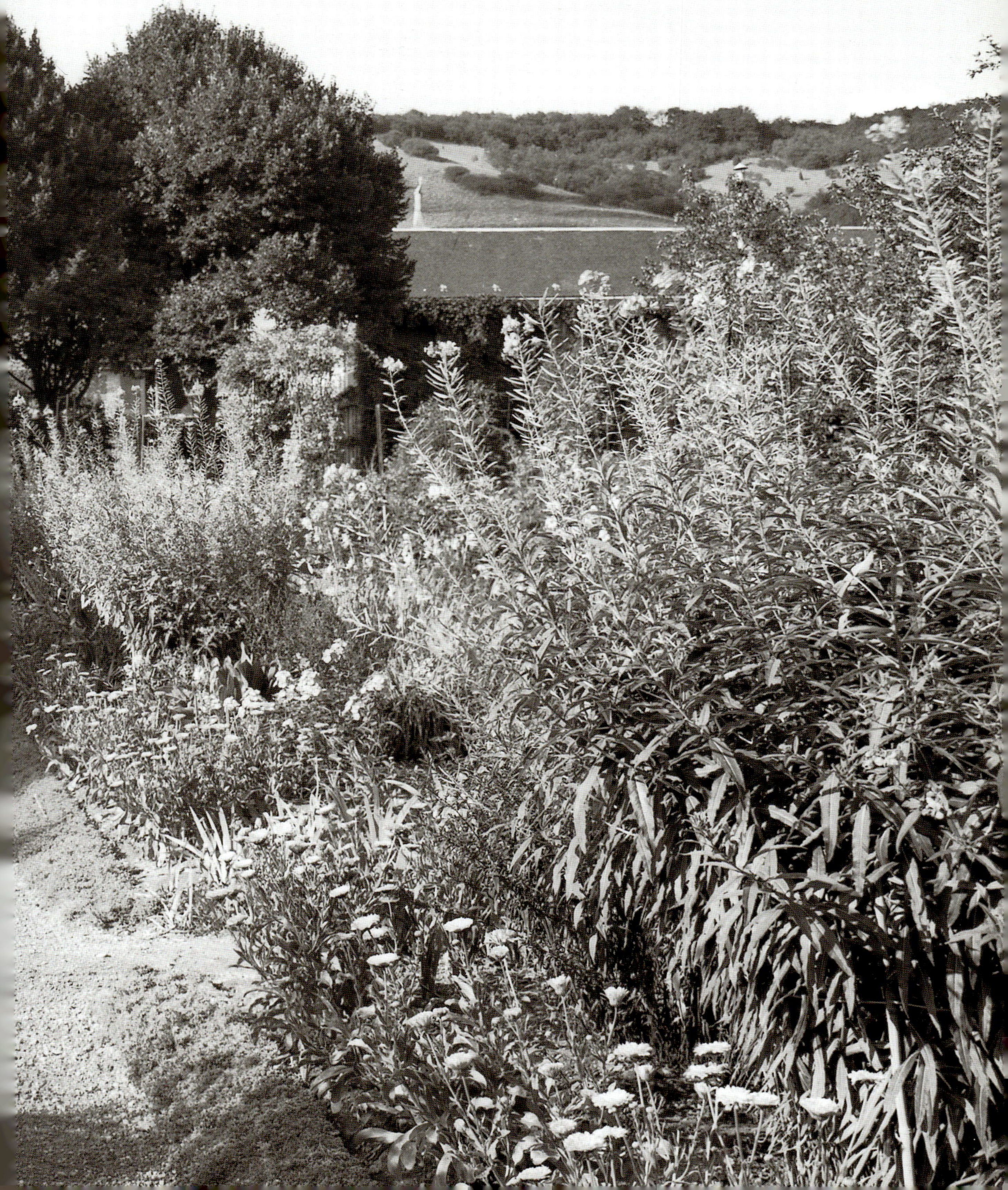

Vorhergehende Doppelseite: 1897 entstand Monets zweites Ateliergebäude (links im Bild). Zwei Wohnungen, ein großes Atelier sowie ein Lagerraum für Leinwände und Rahmen fanden darin Platz. Monet malte hier, führte Verhandlungen und hatte zudem das Gewächshaus im Blick.

Rechts: Die Skizze von Manzana Pissarro, dem Sohn Camilles, aus dem Jahr 1917 zeigt Monet beim Malen im Garten. Hier wird die extreme Konzentration deutlich, mit der der Künstler den Augenblick einfängt.

Gegenüber: Georges Truffaut, Herausgeber der Zeitschrift *Jardinage*, veröffentlichte im Oktober 1913 einen von Monets Gärtner Félix Breuil verfassten Artikel über Iris in Wassergärten. Farbe und Struktur dieser Pflanzen inspirierten Monet zu mehreren Bildern. Hier: ***Iris am Teich**,* 1914–17.

1883 hatte Monet bereits sein halbes Leben hinter sich, das sowohl in künstlerischer als auch emotionaler Hinsicht von zahllosen Höhen und Tiefen gekennzeichnet war. Ein Grund für den letzten Umzug der Familie im April 1883 mag der Zauber gewesen sein, den das Blütenmeer auf einer Wanderung von Vernon aus entlang der Epte nahe ihrer Mündung in die Seine auf Monet ausübte. Hier befand er sich auf halbem Weg zwischen Paris und Rouen, in dem Dörfchen Giverny. Ganz impulsiv fragte er nach, ob in der Gegend ein Haus zu vermieten sei, und man stellte ihm Louis Singeot vor, den Besitzer eines rosa gestrichenen Landhauses mit zugehöriger Scheune.

Ungeachtet seiner angespannten finanziellen Situation unterschrieb Monet den Mietvertrag sofort. Er konnte kaum den Umzug finanzieren und wandte sich deshalb am 29. April schriftlich an den Kunsthändler Paul Durand-Ruel, der ihm von Camille Pissarro – ihn hatte er beim Studium kennen gelernt – vorgestellt worden war. Durand-Ruel lieh Monet für den Umzug nach Giverny und die ersten Monatsmieten insgesamt 4.500 Francs als Abschlagszahlung für zukünftige Bilder.

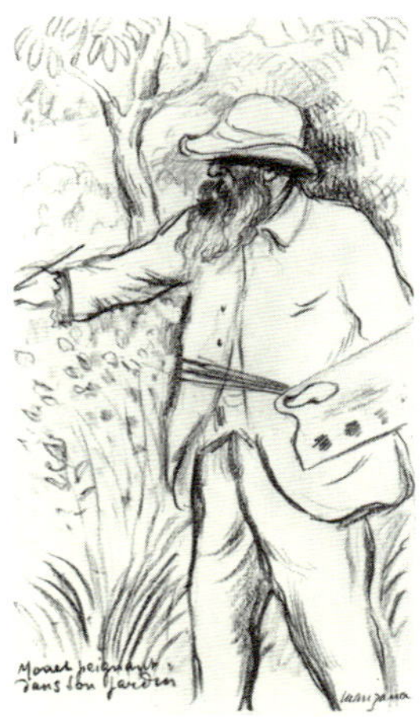

Sowohl Alice Hoschedé als auch Monet hatten genaue, sich teilweise widersprechende Vorstellungen von der Gartengestaltung. Ganz besonders missfiel Monet die Fichten- und Zypressenallee, die sich im Mittelpunkt der Anlage befand. Nachdem er die typisch französische, den

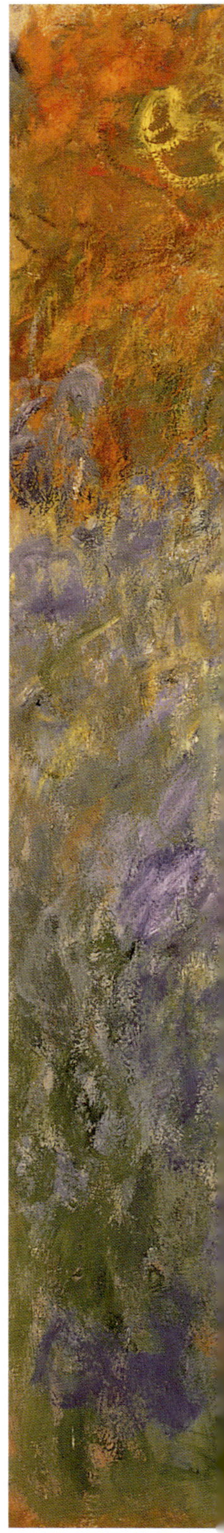

»... Es ist **essentiell**, allein über die Natur nachzudenken; durch Beobachtung und Reflexion entdeckt man Neues.«

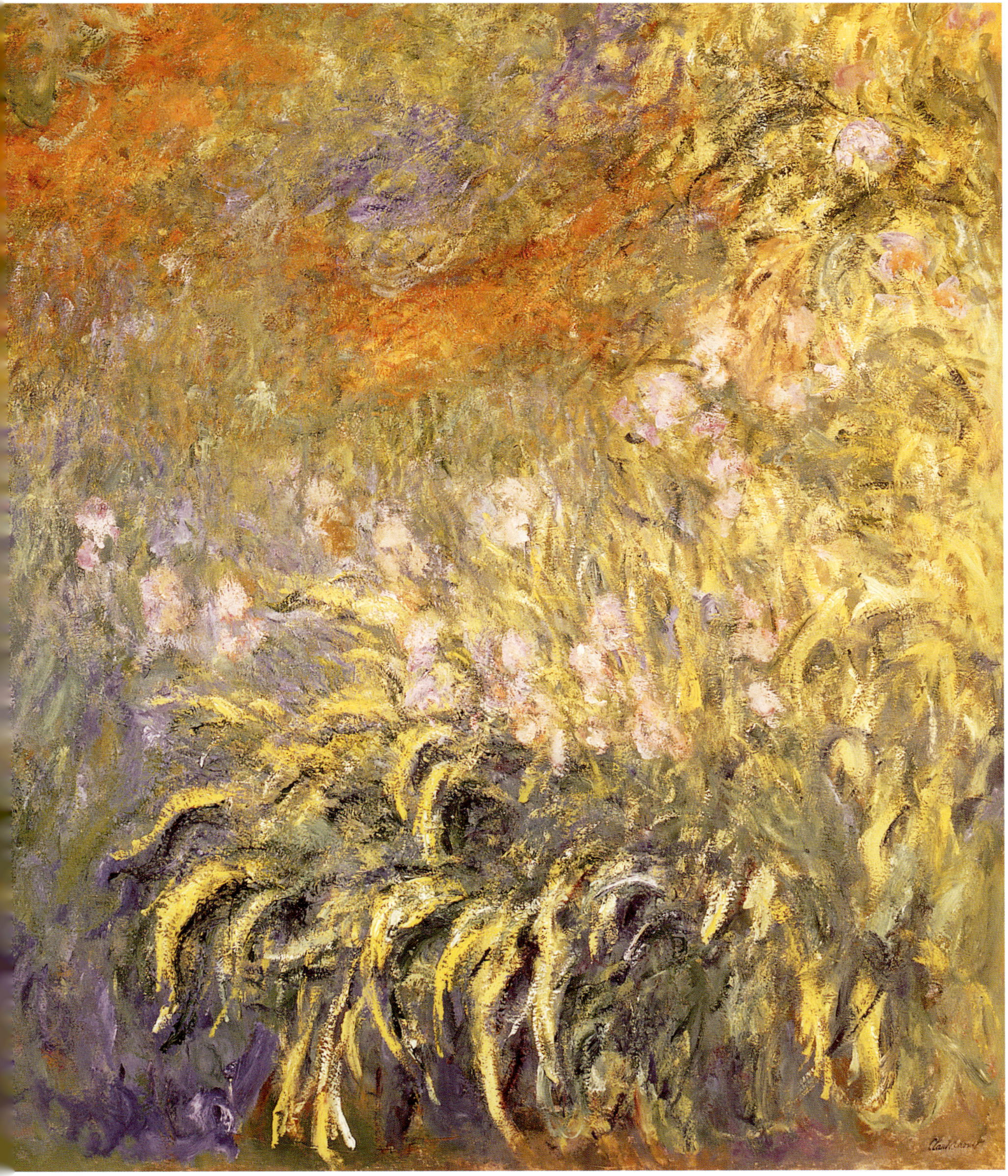

ländlichen Küchengarten im normannischen Stil umgebende Buchshecke herausgerissen hatte, plante, er auch die Allee zu entfernen. Doch obwohl diese Allee Monet ein Dorn im Auge war, willigte Alice nicht in seine Pläne ein – vielleicht spürte sie, dass diese zentrale Achse der ganzen Anlage einen gewissen formalen Halt verlieh. Zudem fand sie Gefallen an den das Haus umgebenden Blumenbeeten. Unmittelbar nach dem Einzug musste sich die ganze Familie im Garten betätigen, damit noch im selben Jahr Gemüse und Blumen wachsen konnten – schließlich benötigte Monet auch Motive für Regentage. In der am Haus angrenzenden Scheune mit erdgestampftem Boden richtete er sich sein erstes Atelier ein. Er ließ eine Verbindungstür zum Haus sowie ein zusätzliches großes Fenster einbauen.

Es fiel der für damalige Verhältnisse unorthodoxen Großfamilie anfangs schwer, sich in ihrem neuen Zuhause einzuleben. Monet und Alice lebten inzwischen wie Mann und Frau zusammen – ein Verhältnis, das bei den Moralisten der normannischen Provinz auf Ablehnung stieß. Allein die Tatsache, dass Monet Künstler war, wurde auf dem Lande mit Argwohn aufgenommen. Die Manieren, die Kleidung, die Mahlzeiten und die Familienausflüge der Monet-Hoschedés weckten bei der Landbevölkerung Angst vor dem Unbekannten und in den ersten Jahre mussten Monet und seine Familie manche Anfeindungen erdulden. Selbst sein Bruder Léon empfing nur ihn selbst und seine beiden Söhne – kein Wunder also, dass das Haus innerhalb der Gartenmauern zu einem Refugium für alle Bewohner wurde.

Rechts: Nach und nach ersetzte Monet die alten Apfelbäume durch üppig blühende Zierkirschen. Im Frühling war die Wiese mit verwilderten Narzissen übersät; im Sommer erholte sich die Familie im Schatten der Bäume bei Spiel und Spaß.

»... jede Minute verändert das in stetigem Wandel begriffene

Während der ersten Jahre in Giverny reiste Monet so viel wie nie zuvor. Monatelang arbeitete er an anderen Plätzen, auf die ihn Freunde oder Verwandte aufmerksam gemacht hatten. Fast täglich standen er und Alice in Briefkontakt. In seinen Briefen teilt er ihr beispielsweise mit, wie sie sparsamer haushalten und die halbwüchsigen Jungen in Schach halten könne. Einmal fragte er an, warum sie ihn verlassen

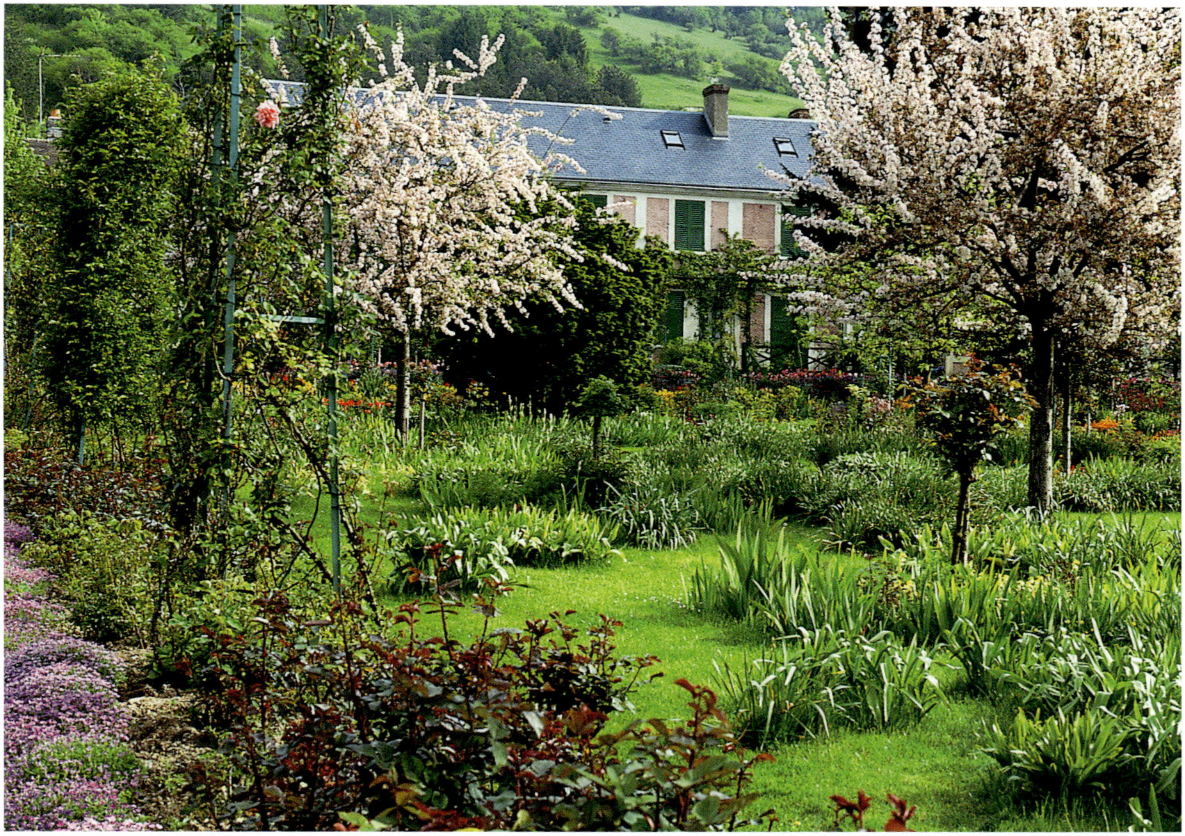

Licht die Atmosphäre und die Schönheit der Dinge.«

wolle. Während einer Beziehungskrise nahm der Briefwechsel stürmische Formen an – aus dieser Zeit, als der Künstler sich in Etretat an der Kanalküste aufhielt, sind allerdings nur noch Monets Briefe erhalten. Am 9. November 1885 schrieb er: »Wie schlimm es ist, dass Du solch dunklen Gedanken nachhängst, während ich mit solcher Zuneigung an Dich denke und sie Dir, so gut ich vermag, zu zeigen versuche ...« Am 22. Februar 1886 erklärte er ihr: »Du hast mich gebeten, über die Dinge nachzudenken und zu einer Entscheidung zu kommen; ... es ist mir unmöglich, mich an den Gedanken einer Trennung zu gewöhnen ... Genug davon, ich bin sehr unglücklich, zu Tode betrübt

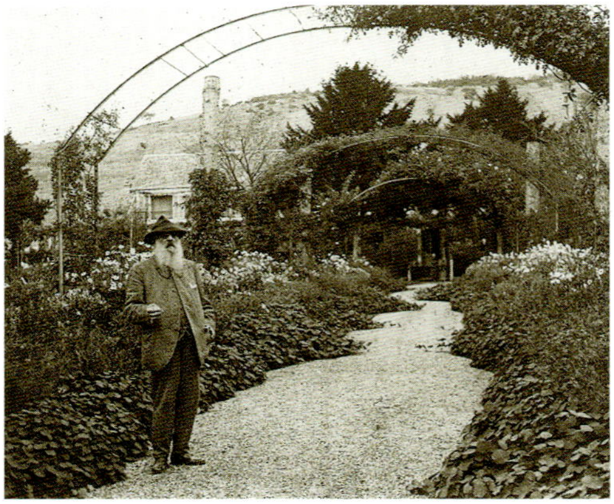

Links: Dieses Foto von 1925, ein Jahr vor seinem Tod, zeigt Monet in der Grande Allée vor prächtig wuchernder Kapuzinerkresse. Die noch heute vorhandenen schmiedeeisernen Bogen wurden um 1920 errichtet; die beiden Eiben sowie die Fichtenstümpfe sind Überbleibsel der ursprünglichen Gestaltung.

und ich bin außer Stande, etwas zu unternehmen; der Maler in mir ist tot … Du irrst, wenn Du glaubst, dass es mir besser ginge, wenn ich allein lebte!«

Ungeachtet Alices täglicher Routine, die in Giverny acht Kinder zu versorgen hatte, fährt er fort: »Ich hatte eine schreckliche Nacht, habe ununterbrochen an Dich gedacht … erst um 10 Uhr morgens war ich imstande aufzustehen …« Nach Monets Rückkehr lösten sich indes die partnerschaftlichen Probleme; das Verhältnis zwischen den beiden gestaltete sich inniger als je zuvor und die stabile Beziehung der beiden wurde zum Dreh- und Angelpunkt des Lebens in Giverny. Die Briefe, die er an Alice schrieb und die sie glücklicherweise aufbewahrte, gestatten aufschlussreiche Einblicke in ihre Beziehung; unmittelbar nach ihrem Tod im Jahr 1911 zog sich Monet hinter verschlossene Türen zurück, um sie noch einmal zu lesen.

»Die Natur war Monets herrliches Refugium …
Die Fülle ihrer Reichtümer machte er sich zu eigen.«

1886, drei Jahre nach dem Einzug in Giverny, verkaufte Monet mehr Bilder als je zuvor; auch seine zahlreichen Malreisen zeigen, dass es finanziell bergauf ging. Im April und Mai reiste er erneut nach Holland, um die blühenden Tulpenfelder zu malen. Das Farbenmeer inspirierte ihn dazu, in seinem Garten ähnliche Effekte zu kreieren. Eine andere Reise führte ihn im September zur Belle-Île, einer Insel vor der bretonischen Küste, wo er durch Zufall den jungen Kritiker und Journalisten Gustave Geffroy kennen lernte. Geffroy sollte in späteren Jahren ein häufiger und gern gesehener Gast in Giverny sein.

Im Jahr 1890 kaufte Monet das Anwesen in Giverny zum Preis von 22.000 Francs, zahlbar über drei Jahre. Da sich seine Bilder immer größerer Beliebtheit erfreuten und gut verkauften, ließ er das Haus renovieren und vergrößern. Die rosa Stuckfassade wurde restauriert; den

Rechts: Der Kreis schließt sich – wie ein grüner Tunnel wirkt die Grande Allée. Gelbe Sonnenblumen spiegeln und reflektieren das Licht der untergehenden Sonne, während die runden Blätter der Kapuzinerkresse den Kiesweg förmlich überfluten.

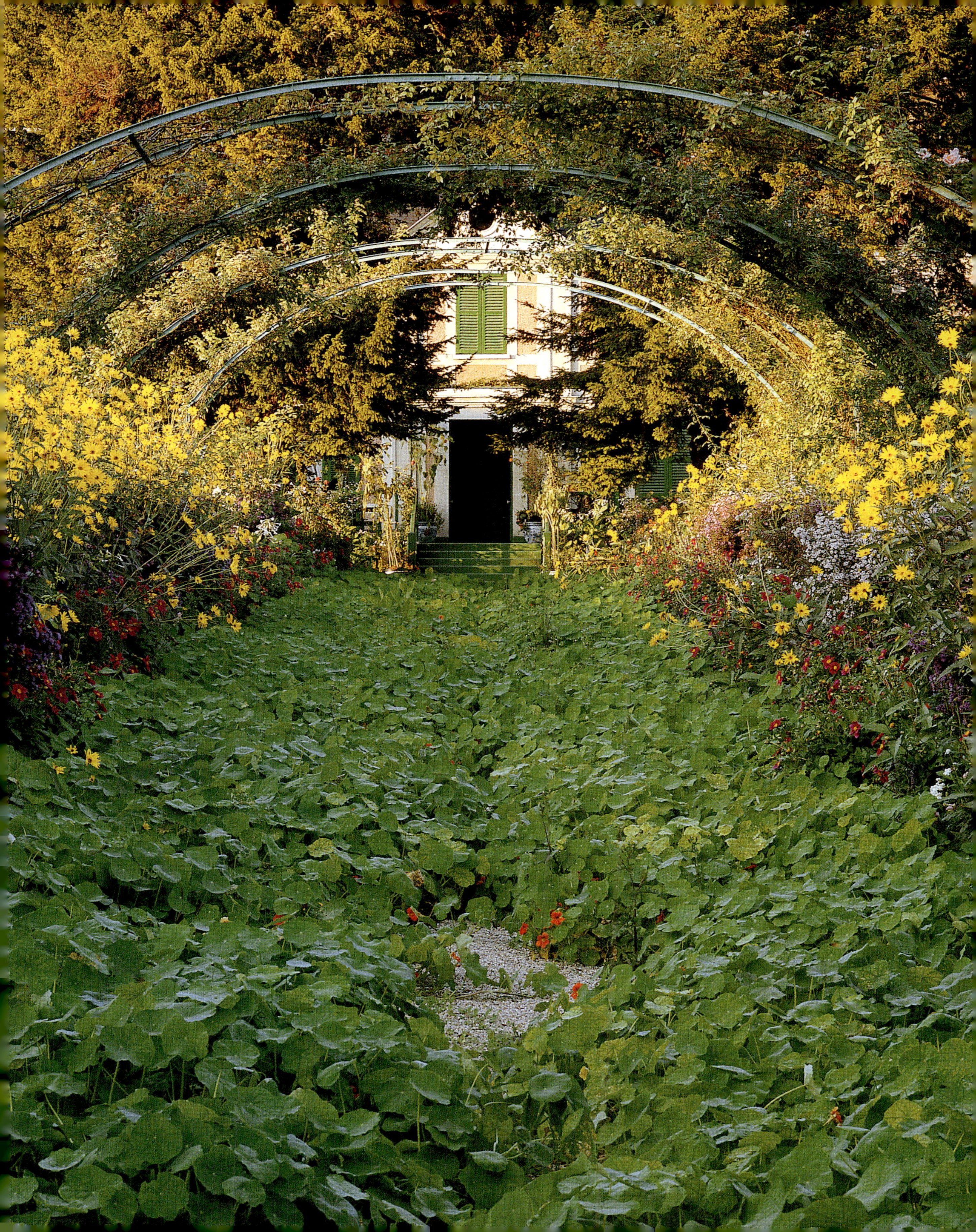

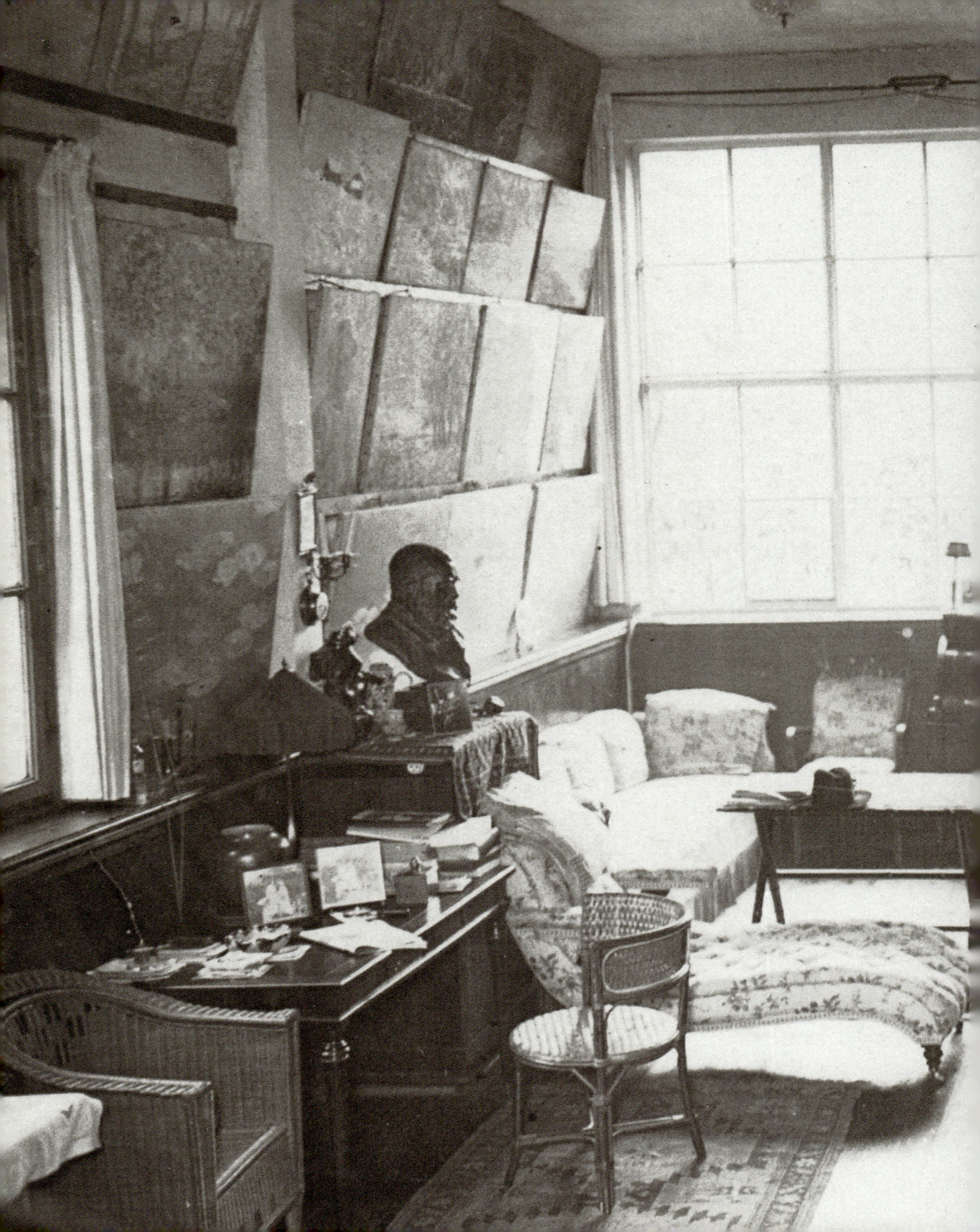

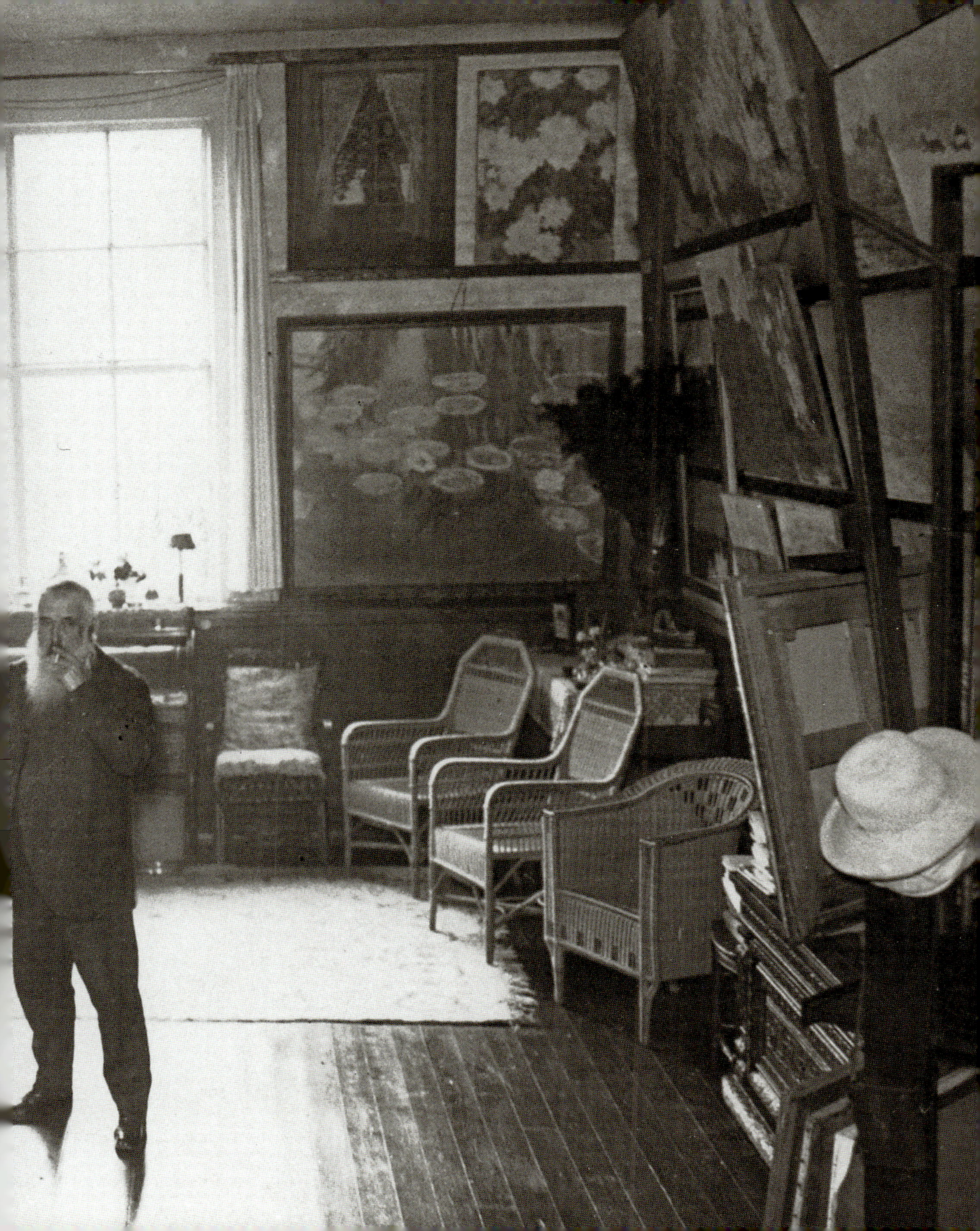

Vorhergehende Doppelseite: Monet im November 1913 in seinem ersten Atelier, einer alten Scheune, deren Boden ursprünglich aus gestampfter Erde bestand. Das große Fenster hatte er kurz nach dem Einzug einbauen lassen.

Unten: Monet sammelte japanische Farbholzschnitte; zu seiner Sammlung gehörte Hiroshiges ***Glyzine*** aus dem Jahr 1857. Mit der Technik überlappender Flächen arbeitete der Künstler sowohl in seinem Garten als auch in seinen Gemälden.

Rechts: 1893 kaufte Monet ein angrenzendes Stück Land, auf dem er seinen ersten Wassergarten anlegte. Auf dem Teich gleiten Seerosen dahin; das durch das Laub der Bäume fallende Sonnenlicht fängt sich in ihren Blüten.

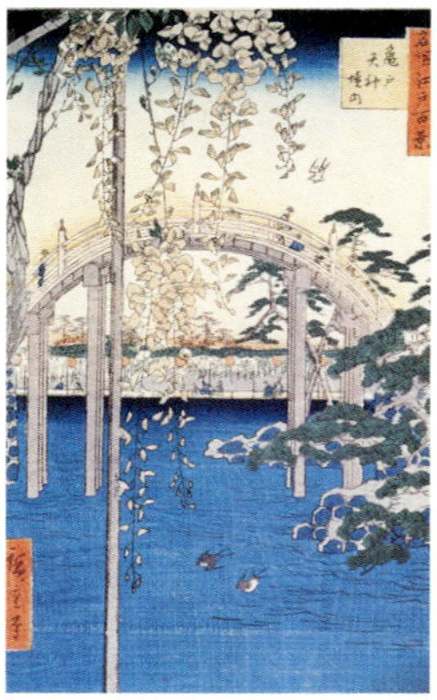

Anstrich der Fensterläden in einer Blaugrünschattierung überwachte der Meister persönlich. Die Einrichtung des Hauses fiel hauptsächlich in Alices Ressort, dennoch reflektiert die Innengestaltung den Geschmack beider. 1893 beschrieb der Maler und Freund Jacques-Emile Blanche, dass »Monet die Wände seines Speisezimmers mit weißem, silbern schimmerndem Damast mit japanischen Dekors bespannte«. Im Oktober desselben Jahres setzte Monet neue Farbakzente, etwa das sonnige Gelb des Speisezimmers, das einen idealen Hintergrund für seine Sammlung japanischer Drucke lieferte. Ein kleiner, in Blau gehaltener, getäfelter Salon diente als Bibliothek. Monets bereits im Jahr 1886 vergrößertes Atelier wurde 1891 neu ausgestattet und diente ab 1897 als Salon für die Familie; an seinen Wänden war eine chronologische Abfolge der Werke des Hausherren zu bewundern. Die Familie versammelte sich gern in diesem Raum und häufig las Monet seiner Frau und den Kindern hier vor. Von den im ersten Stockwerk gelegenen, nach Süden ausgerichteten Schlafzimmern öffnete sich ein Blick auf den Garten und die sich sanft im Wind wiegenden Pappeln. An den Wänden hingen Werke zeitgenössischer Maler, die oft zugleich auch Freunde Monets waren, wie etwa Cézanne und Renoir, dessen Bild *Die Moschee, Arabisches Fest* Monet im Jahr 1900 kaufte – es erinnerte ihn an seine Militärzeit in Algerien.

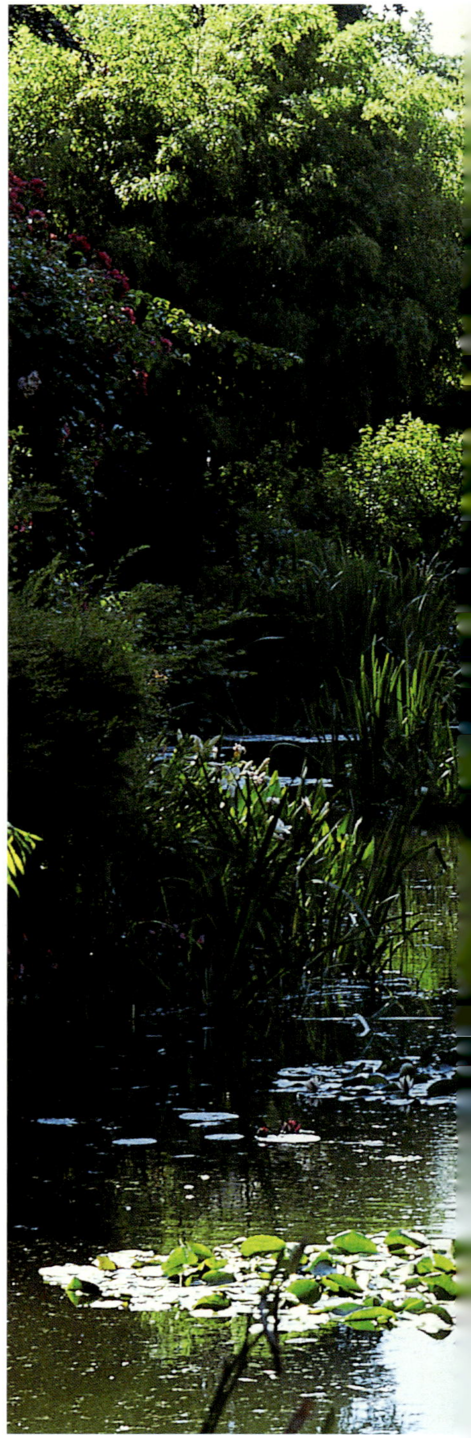

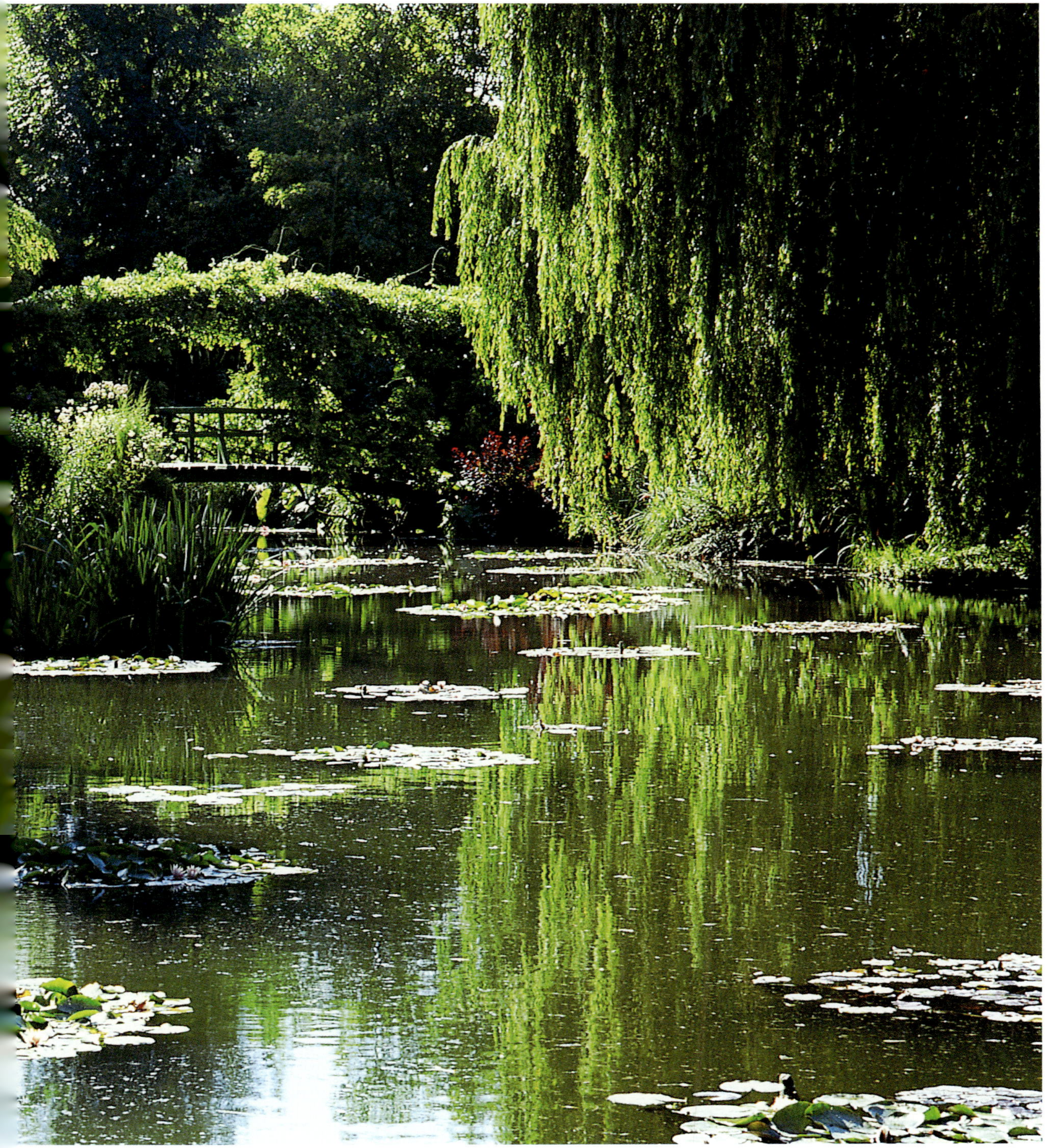

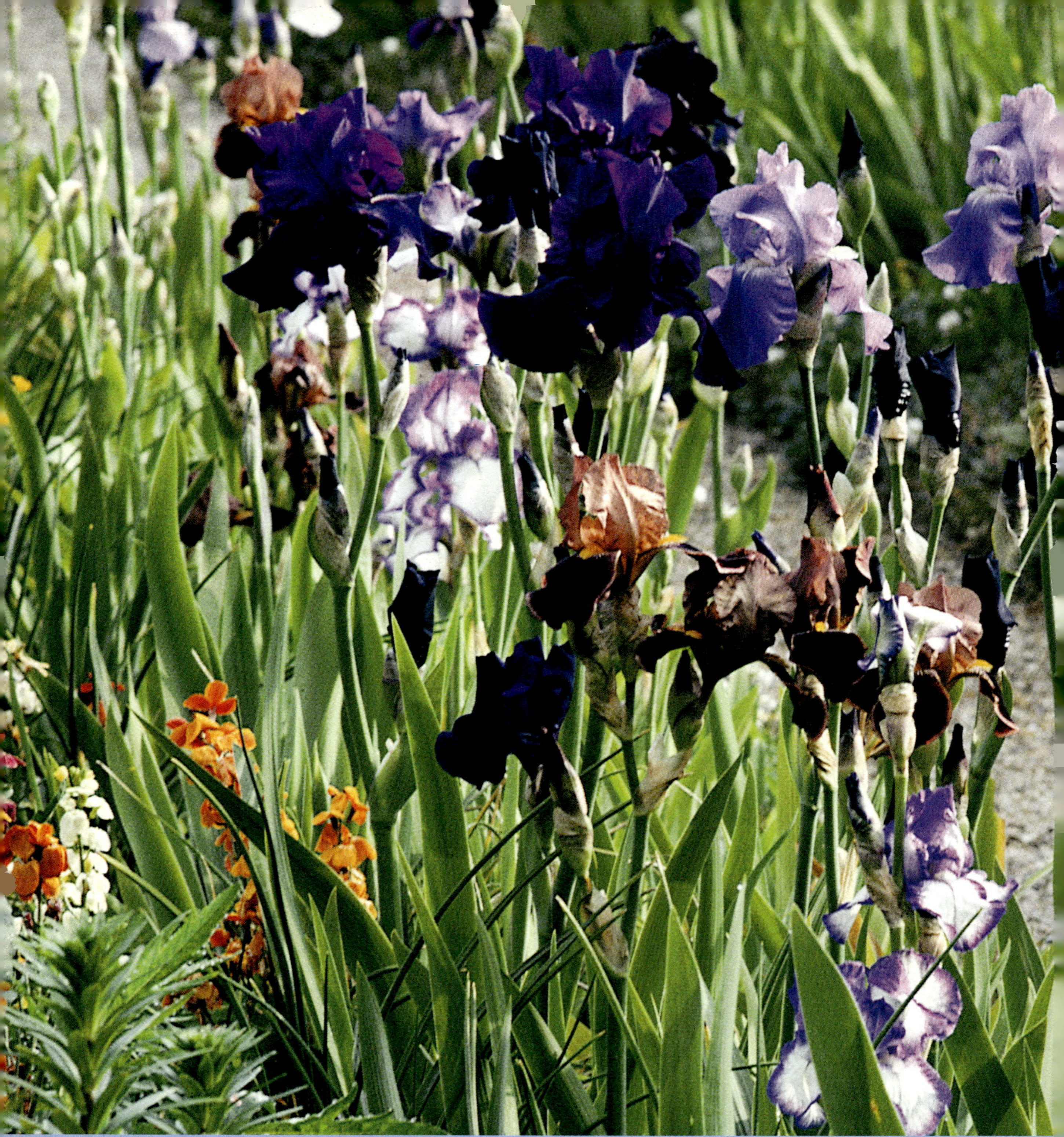

»... sie sind so lieblich und still,

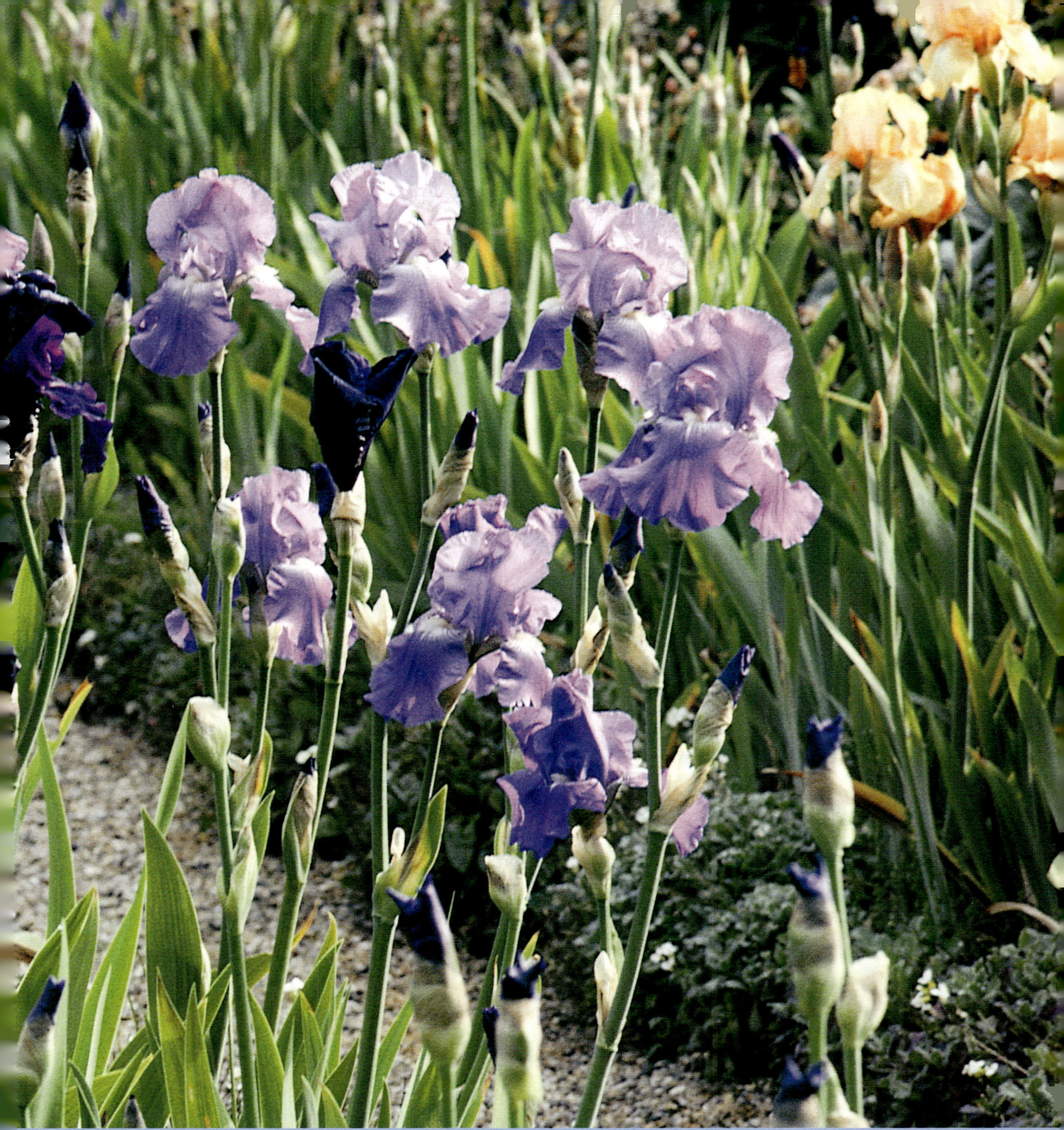

diese einfachen Blumen.«

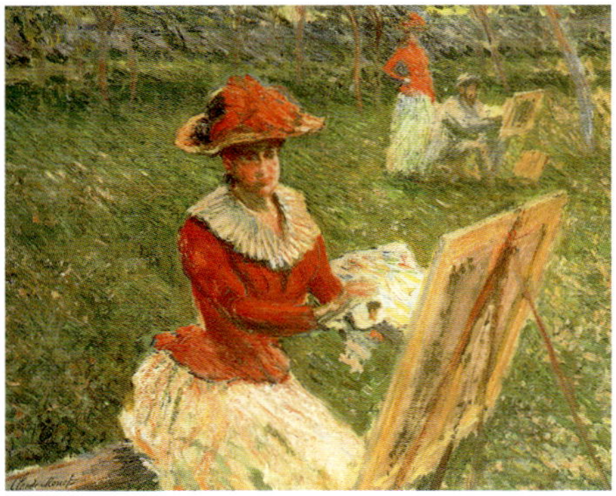

Vorhergehende Doppelseite: Irisblüten setzen in den üppigen Beeten starke Akzente.

Links: ***Blanche Hoschedé beim Malen***, 1890, porträtiert Blanche, die einzige Künstlerin unter den Kindern der Familie Monet-Hoschedé.

Auf der nahe gelegenen Insel Nettle ließ Monet einen Schuppen für vier Boote erbauen; hier lag auch das alte Atelierboot, das er bei Argenteuil beim Malen auf der Seine benutzt hatte. Alices Sohn Jean-Pierre konnte sich lebhaft daran erinnern, wie Monet seine Schwestern in einem kleinen Boot auf dem Flüsschen Epte malte: Die Spiegelungen der Mädchen verschmelzen auf der gekräuselten Wasseroberfläche mit denen des Schilfs und des Riedgrases.

An der Seite von Alice entwickelte sich Monet zu einem begeisterten und eklektischen Leser. Zu seiner bevorzugten Lektüre zählten zeitgenössische Werke der Gebrüder Goncourt, Flauberts, Maupassants, Mirbeaus, Zolas sowie der symbolistischen Dichter Mallarmé und Maeterlinck; mit einigen dieser Schriftsteller war Monet eng befreundet. Außerdem las er Balzac, Ibsen, Tolstoi, Aristophanes und Tacitus, aber auch Ruskin, dessen Buch *Die Steine Venedigs* gerade übersetzt worden war – Monet las es, bevor er im Herbst 1908 Venedig besuchte. Großen Gefallen fand er auch an Delacroix' *Journal*, das von 1893 bis 1895 veröffentlicht wurde, Monet schätzte den Maler als einen der führenden Köpfe der romantischen Schule. Unter den Gartenbüchern zählte das wunderschön illustrierte, 26-bändige Werk *La Flore des Serres et des Jardins d'Europe* zu seinen Lieblingen.

Obwohl er von Kritikern eine recht geringe Meinung hatte, unterhielt Monet Abonnements bei den Pariser Ausschnittagenturen Maison Bonneau und Courrier de la Presse, um die Rezeption seiner Werke aufs Genaueste zu verfolgen. Er war stark am Tagesgeschehen

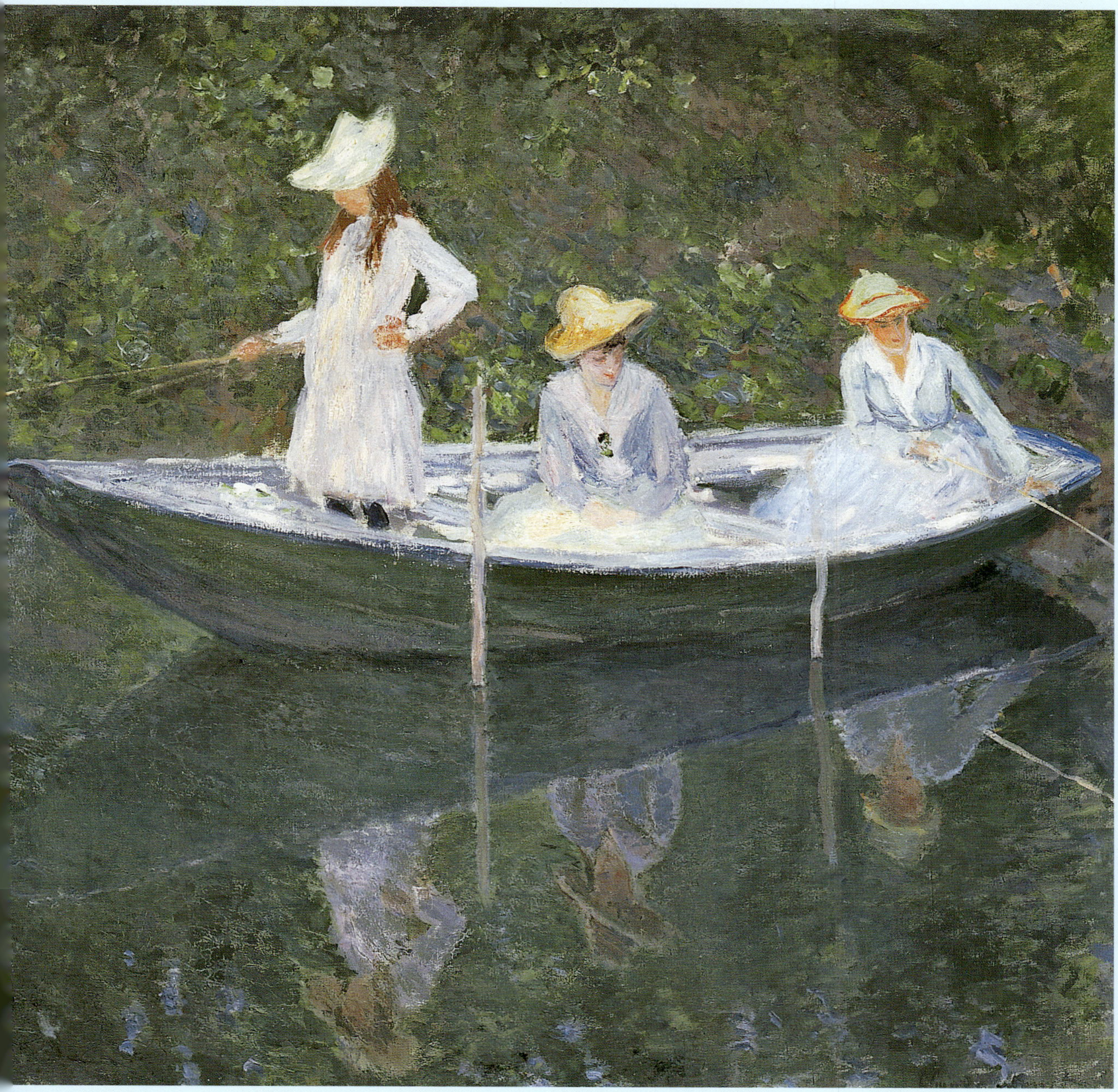

Diese Barke wurde später in den Wassergarten gebracht. Das Bild ***Im Ruderboot***, 1887, zeigt Germaine, Suzanne und Blanche Hoschedé an einem sonnigen Nachmittag. Ihre Gestalten spiegeln sich auf dem Wasser.

Rechts: Die handkolorierte Fotografie zeigt die alte, eingewachsene Grande Allée, über der die Zweige der Fichten einen dichten Baldachin bilden. Die Szene auf dem Foto wirkt beinahe bukolisch – der Betrachter fühlt sich selbst wie auf einem Spazierweg durch die Normandie.

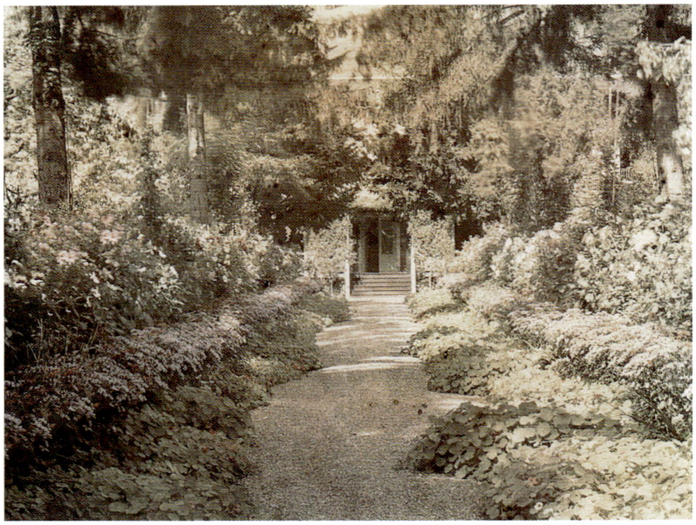

interessiert und hatte darüber hinaus mehrere Gartenzeitschriften abonniert. Um Freunde zu treffen und anregende Unterhaltungen zu führen, fuhr Monet mindestens einmal pro Monat nach Paris und dinierte im Café Riche oder im Les Bons Cosaques. Regelmäßig nahm er an den Mittagessen der Académie Goncourt teil, deren Mitglieder er häufig auch als Gäste in Giverny willkommen hieß.

Freunde und Künstlerkollegen

Mit zunehmendem Erfolg seiner Bilder vergrößerte Monet auch seinen gesellschaftlichen Zirkel. Durch den erweiterten Familienkreis, befreundete Künstler, Kunsthändler und anlässlich von Ausstellungen seiner Werke machte er zahllose Bekanntschaften, die sich nicht selten zu engen Freundschaften entwickelten. Es entstand ein innerer Zirkel aus etwa gleichaltrigen Künstlern und ihren Familien, zu denen beispielsweise Berthe Morisot, Auguste Renoir und Camille Pissarro zählten. Berthe Morisot, eine Schwiegertochter Edouard Manets, führte Monet in Literatenkreise ein, indem sie ihn und Renoir dem Dichter Stéphane Mallarmé vorstellte. Während seines Londonaufenthalts 1887 wohnte Monet bei James McNeill Whistler. Im folgenden Winter führte Monet Whistler bei Mallarmé ein, der wenig später Whistlers Vortrag »Ten o'clock« übersetzte. Octave Mirbeau, ein ausgesprochen kritischer Geist, pries in einer Reihe von Artikeln für *La France* die Arbeiten Monets und verfasste die Einführung für die Retrospektive, an der Monet 1889 gemeinsam mit Auguste Rodin teilnahm. Mirbeaus gärtnerischer Enthusiasmus amüsierte Monet und seinen ebenfalls gartenbegeisterten Malerkollegen Gustave Caillebotte immer wieder. Auch Rodin war häufig in Giverny zu Gast, wenngleich seine Anwesenheit auf gemischte Reaktionen stieß. Bei einem der zahlreichen Diners starrte er die Töchter des Hauses so unverhohlen aufdringlich an, dass diese baten, den Raum verlassen zu dürfen. Der Journalist und Staatsmann Georges Clemenceau, einer der engsten Freunde Monets, beschrieb Rodin als »einfältig, eitel und geldgierig«. Im November 1894 brachte Mary Cassatt bei einem ihrer Besuche Paul Cézanne mit, der sehr erstaunt war, Rodin, Clemenceau und den Schriftsteller Gustave Geffroy in Giverny anzutreffen; Letzterer zählte inzwischen ebenfalls zu den engsten Freunden Monets.

Mindestens dreimal setzte sich Monet während seiner Jahre in Giverny für in Not geratene Freunde oder deren Angehörige ein. 1883, also etwa zum Zeitpunkt seines Umzugs nach Giverny, starb Manet und ließ seine Witwe Suzanne in sehr angespannten wirtschaftlichen Verhältnissen zurück. Nach der für ihn sehr erfolgreichen Grande Exposition in Paris im Jahr 1889 organisierte Monet eine Sub-

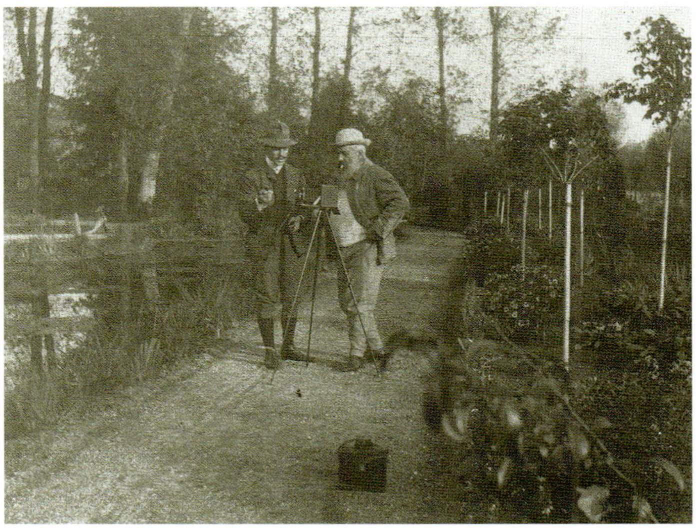

Links: Monet mit seinem jüngeren Sohn Michel, einem begeisterten Fotografen, am Ufer des ursprünglichen, vor 1901 angelegten Teiches. Zur Jahrhundertwende war die Fotografie als künstlerische Ausdrucksform anerkannt, der brillante Fotografen wie etwa Nadar, ein großer Freund der Impressionisten, zu Popularität verhalfen.

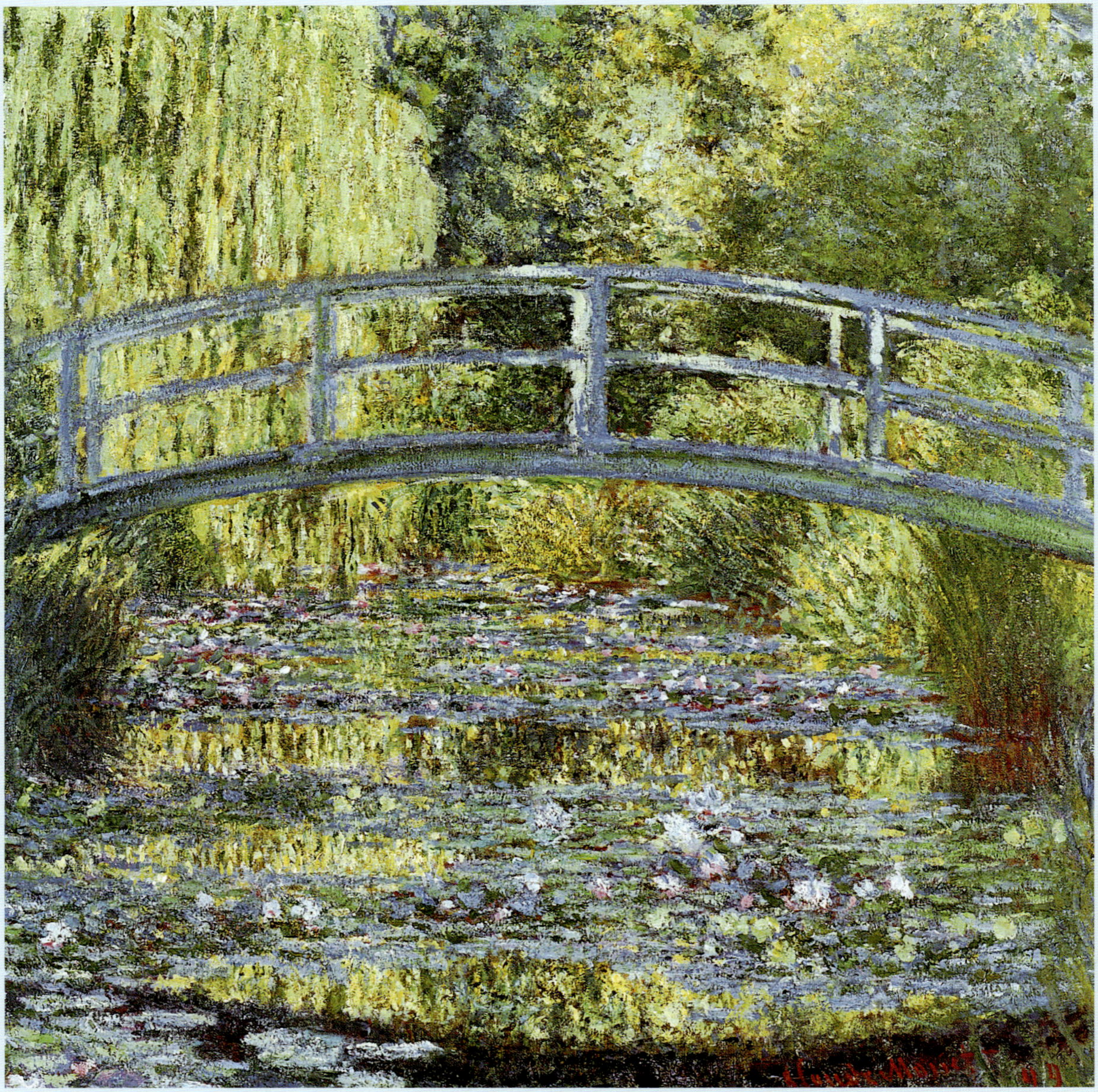

skription mit dem Ziel, der Witwe Manets Werk *Olympia* aus dem Jahr 1863 abzukaufen, um die geplante Veräußerung nach Amerika abzuwenden und das Gemälde für die Nation zu erhalten. Diese Initiative hinderte ihn fast ein Jahr lang am Malen. Im Februar 1890 war die enorme Summe von 19.415 Francs endlich beisammen. Am 7. Februar schrieb Monet an den damaligen Kultusminister Armand Fallières: »Wir legen nun die *Olympia* zurück in Ihre Hände, Herr Minister. Unser Wunsch ist es, das Gemälde im Louvre bei den Werken der französischen Schule zu sehen …« Nach einer öffentlich ausgetragenen Kontroverse wurde das seinerzeit skandalträchtige Bild zunächst im Musée du Luxembourg ausgestellt und erst im Jahr 1907 unter Premierminister Clemenceau in den Louve transferiert.

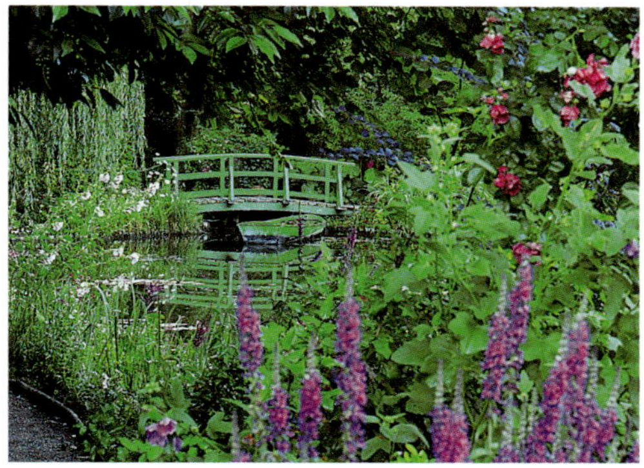

Oben: Außer der japanischen Brücke überspannen fünf weitere kleinere Brücken die Schleusen und das Flüsschen Ru, das den Teich speist. Durch Bambushaine und zwischen Rosensträuchern schlängeln sich schmale Wege, von denen aus sich in der Manier japanischer Lustgärten immer wieder Blicke auf rasch oder gemächlich dahinfließendes Wasser bieten.

Links: 1895 erstand Monet die japanische Brücke, die er in Verlängerung der Grande Allée errichten ließ. Entgegen der Konvention strich er sie nicht lackrot, sondern grün und fügte 1903 eine zusätzliche Überwölbung hinzu. Der berühmte Blick auf den ***Seerosenteich***, 1899, trägt den treffenden Untertitel ***Harmonie in Grün*** – auf diesem Bild verschmelzen Wasser und Land zu einem ungewöhnlichen, fließenden Ganzen.

Monet hatte der Familie Manet in doppelter Hinsicht geholfen: Zum einen hatte er ihr durch den Verkauf des Bildes eine große Geldsumme zukommen lassen, zum anderen hatte er den Werken Manets durch diese Aktion eine bessere Position auf dem Kunstmarkt verschafft. Auch nach dem Tod von Alfred Sisley am 29. Januar 1899 unterstützte er die Hinterbliebenen. Im Briefwechsel mit Durand-Ruel und Geffroy schrieb er am 3. Februar: »Ich werde mich um eine Versteigerung zu Gunsten der Kinder kümmern, dies ist am dringlichsten. Und dann sollte eine Ausstellung mit den besten Werke Sisleys arrangiert werden.« Die Versteigerung fand bereits im Mai statt.

Während der Denunzierungswelle im Zug der Dreyfus-Affäre stand Monet fest an der Seite Émile Zolas. Dieser Skandal bewegte 1894 die

»Nur schweren Herzens verlasse ich Giverny, vor allem jetzt, wo Haus und Garten endlich meinem Geschmack entsprechen.«

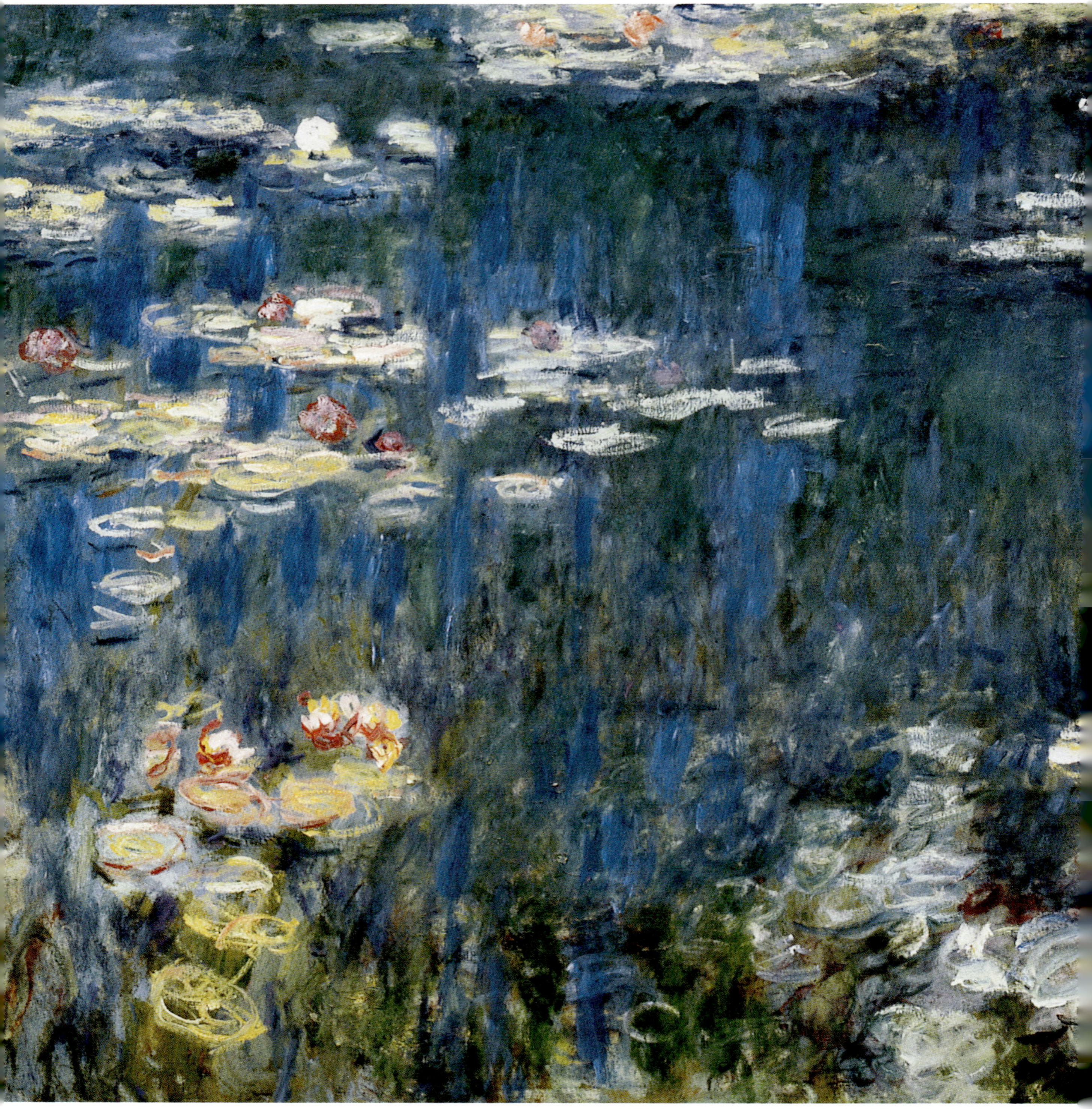

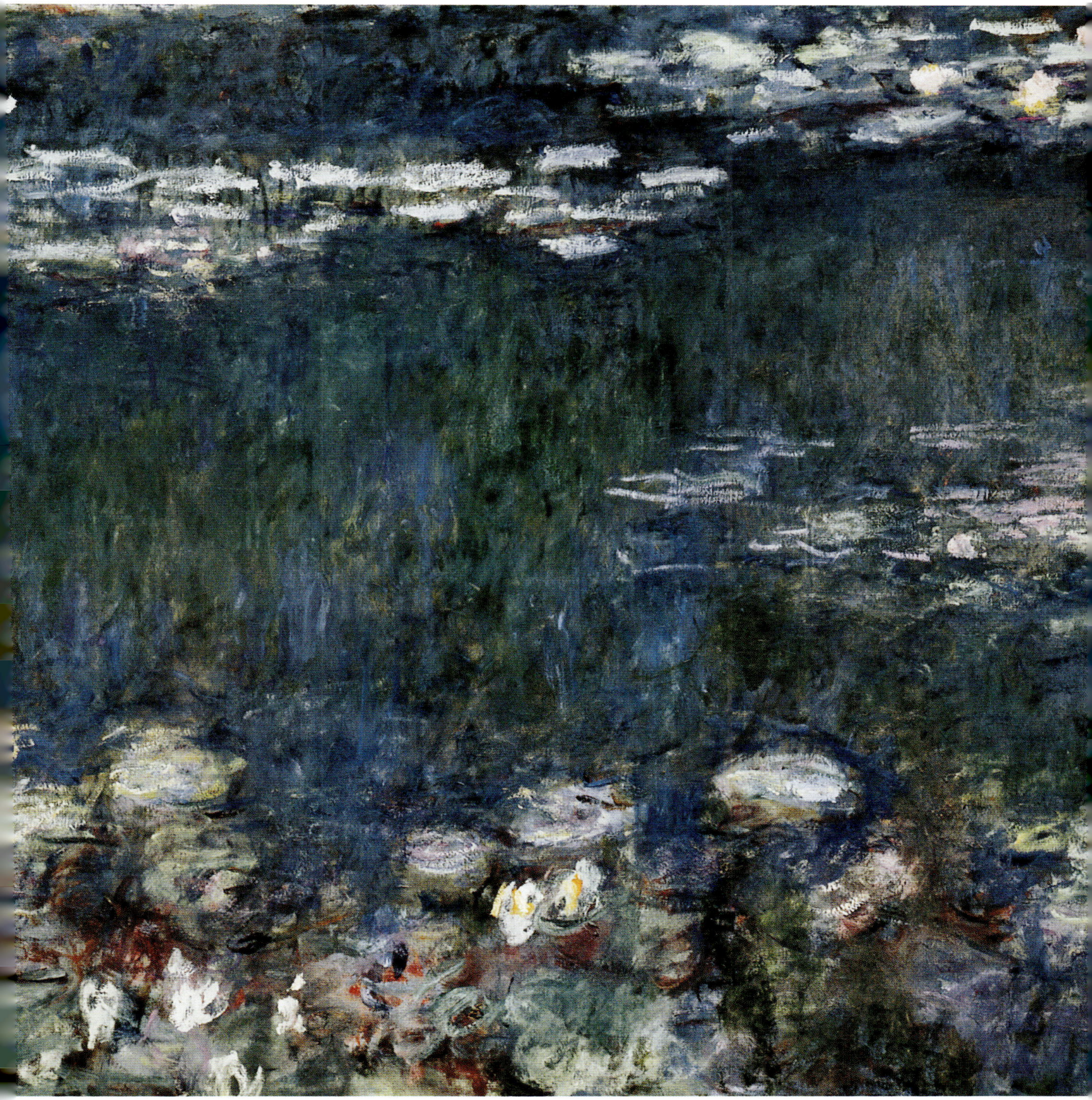

Vorhergehende Doppelseite: Die ***Grandes Décorations***, darunter auch ***Seerosen***, ***Grüne Spiegelungen***, 1916–26, entstanden in Monets drittem Atelier. Hier arbeitete er die feinen Nuancen der Lichtverhältnisse heraus.

Unten: Botanische Illustration der *Nymphaea* ›James Brydon‹ von Alix. Für ein Exemplar dieser Seerosensorte bezahlte Monet 1904 die stolze Summe von 25 Francs. Monet war Abonnent zahlreicher Gartenzeitschriften und -kataloge.

Rechts: Monet am Ufer seines Teiches. Die Seerosen beschrieb er als »Begleitmusik«. Im Mittelpunkt stehe der Wasserspiegel, dessen »Bilder sich von Moment zu Moment ändern«.

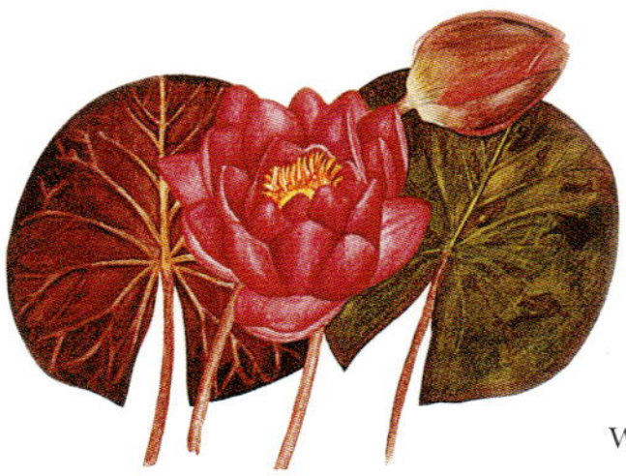

ganze Nation: Der französische Offizier und Jude Alfred Dreyfus wurde fälschlicherweise bezichtigt, militärische Geheimnisse an die Deutschen weitergegeben zu haben. Von einem Militärgericht wurde er wegen Landesverrats zu lebenslänglicher Haft verurteilt, unehrenhaft aus dem Militärdienst entlassen und auf die Teufelsinsel im Atlantik deportiert. Im September 1896 erreichte die Frau von Dreyfus die Wiederaufnahme des Verfahrens und anhand neuer Beweismittel wurde Charles Esterhazy als wahrer Verräter überführt. Im festen Glauben an die Unschuld von Dreyfus veröffentlichte Zola in der Zeitung *Le Figaro* zwei Artikel über diese Affäre. Monet hatte zwar seit 1886 keinen Kontakt mehr zu Zola gehabt, reagierte aber mit begeisterter Zustimmung auf Zolas Stellungnahmen. »Bravo und nochmals bravo für die beiden ausgezeichneten Artikel …« Esterhazy wurde zunächst freigesprochen und am 13. Januar 1898 publizierte Clemenceaus Zeitung *L'Autore* unter dem Titel »J'accuse« Zolas dritten und bekanntesten Beitrag zu diesem Thema. Der Schriftsteller erhob darin schwere Anklagen gegen das Militär und den Staat. Unterstützt von Pissarro bot Monet von Giverny aus schriftlich seine Hilfe an und unterzeichnete ein »Manifest der Intellektuellen«. Angesichts einer landesweiten gewalttätigen Welle des Antisemitismus ging Zola ins Exil. Angewidert verließ auch Monet das Land; in Begleitung von Alice und ihrer Tochter Germaine reiste er im Herbst 1899 nach London. Monet stieg im Savoy-Hotel ab und begann seine Londonse-

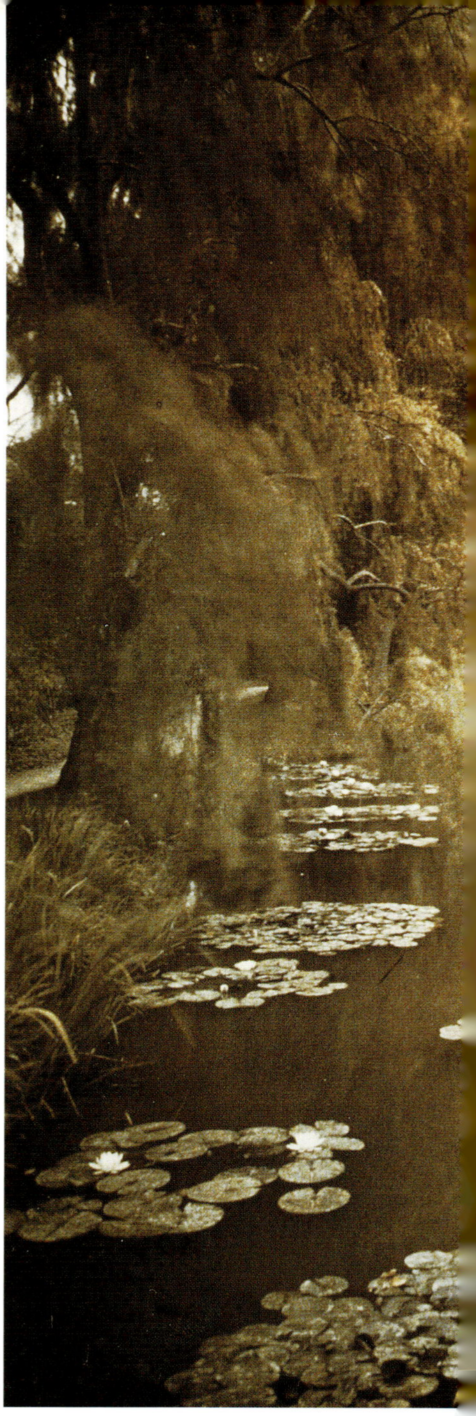

»Auch dieses Haus

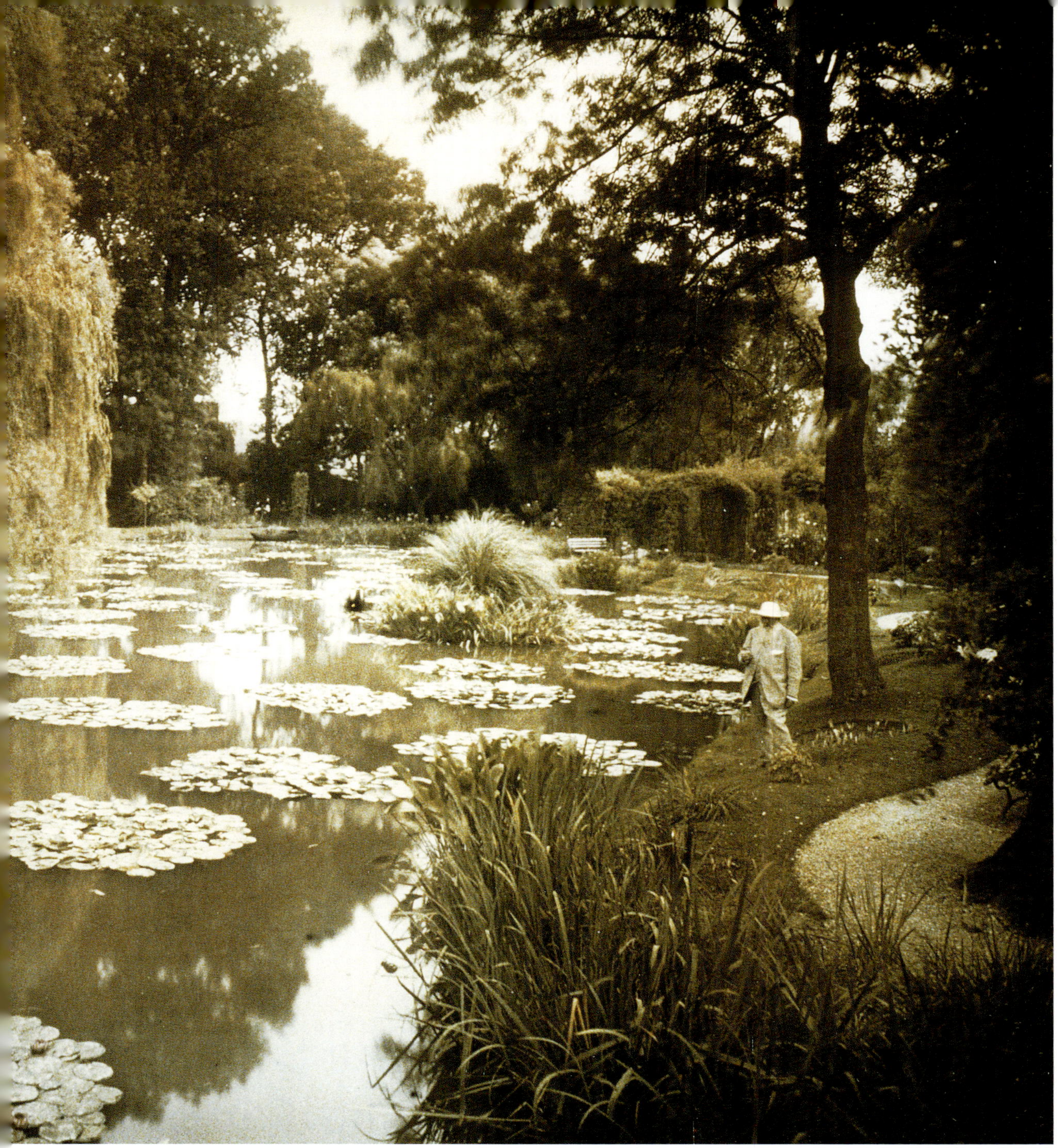

und dieser Garten sind ein Kunstwerk; Monet verbrachte sein Leben damit, es zu erschaffen und zu perfektionieren.«

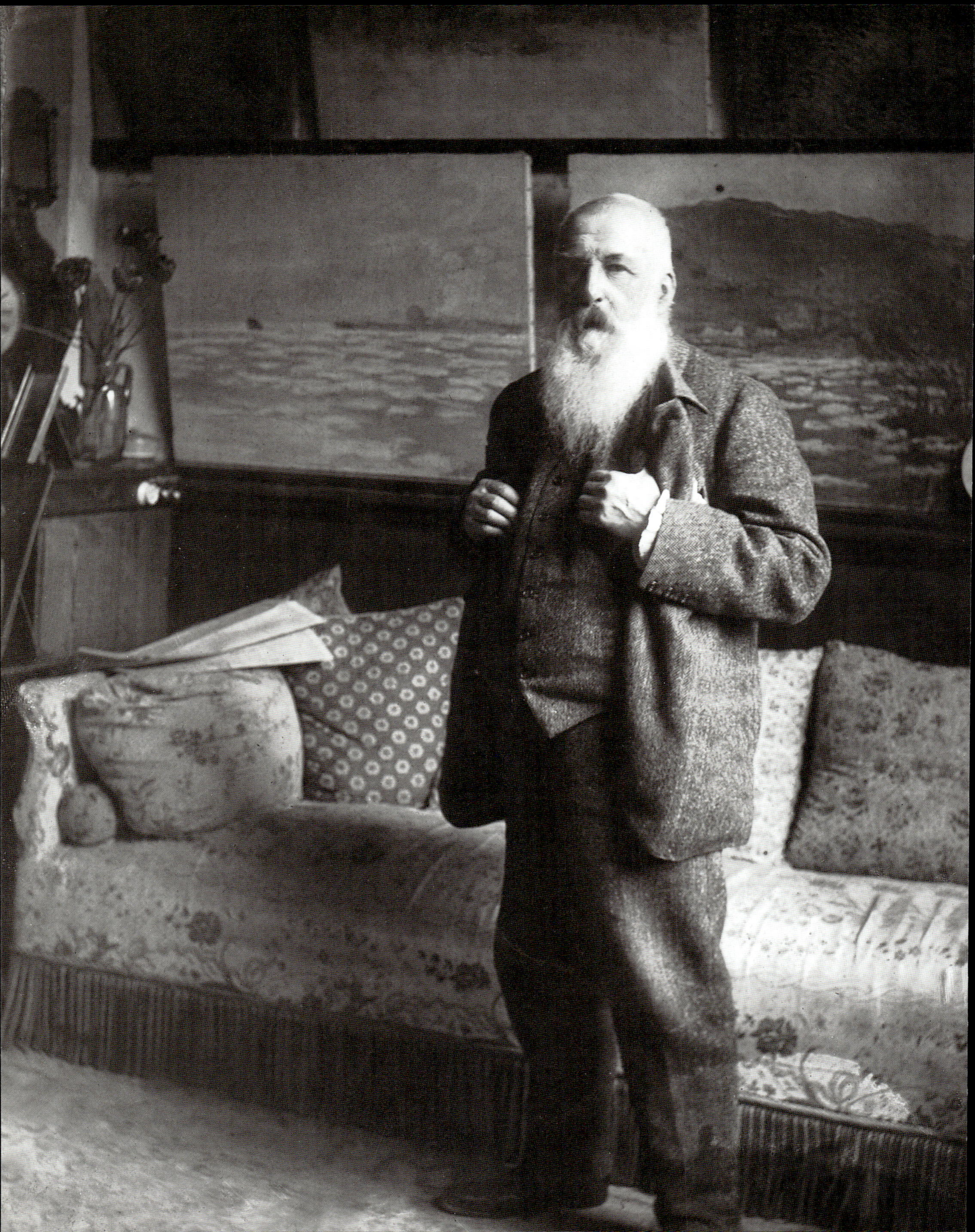

»Was soll man über mich sagen … einen Mann, für den nur seine Malerei zählt? Und daneben natürlich auch sein Garten und seine Blumen.«

rien; daneben empfing er viele Gäste, unter anderem Clemenceau und Geffroy.

Geffroy schrieb vom ersten Erscheinungstag, dem 14. Januar 1880, an für *La Justice*, deren Besitzer und Herausgeber Georges Clemenceau war. Nach seinem ersten Zusammentreffen mit Monet auf der Belle-Île im Jahr 1886 brachte Geffroy Monet und Clemenceau, die sich bereits in den 60er Jahren des 19. Jahrhunderts kennen gelernt hatten, erneut miteinander in Kontakt. Clemenceau, der Medizin studiert und als Arzt tätig gewesen war, hatte sich der Politik und der Verwirklichung seiner Ideale – Gerechtigkeit, Freiheit und Wahrheit – verschrieben. Die Energie, mit der er seine Ziele verfolgte, und die Rolle, die er während der letzten Jahre des Ersten Weltkrieges als Premierminister spielte, hatten ihm den Spitznahmen »Le Tigre«, der Tiger, eingetragen. Clemenceau war Gegner des Katholizismus, Fachmann für chinesische und japanische Kunst und liebte gutes Essen, die Geschwindigkeit, Reisen und die Beobachtung von Lichteffekten. Nachdem er 1902 ein Anwesen im nahe gelegenen Bernouville gemietet hatte, waren er und Monet Nachbarn. Alle drei Männer waren bis ins hohe Alter eng miteinander befreundet; Geffroy starb nur wenige Monate vor Monet, Clemenceau drei Jahre später. In den 20er Jahren des 20. Jahrhunderts schrieben

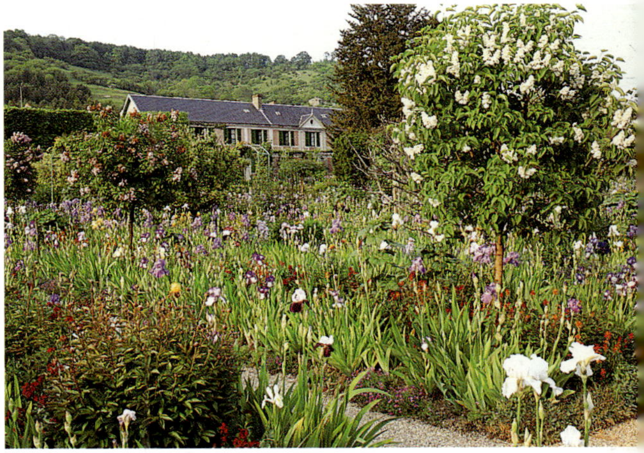

Oben: Das Haus inmitten der Blumen, fotografiert von einem der unteren Wege des oberen Gartens. Neben Iris und Rosen pflanzte Monet im ganzen Garten Flieder, und zwar traditionelle Sorten ebenso wie neue, beispielsweise die gefüllte, cremefarbene Züchtung rechts im Bild.

Links: Monet im Wohnzimmer der Familie, das vorher als erstes Atelier diente. Auf den Bildern hinter ihm geben die auf dem Wasser treibenden Eisschollen einen Vorgeschmack auf die späteren Seerosenbilder. Die Spitzenmanschetten seines Hemdes orientieren sich noch am Stil ihrer Studententage – so erinnert sich wenigstens Renoir.

sowohl Geffroy als auch Clemenceau eine engagierte Biographie über Monet, in denen seine Gemälde in poetischen Worten beschrieben wurden. Durch ihren persönlichen Erzählstil können sich die Leser sehr gut in das kreative, stimulierende, von Freundschaft und persönlicher Zuneigung geprägte Milieu hineinversetzen.

Auch zahlreiche Amerikaner gingen in Giverny ein und aus, wenngleich die einzigen Künstler, die Monet in sein Haus einlud, Theodore Robinson, Theodore Butler und Mary Cassatt waren. Robinson, der

»... das Licht einfangen und es auf die Leinwand werfen«.

sich 1885 im Dorf niederließ, hatte zwei Jahre zuvor im Wald von Fontainebleau gemalt; ein Freund stellte ihn dann Monet vor. Andere Amerikaner entdeckten zufällig, aber mit großem Entzücken, dass Monet in Giverny lebte – etwa Stanton Young, ein ausgezeichneter Tennisspieler, sowie die Perrys; Mrs. Lilla Cabot Perry hatte ebenso wie Young künstlerische Ambitionen. Als immer mehr Besucher nach Giverny strömten, bauten die Inhaber der Dorfkneipe, Lucien und Angelina Baudy, ihr Haus zum Hotel um: Im Garten des Hôtel Baudy befand sich sogar ein Atelier.

Der Haushalt Monet-Hoschedé

Trotz ihres nicht legitimierten Zusammenlebens mit Monet war Alice streng gläubig und bemühte sich, auch ihre Kinder zu gläubigen Christen zu erziehen. Erst nach dem Tod von Ernest Hoschedé im Jahr 1891 konnte das Paar heiraten. Alice pflegte Hoschedé in den Wochen vor seinem Tod; er wurde im Familiengrab in Giverny beigesetzt. Alice und Monet hatten beide einen ausgeprägten Familiensinn und widersetzten sich allem und jedem, der dieses Ideal hätte in Gefahr bringen können – das galt insbesondere für potentielle Ehepartner ihrer Kinder. Keiner Stieftochter Monets war es vergönnt, einen Künstler zu heiraten – Blanche beispielsweise zog sich den Zorn Monets zu, als ihre Liaison mit dem wenig erfolgreichen Künstler John Leslie Breck in die Brüche ging.

Rechts: Monets Stieftochter Suzanne war sein Lieblingsmodell. Als 1886 das Porträt ***Studie einer Figur im Freien mit Blick nach links*** entstand, war sie 18 Jahre alt. Sie verharrte so lange in dieser Pose, dass sie ohnmächtig wurde. Manche Kritiker behaupten, Monet habe nach ihrem Tod ihre Silhouette auf einigen Seerosenbildern verewigt.

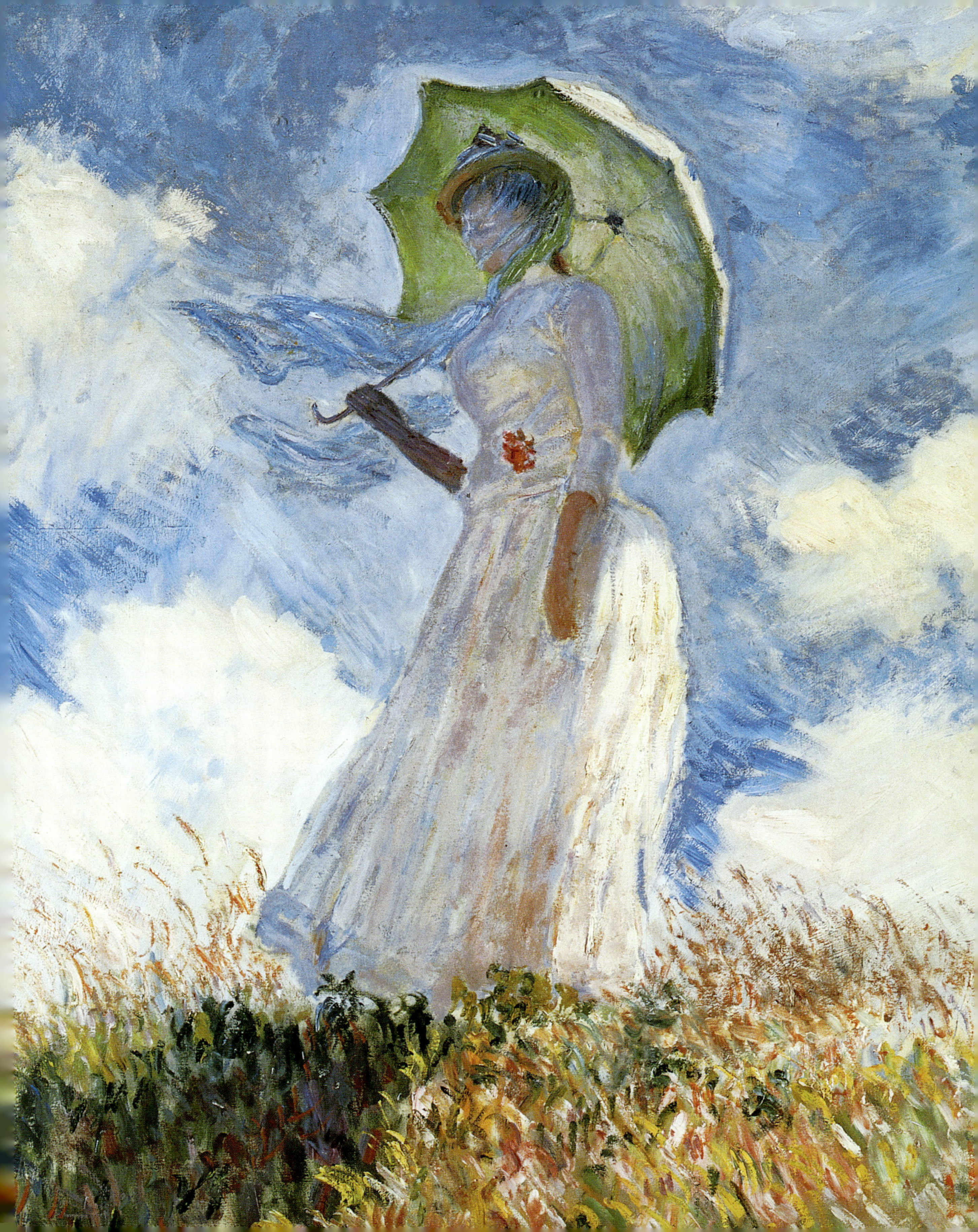

Schließlich heiratete Blanche, die einzige Künstlerin unter den Stiefkindern, 1897 Jean Monet. Sie bezogen eine Wohnung in dem gerade neu erbauten zweiten Ateliergebäude, einem weitläufigen, entlang der nördlichen Grundstücksgrenze verlaufenden Anbau mit nach Norden weisenden Dachfenstern und nach Süden gerichteten Fensterfronten mit Blick auf die Gewächshäuser.

Die Schicksale der Kinder verliefen innerhalb des sehr intensiven, fast erdrückenden Familienlebens der Monet-Hoschedés sehr unterschiedlich. Michel Monet und Jean-Pierre Hoschedé verbrachten ihr ganzes Leben in Giverny. Schon als Jungen faszinierte sie die dortige Pflanzenwelt: Jean-Pierre und der Gemeindepriester Abbé Anatole Toussaint veröffentlichten 1898 gemeinsam das Werk *La Flore de Vernon et de la Roche Guyon*. Michel verlor allerdings bald das Interesse an der Flora; als ich einmal fragte, warum man von Michel nur im Zusammenhang mit Safaris oder schnellen Autos sprach, erfuhr ich, dass dies alles gewesen sei, was ihn zu Lebzeiten interessiert habe.

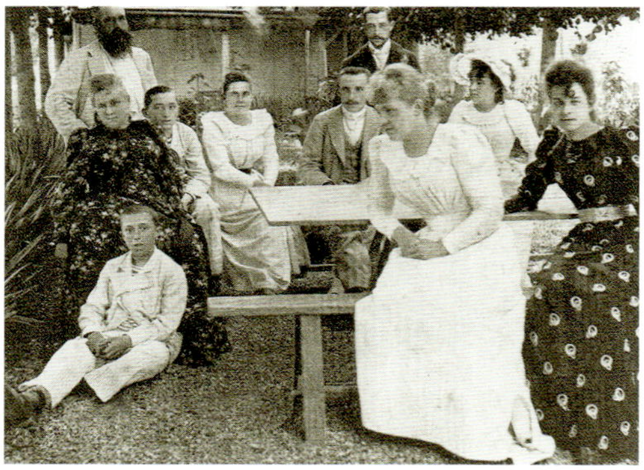

Oben: Die Familie Monet-Hoschedé Ende der 80er Jahre des 19. Jahrhunderts im Garten von Giverny. Von links nach rechts: Michel Monet, Alice Hoschedé, Jean-Pierre Hoschedé, Blanche Hoschedé, Jean Monet, Jacques Hoschedé, Germaine Hoschedé, Suzanne Hoschedé und Marthe Hoschedé. Sehr elegant wirkt Suzanne in ihrem gemusterten Kleid.

Rechts: Stundenlang saß Monet am Teich und beobachtete die Wasserspiegelungen, die Reflexionen des Himmels und der Wolken im Wasser. Sie inspirierten ihn zu Bildern wie ***Seerosen***, 1908. Die fünf seltenen und teuren roten Seerosen hatte er 1904 gekauft; vier Jahre später waren sie fest integriert.

Jean Monet durchlief in der Schweiz eine Ausbildung zum Chemiker, bevor er bei seinem Onkel in Rouen arbeitete, doch nach Alices Tod kehrten er und Blanche nach Giverny zurück. Seine schwache Konstitution machte ihm stets zu schaffen. Blanche pflegte ihn aufopferungsvoll bis zu seinem Tod im Jahr 1914. Jacques, einer von Alices Söhnen, heiratete und zog nach Norwegen, wo Monet ihn 1895 im Rahmen einer Malreise besuchte. Jean-Pierre führte ein von der Familie weitgehend unabhängiges Leben, blieb Giverny und dem Schaffen Monets aber immer verbunden. Sein Buch *Monet, ce mal connu* (1960) bietet faszinierende, intime Einblicke in das Leben seines Stiefvaters.

Als Erstes der Kinder heiratete Suzanne. Sie widersetzte sich den anfänglichen Vorbehalten gegenüber ihrem Auserwählten, dem Maler Theodore Earl Butler, der mit John Singer Sargent befreundet war. Die Hochzeit fand erst am 20. Juli 1892 statt. Weil Monet und Alice –

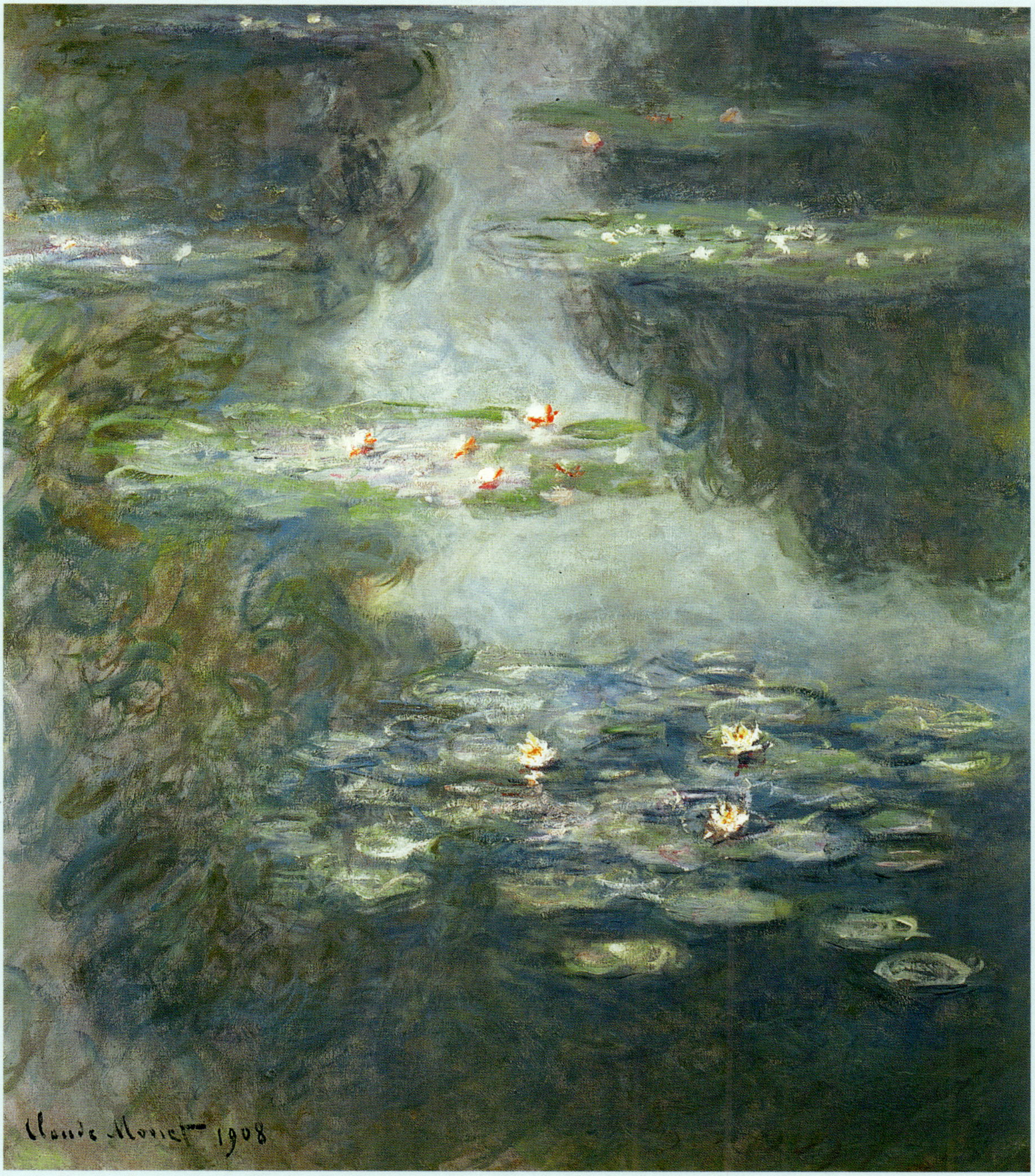
Claude Monet 1908

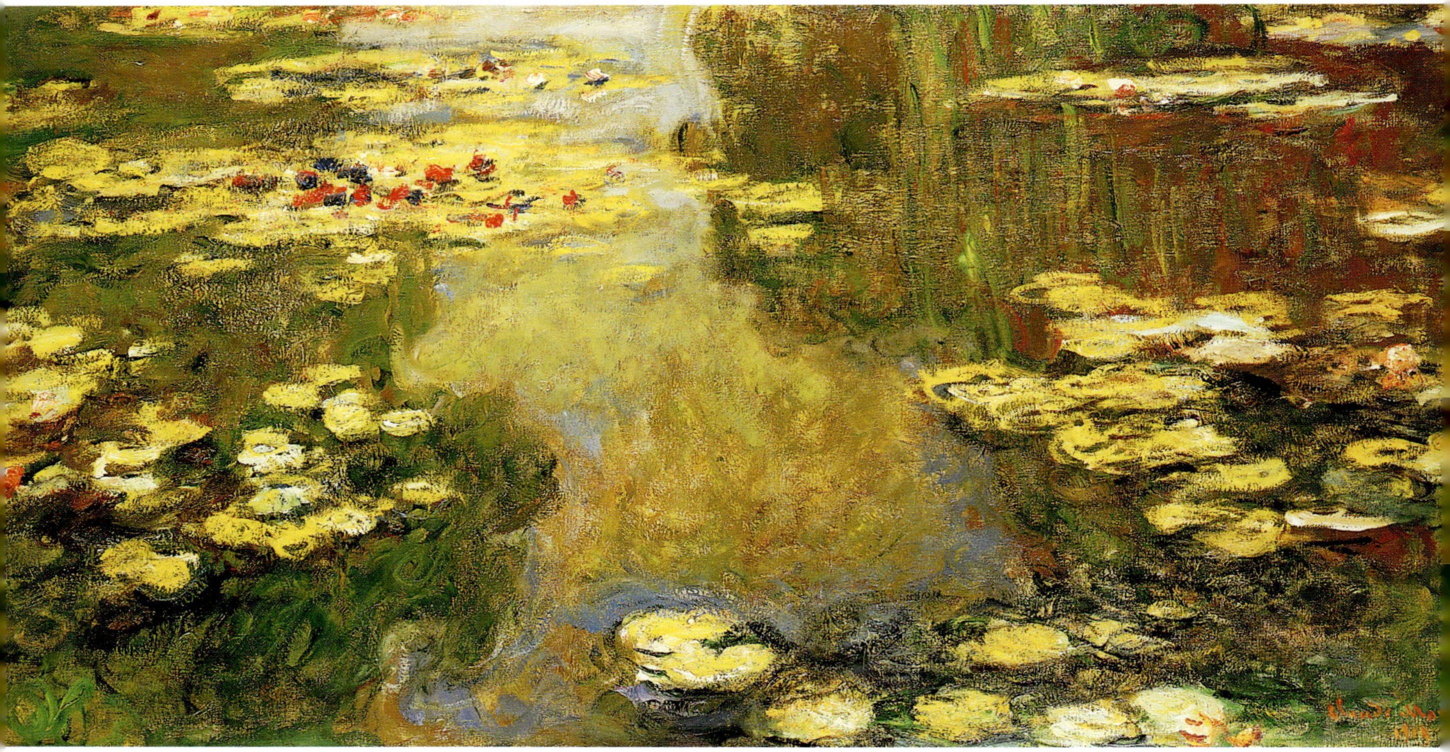

Oben: Neben den ***Grandes Décorations*** schuf Monet zahlreiche weitere Seerosenbilder, die die unterschiedlichen Lichtverhältnisse und Jahreszeiten reflektieren. ***Seerosen***, 1918–19, besticht durch eine komplexe Mischung aus grünem und gelbem Laub sowie Schatten, die in unergründliche Tiefen weisen.

endlich, nach all den Jahren – am 16. Juli geheiratet hatten, konnte Monet Suzanne ganz offiziell als Stiefvater zum Traualtar führen. Suzanne war Monets Lieblingsmodell; ein Bild zeigt sie zusammen mit seinem Sohn Jean im Frühjahr 1886 im Obstgarten von Giverny – das Gemälde spiegelt wohl die Hoffnung Monets wider, Suzanne möge sich für Jean entscheiden.

Auf dem Bild *Frau mit Sonnenschirm*, ebenfalls aus dem Jahr 1886, registriert man eine verblüffende Ähnlichkeit zwischen Suzanne und Camille. Sowohl auf Fotografien als auch auf Gemälden wirkt Suzanne sehr lebendig. Dennoch bleibt ihr Gesicht auf den Bildern oftmals wie hinter einem Schleier verborgen, während die frühen Porträts von Camille durch ihre klaren Züge bestechen. Ein uncharakteristisches, fast symbolistisches Porträt von Suzanne, das zugleich Monets letztes figürliches Gemälde ist, entstand zu einem unbekannten Zeitpunkt zwi-

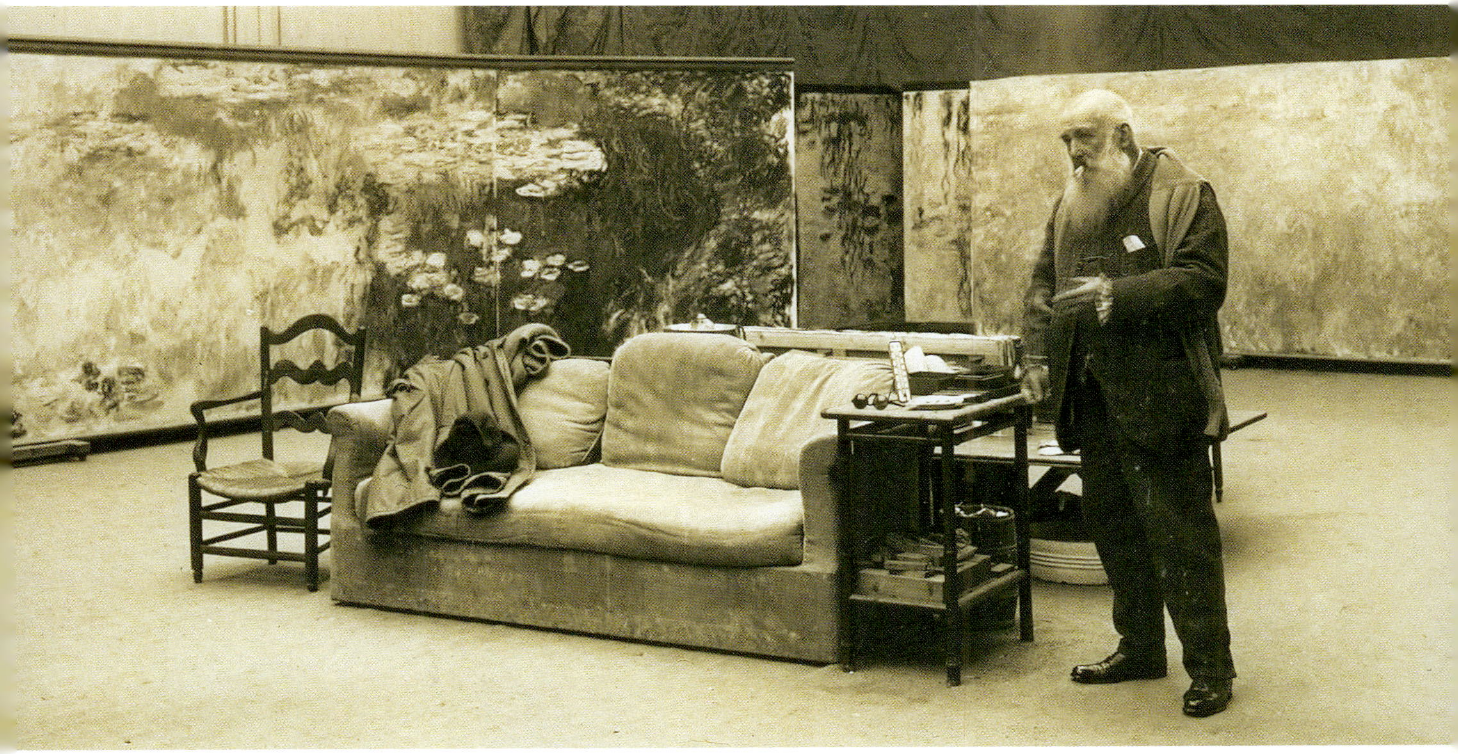

schen 1889 und 1891: Suzannes Gesicht, das von drei großen Sommerblumen eingerahmt ist, hebt sich von einem dunklen, schattenhaften Hintergrund ab, ihr Körper ist nur verschwommen dargestellt. Auch Camille scheint sich auf späten Bildern immer mehr in Nichts aufzulösen; auf dem Porträt, das sie auf dem Totenbett zeigt, erscheint sie nur noch als Schatten, umgeben von rötlichen und bläulichen Lichteffekten. Suzanne schien auf tragische Weise dazu bestimmt zu sein, Camilles Schicksal zu wiederholen. Seit der Geburt ihrer Tochter Lily im Jahr 1894 war sie gelähmt; am 6. Februar 1899 starb Suzanne. Während ihres Leidens kümmerte sich ihre Schwester Marthe um die Kinder; Butler heiratete Marthe im Jahr 1900 nach Ablauf einer angemessenen Trauerzeit.

Germaine Hoschedé, die sich zunächst zu Alfred Sisleys Sohn Pierre hingezogen fühlte – was eine weitere unerwünschte Verbindung

Oben: Das große, dritte Atelier hatte eine Fläche von rund 280 Quadratmetern und kostete mehr als 35.000 Francs. Das funktionale, aber hässliche Gebäude war Monet zeitlebens ein Dorn im Auge, doch unabdingbar für die Entstehung seiner großflächigen Seerosenbilder. Von Norden fiel Licht in den Raum, in dem Monet seinen Garten auf die Leinwand bannte.

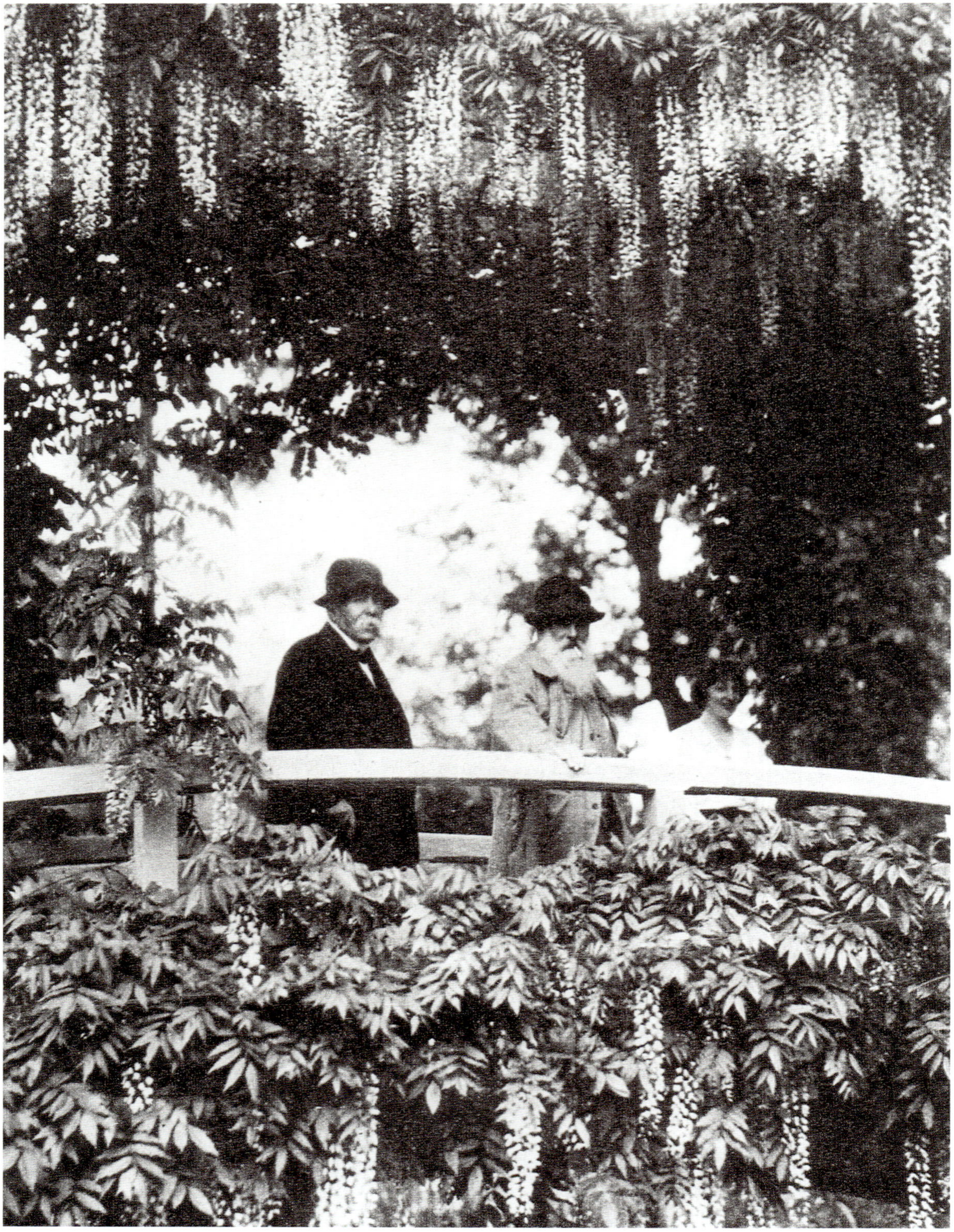

Links: Monet im Jahr 1921 mit Clemenceau und Suzannes Tochter, Lily Butler, auf der japanischen Brücke. Clemenceau beschrieb die Brücke als Monets einziges Zugeständnis an die Romantik des Ortes.

darstellte –, heiratete 1902 den aus Monaco stammenden Rechtsanwalt Albert Salerou. Vier Gartenfotografien zierten die Menükarten für das Hochzeitsmahl. Alberts und Germaines Tochter Simone kehrte 1926, nur vier Monate vor dem Tod Monets, nach Giverny zurück, um ebenfalls dort zu heiraten; wieder schmückten Gartenansichten die Speisekarten.

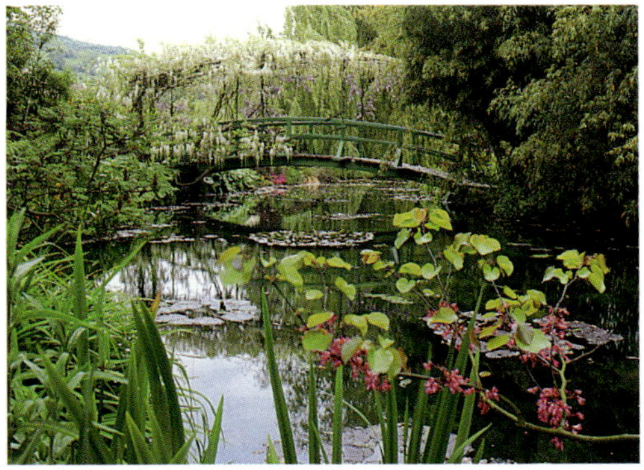

Oben: Die weißen Glyzinenblüten am oberen Geländer der japanischen Brücke baden im Licht. Als Monet seine ersten Wassergartenbilder aus dieser Perspektive malte, hatte der Teich nur einen Bruchteil der jetzigen Fläche, die Brücke bestand lediglich aus einem einfachen Bogen.

Das letzte Jahrzehnt

Nach Jean Monets langer Krankheit und qualvollem Sterben führte Blanche, die ihre eigenen künstlerischen Ambitionen gänzlich aufgegeben hatte, Monet in Giverny den Haushalt und stand ihm auch als Muse zur Verfügung – Clemenceau beschrieb sie einmal als Monets *ange bleu*, seinen »blauen Engel«. Seit dem Ausbruch des Ersten Weltkrieges weigerte sich Monet, sein Anwesen zu verlassen. Er konzentrierte all seine Energie darauf, auf seinem zur Maison bleue gehörenden Grundstück in der Rue du Chêne in Giverny Obst und Gemüse für das nahe Feldlazarett anzubauen; dieses Anwesen hatte Monet einige Jahre zuvor dazu gekauft, um einen separaten Küchengarten zu besitzen. Eine weitere späte Erweiterung seines Anwesens war der Bau eines dritten Ateliers, das 1916 entstand. Es handelte sich um einen unattraktiven, klotzigen Bau, dessen Anblick Monet missfiel, der aber

»... nie war die Glyzine lieblicher ..., doch die Hitze lässt sie welken.«

andererseits genug Platz für die Entstehung seiner *Grandes Décorations* in den Nachkriegsjahren bot.

Während des Krieges erwies sich Giverny als Oase der Ruhe. Hier spürte man nichts von den Katastrophen, die sich außerhalb der Mauern abspielten. Giverny wurde auch für Clemenceau zu einem Refugium vor dem Kriegsgeschehen – jede freie Stunde zog er sich hierhin zurück. In diesen Jahren öffnete Monet der Öffentlichkeit nur ein

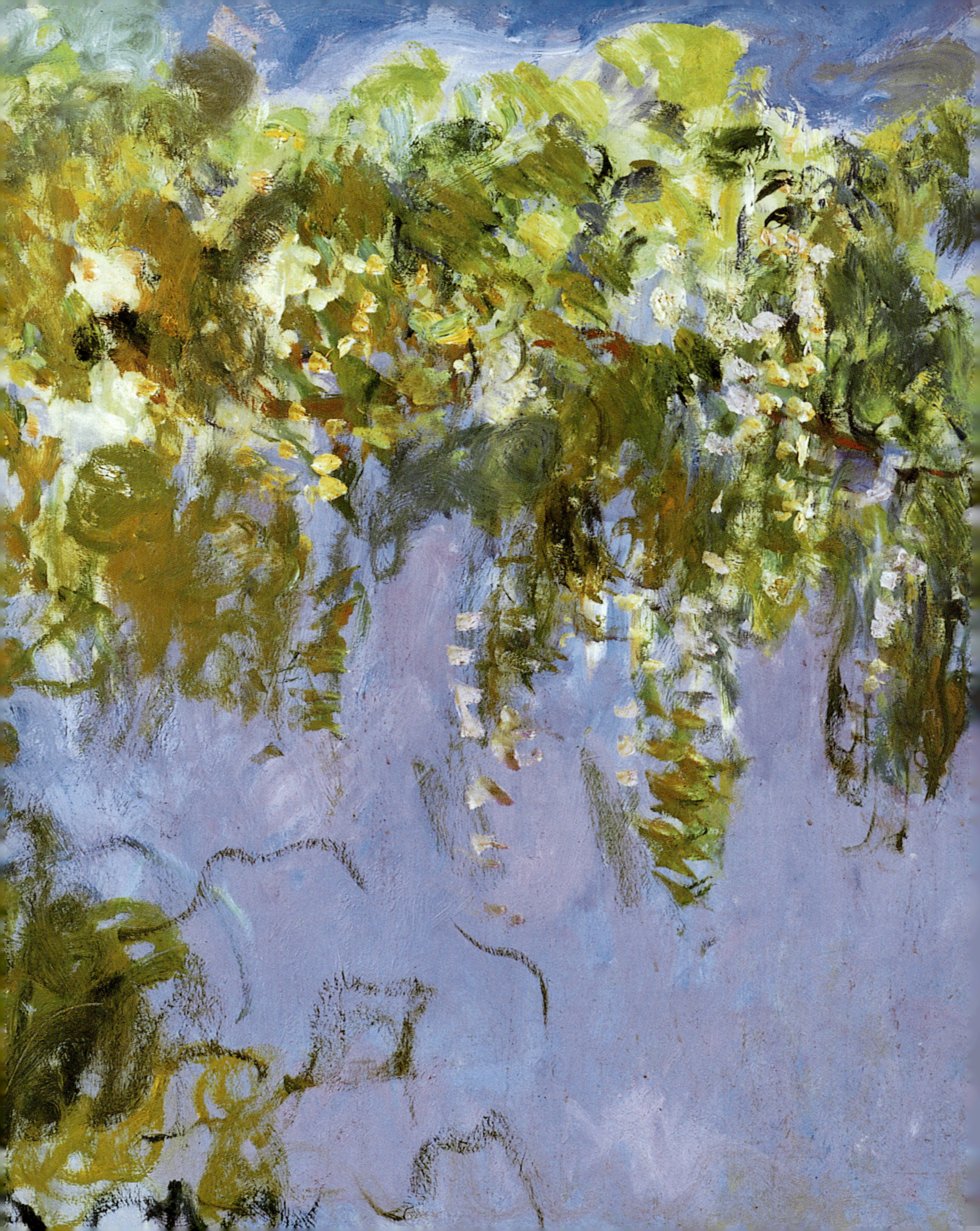

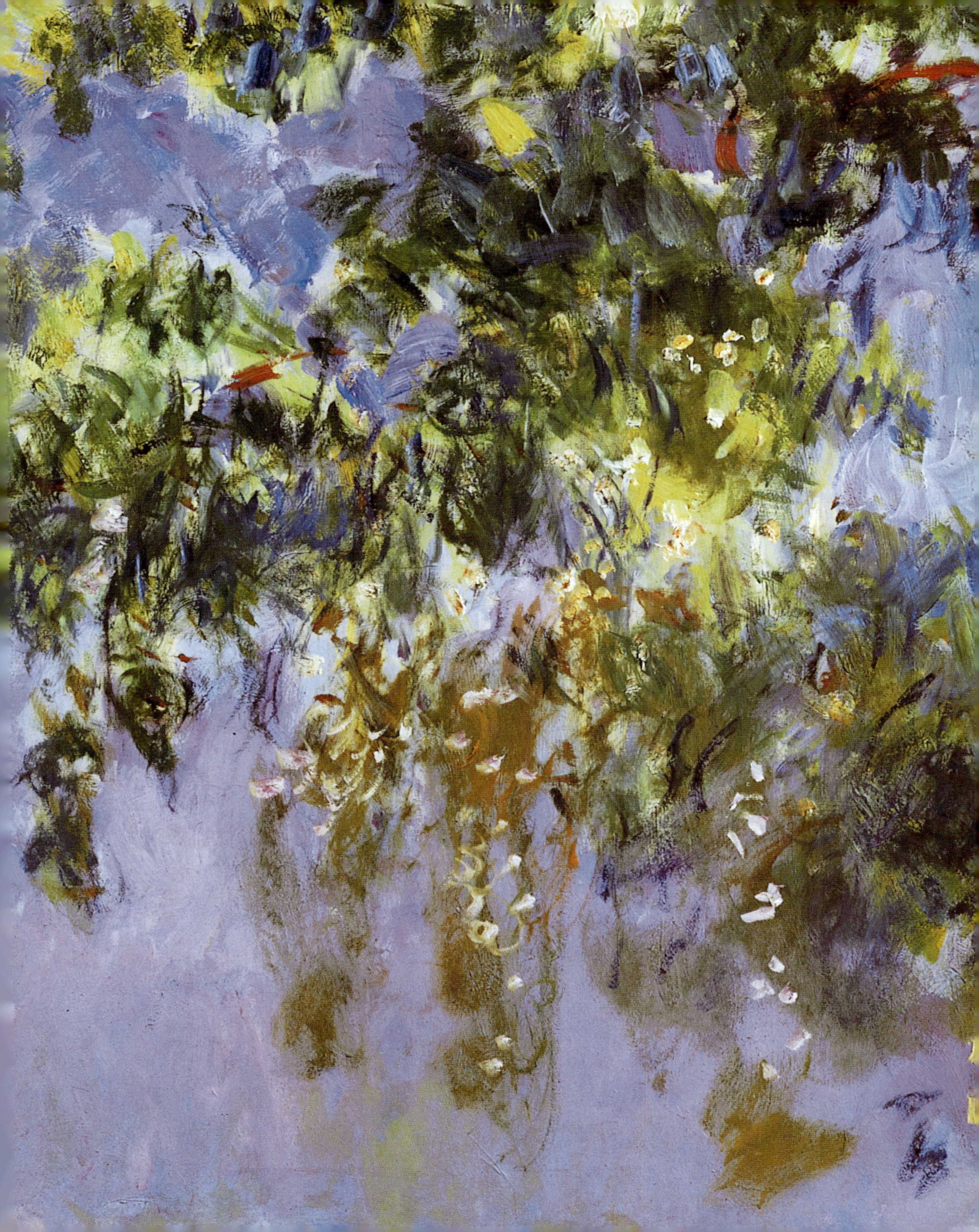

Vorhergehende Doppelseite: Eines der Bilder, die das Atelier erst nach dem Tod des Meisters verließen, war ***Glyzine***, 1917–20. Aus Kletterrosen und Glyzinen schuf Monet atemberaubende florale Kompositionen, die förmlich in den Himmel wuchsen.

einziges Mal seine Türen: Im Jahr 1915 kam Sasha Guitry nach Giverny, um einen Film über führende kulturelle Persönlichkeiten Frankreichs zu drehen. Indem er sich beim Malen filmen ließ, glaubte Monet einen Beitrag zur Unterstützung des Vaterlandes zu leisten.

Am 18. November 1919 genehmigte sich Clemenceau, der seit 1917 als Premierminister im Amt war, seinen ersten freien Tag und reiste mit Geffroy nach Giverny, um die beiden Seerosendarstellungen in Augenschein zu nehmen, die Monet aus Freude über den Sieg des

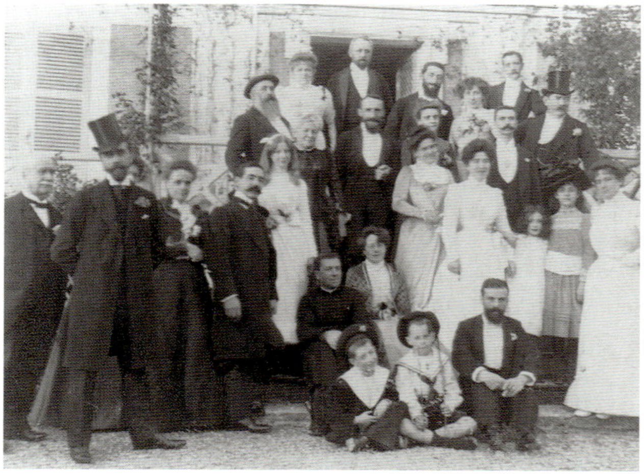

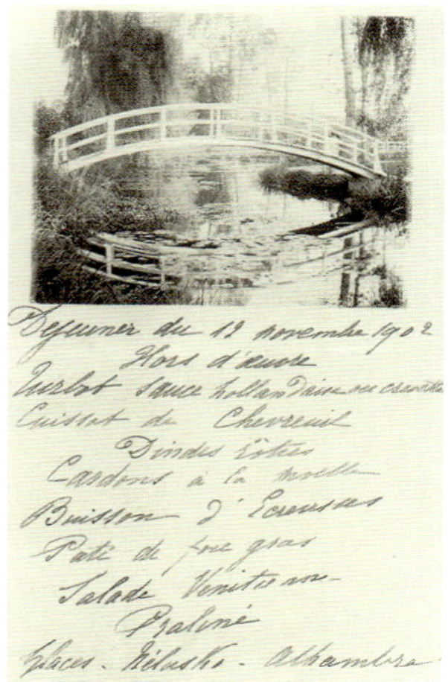

Déjeuner du 12 novembre 1902
Hors d'œuvre
Turbot sauce hollandaise aux crevettes
Cuissot de Chevreuil
Dindes rôties
Cardons à la moelle
Buisson d'Écrevisses
Pâté de foie gras
Salade Vénitienne
Praliné
Glaces . [illegible] . Alhambra

Links: Auszug aus der Speisekarte für das Hochzeitsmenü von Germaine Hoschedé und Albert Salerou am 12. November 1902. Die Menükarten waren mit vier Gartenansichten sowie dem berühmten Brückenmotiv verziert.

Oben: Am 31. Oktober 1900 heiratete Suzannes Witwer Theodore Butler deren Schwester Marthe. Das Foto zeigt Angehörige und Freunde, die sich anlässlich der Hochzeitsfeierlichkeiten am Fuß der Haupttreppe in Giverny versammelt haben. Abgesehen von Monet, links von der Treppe, sind alle Herren festlich gekleidet.

Vaterlandes dem Staat schenken wollte. Im Atelier fiel Clemenceaus Blick auf die erst kürzlich fertig gestellten Gemälde der Trauerweiden. Seiner Meinung nach symbolisierten sie den Triumph, der nach dem Sturm erfolgt war, und er bat Monet um dieses Bild und ein Seerosengemälde. Die Wanddekorationen wurden zu einer Sequenz erweitert, die später eine Rundumansicht von Monets Seerosenteich bot. Dieses Unternehmen beschäftigte Monet seine letzten sieben Lebensjahre.

Im hohen Alter zahlten sich Sparsamkeit und finanzieller Weitblick der früheren Jahre, später auch gute Finanzberater, aus. 1899 betrug Monets Einkommen 227.000 Francs. 1901 verkaufte er 17 Bilder für insgesamt 127.500 Francs und 1912 erzielte er mit dem Verkauf von Gemälden 369.000 Francs. 1919 belief sich sein Vermögen auf die stolze Summe von rund 1.000.000 Francs, wobei jährlich allein rund 40.000 Francs an Zinseinkünften anfielen.

Rechts: Nach der Vergrößerung seines Gartens stellte Monet zusätzliche Gärtner ein. In der Entstehungszeit des Bildes ***Japanische Brücke***, um 1919–24, beschäftigte er sieben Männer. Nach mehr als dreißig Jahren der Gartenbeobachtung wurden seine Werke – inzwischen verfügte er auch über ein riesiges Atelier – zunehmend experimentell.

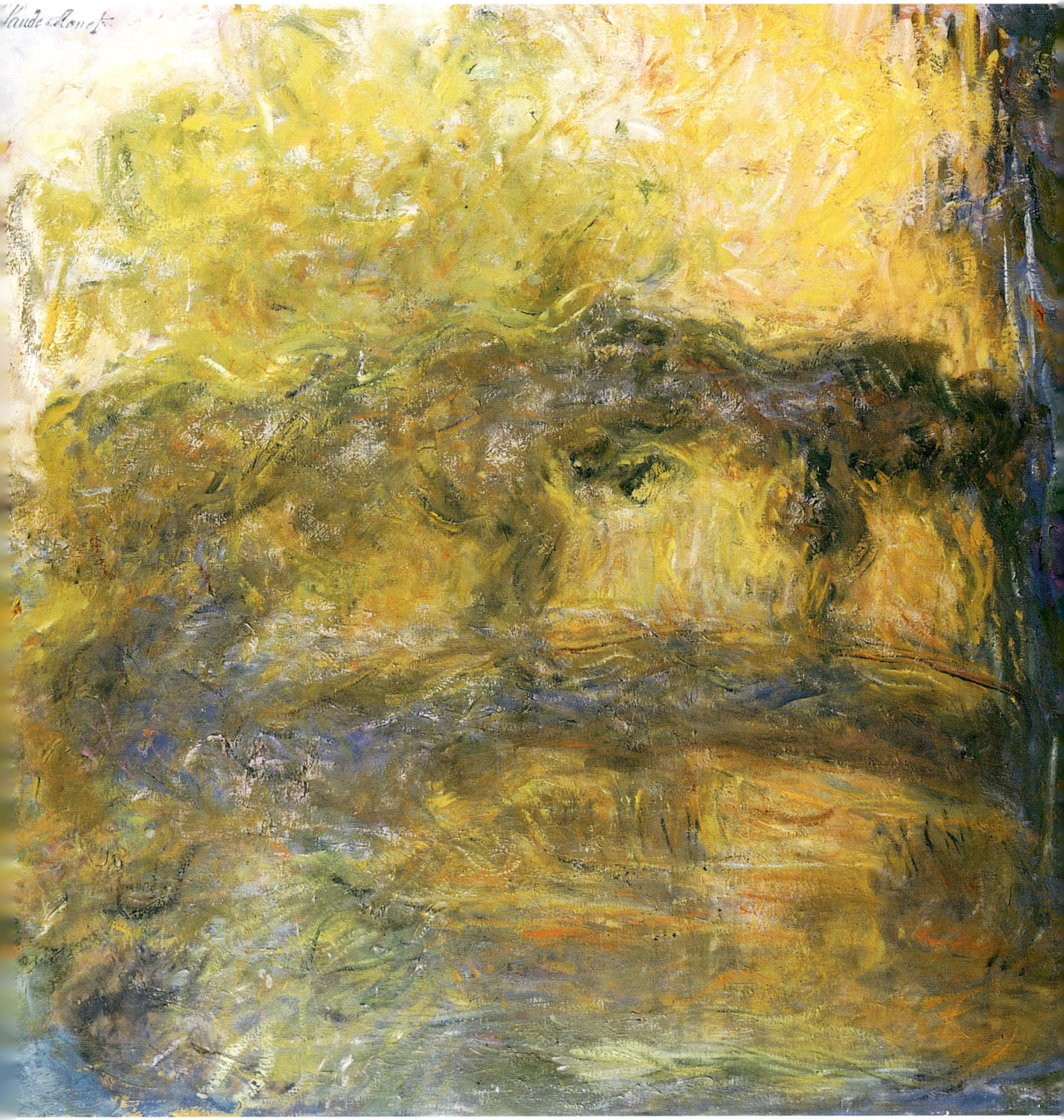

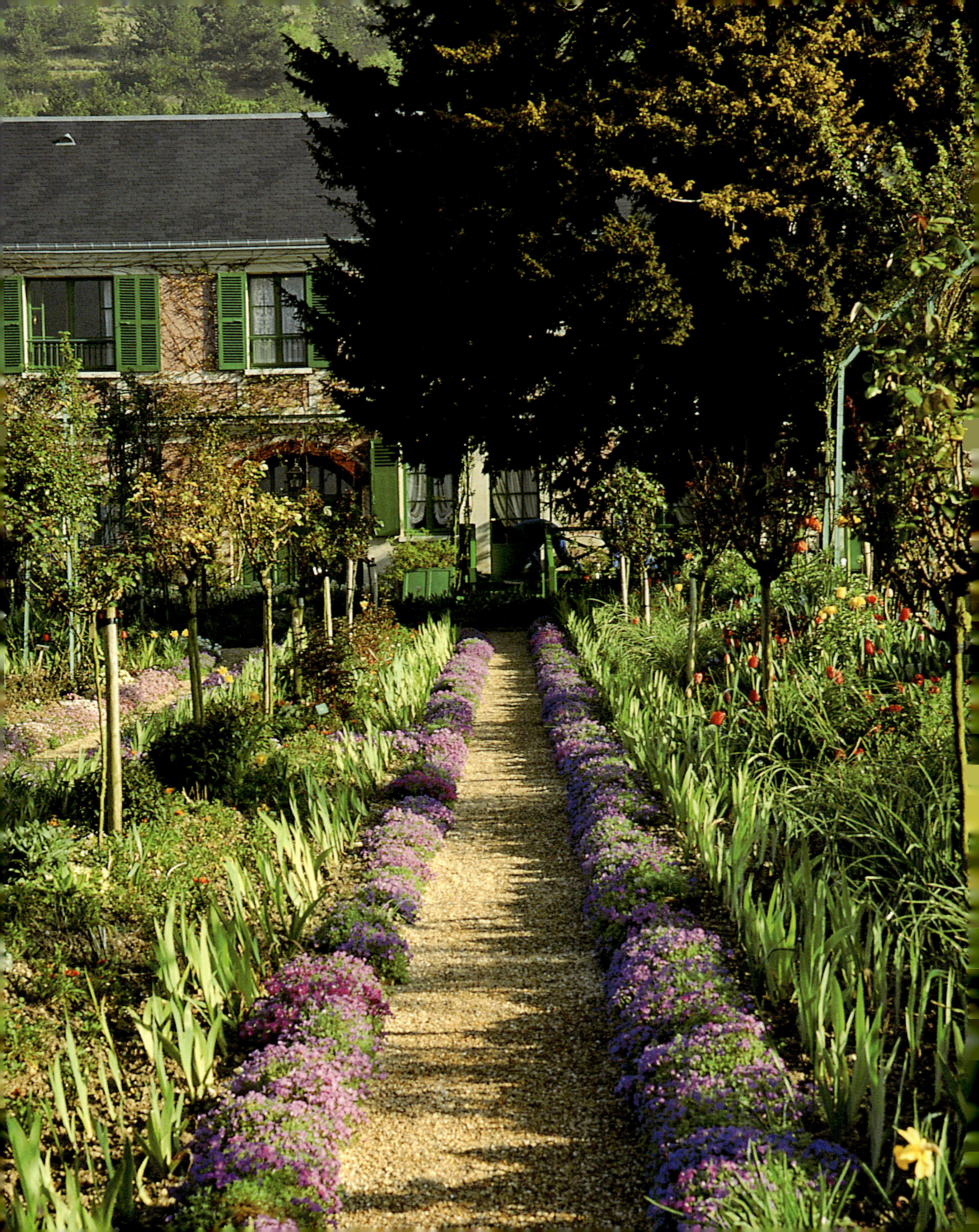

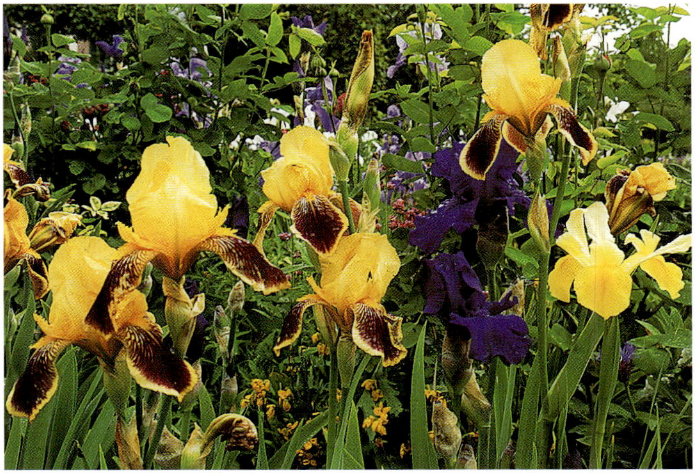

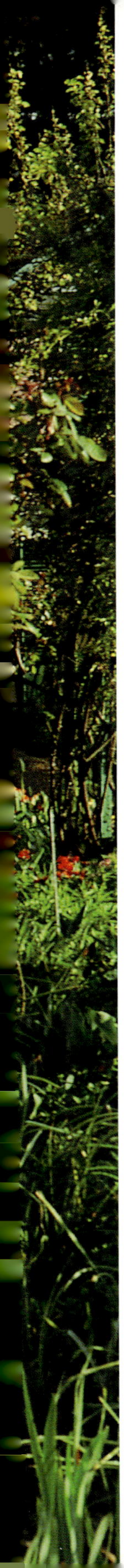

Links: Irisblüten wirken im Garten von Giverny immer wieder als attraktiver Blickfang. Hier wenden sie sich über bodendeckendem Storchschnabel, Vergissmeinnicht und Blaukissen der Sonne zu.

Trotz seines Reichtums versäumte es Monet, seine aufopferungsvolle Stief- und Schwiegertochter Blanche mit einem angemessenen Erbe zu bedenken – und dies, obwohl sie ihm gemeinsam mit Clemenceau und Geffroy in den letzte Stunden zur Seite gestanden hatte. Seine Schwiegertochter Blanche begleitete Monet in all den Jahren mit Güte, Freundschaft und Humor, ohne jemals den Eindruck zu erwecken, sie opfere sich auf. Sicher war es nicht immer einfach, mit dem starrköpfigen, jähzornigen Monet auskommen, zumal er mit zunehmendem Alter immer aufbrausender wurde – am besten beruhigte man ihn, indem man ihn dazu brachte, hinaus in den Garten zu gehen und die Natur zu beobachten.

Gegen Ende seines Lebens vereinsamte der Künstler immer mehr, wobei er sich aus eigenen Stücken von einer Welt zurückzog, in der er sich nicht mehr zurechtfand. Monet verbrachte Stunden in seinem Garten und beobachtete mit Vorliebe die Lichteffekte auf der Wasseroberfläche seines Teiches. 1921 schrieb Geffroy, dass Monet nur dank seiner unbesiegbaren inneren Stärke noch lebe, die von einem brennenden künstlerischen Drang gespeist werde. Späte Fotografien zeigen ihn mit einem breitkrempigen Strohhut, der seine immer empfindlicheren Augen vor hellem Licht schützt. In seinen letzten Jahren kämpfte er mit der Entscheidung, ob er sich einer Staroperation unterziehen sollte oder nicht. Nicht allein der Gedanke an den chirurgi-

Linke Seite: Parallel zu den Hügelbeeten der Grande Allée verlaufen mit Blaukissen gesäumte Wege. Iris und Rosenhochstämme sorgen für starke vertikale Akzente.

»Die Verzerrung und Überhöhung der Farben, die ich jetzt erlebe, ist beängstigend. Wäre ich dazu verdammt, die Natur nur mehr so zu sehen, würde ich es vorziehen, blind zu bleiben und mich der Schönheiten der Natur nur zu erinnern.«

Zu Lebzeiten Monets wurde das Bild ***Haus in Giverny***, um 1922, kein einziges Mal ausgestellt. An diesem Gemälde werden die Folgen des grauen Stars auf sein Farbempfinden und seinen Wahrnehmungssinn deutlich. Viele der in dieser Zeit entstandenen Bilder werden von kräftigen Rot- und Gelbtönen oder aber von kühlen Blau- und Grünschattierungen beherrscht.

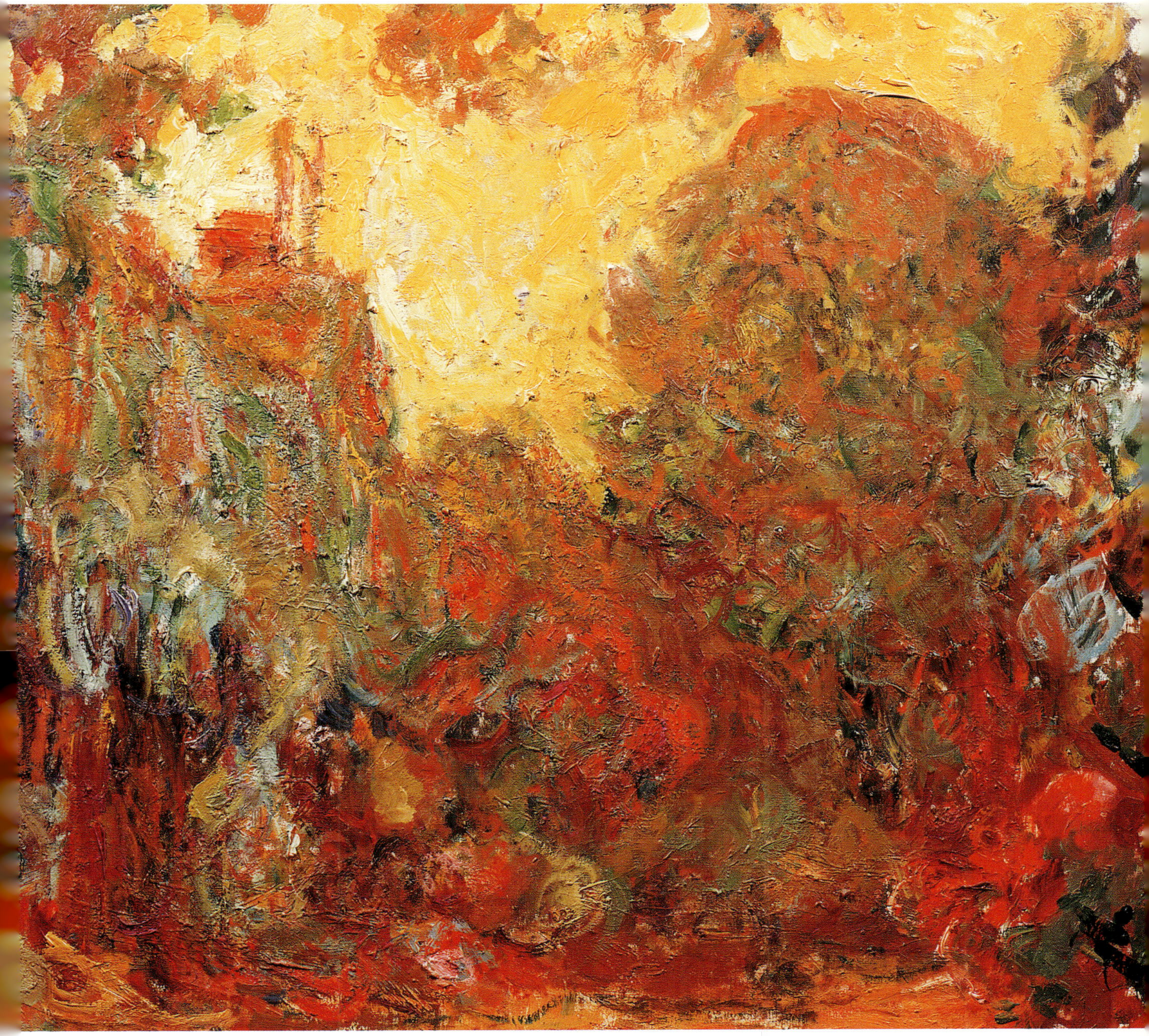

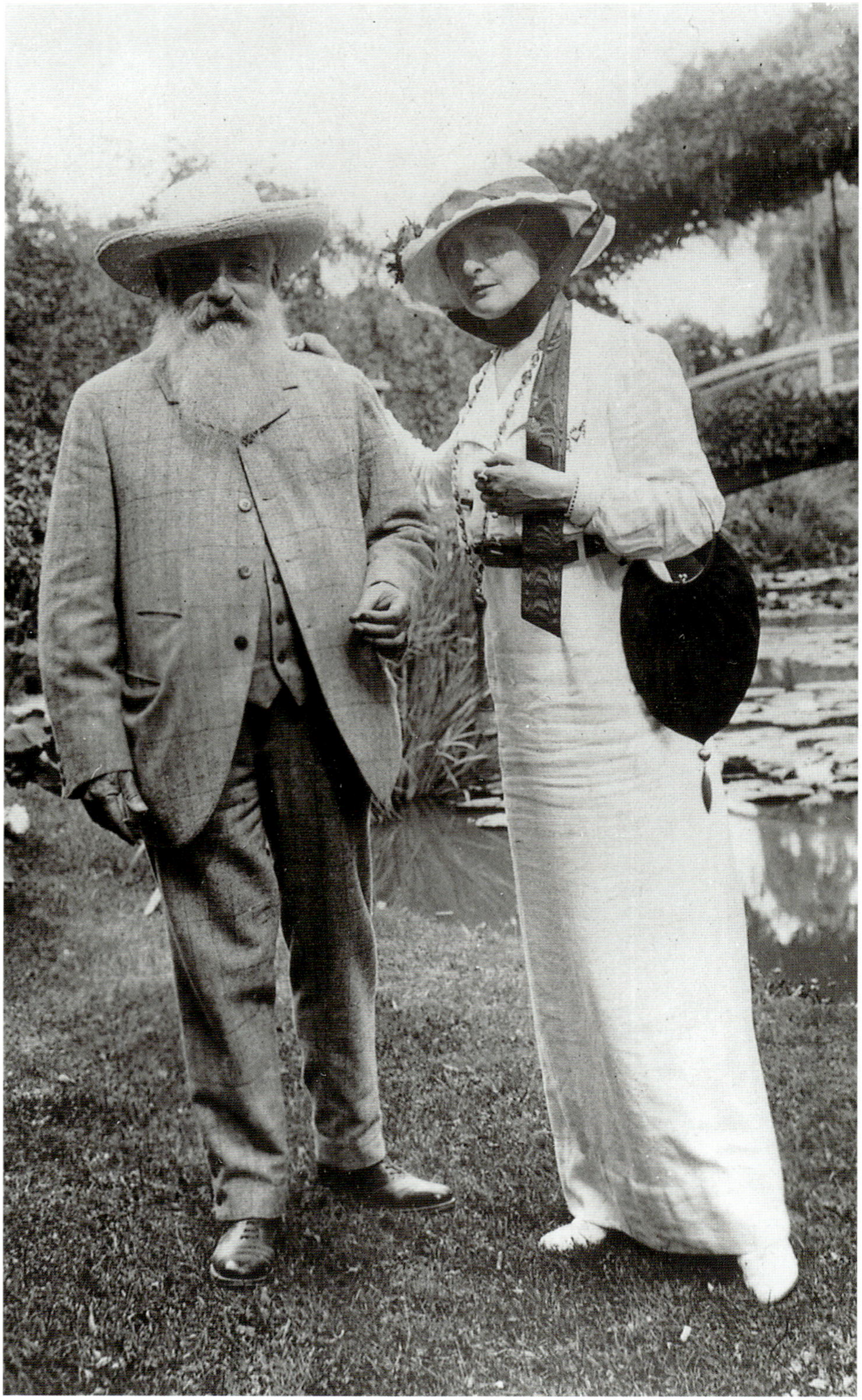

Rechts: Die amerikanische Opernsängerin Marguerite Namara während ihres Aufenthalts in Giverny 1913 an der Seite Monets. Umgeben von den Seerosenbildern sang sie für Monet in seinem dritten Atelier.

schen Eingriff beunruhigte ihn, sondern auch der an mögliche negative Folgen, sprich: den Verlust des Augenlichts. Nichtsdestotrotz ließ er die Operation durchführen, die sich schließlich als erfolgreich erwies.

Dennoch: Die ausgelassene, fröhliche Stimmung, die in Giverny herrschte, als Monet den Gipfel seiner Schaffenskraft erklommen hatte und Alice matriarchalisch das Anwesen führte, war lange vorüber. Familienfotos, die spielende Kinder und eine intakte Familie im Garten zeigen, gehörten der Vergangenheit an. Alices Tod im Jahr 1911 war für die ganze Familie ein vernichtender Schlag gewesen. Als perfekte Gastgeberin, vorbildliche Mutter bzw. Stiefmutter sowie fürsorgliche Gattin hatte sie das Leben in Giverny maßgeblich geprägt. Ein Abglanz früherer Zeiten erstrahlte 1913, als Monet Marguerite Namara, Sängerin an der Chicagoer Oper, nach Giverny einlud. Nachdem Rodin Isadora Duncan dazu ermuntert hatte, in dem großen Atelier vor den monumentalen Seerosenwandtafeln zu tanzen, bestand Marguerite Namara darauf, am selben Ort zu singen. Das Foto, das bei dieser Gelegenheit entstand, spricht Bände: Monet zwinkert schelmisch in die Kamera, während die Hand der glückselig lächelnden Operndiva in fürsorglicher und zugleich besitzergreifender Geste auf seiner Schulter ruht.

Am 5. Dezember 1926 starb Monet in Giverny, nachdem er seinen Garten, den er in all den Jahren mit großer Fürsorge gepflegt hatte, winterfest gemacht hatte. Mit ihm verlor die Welt einen überaus sinnlichen Mann, in dessen Person sich die Leidenschaft für leuchtende Farben, gutes Essen und schnelle Autos mit einem feinen Gespür für Wasser, Licht und neue Lebensformen vereinte.

Unten, oberes Bild: Suzanne, Germaine und Blanche Hoschedé in den 80er Jahren des 19. Jahrhunderts mit Monet. Die Terrasse umrahmen Kissen niedrig wachsender Polsterpflanzen; im Vordergrund steht die dekorative Delfter Jardiniere in typischem Blauweiß.

Unten, unteres Bild: Das Geburtstagskind Sizi Salerou sitzt zwischen dem Stiefgroßvater Monet und der Cousine Lily Butler, um 1905. Zahlreiche Fotografien zeigen den erweiterten Familienkreis Monet-Hoschedé bei Geburtstagsfeiern im Garten.

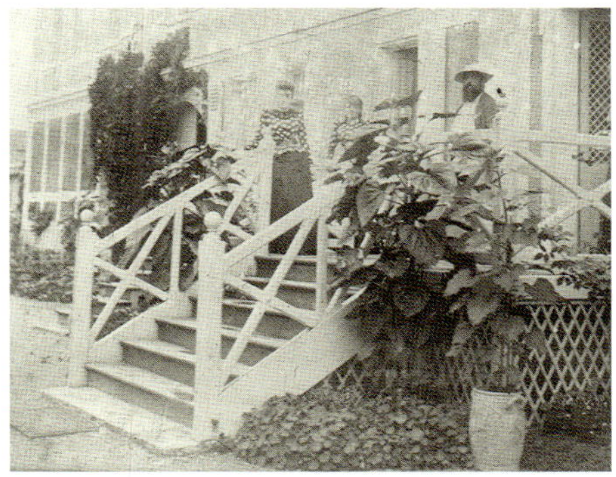

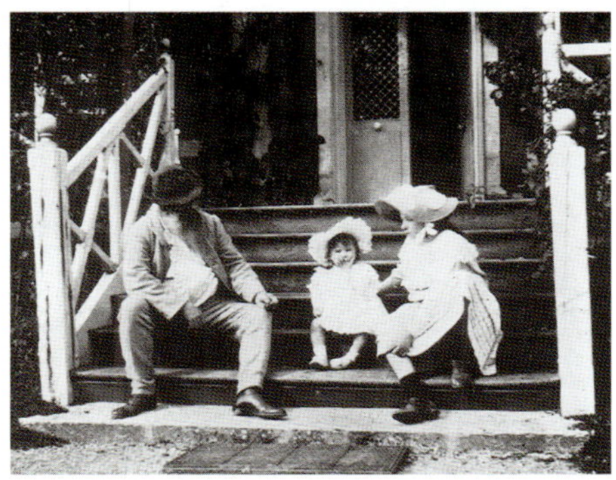

»Der Garten zählt zu Monets Meisterwerken, da er den Zauber einer Anpassung der Natur an die Arbeiten des Lichtmalers verwirklichte.«

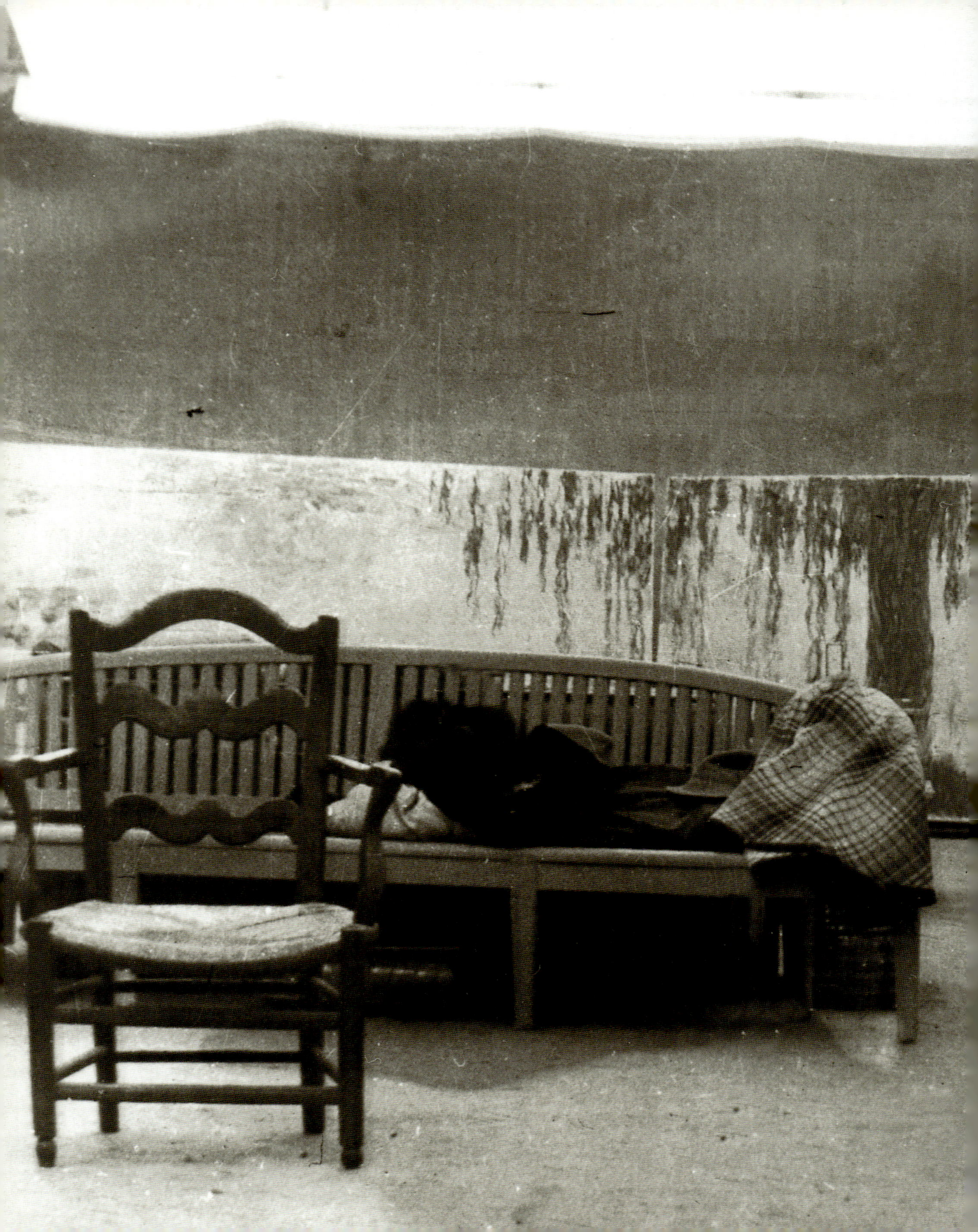

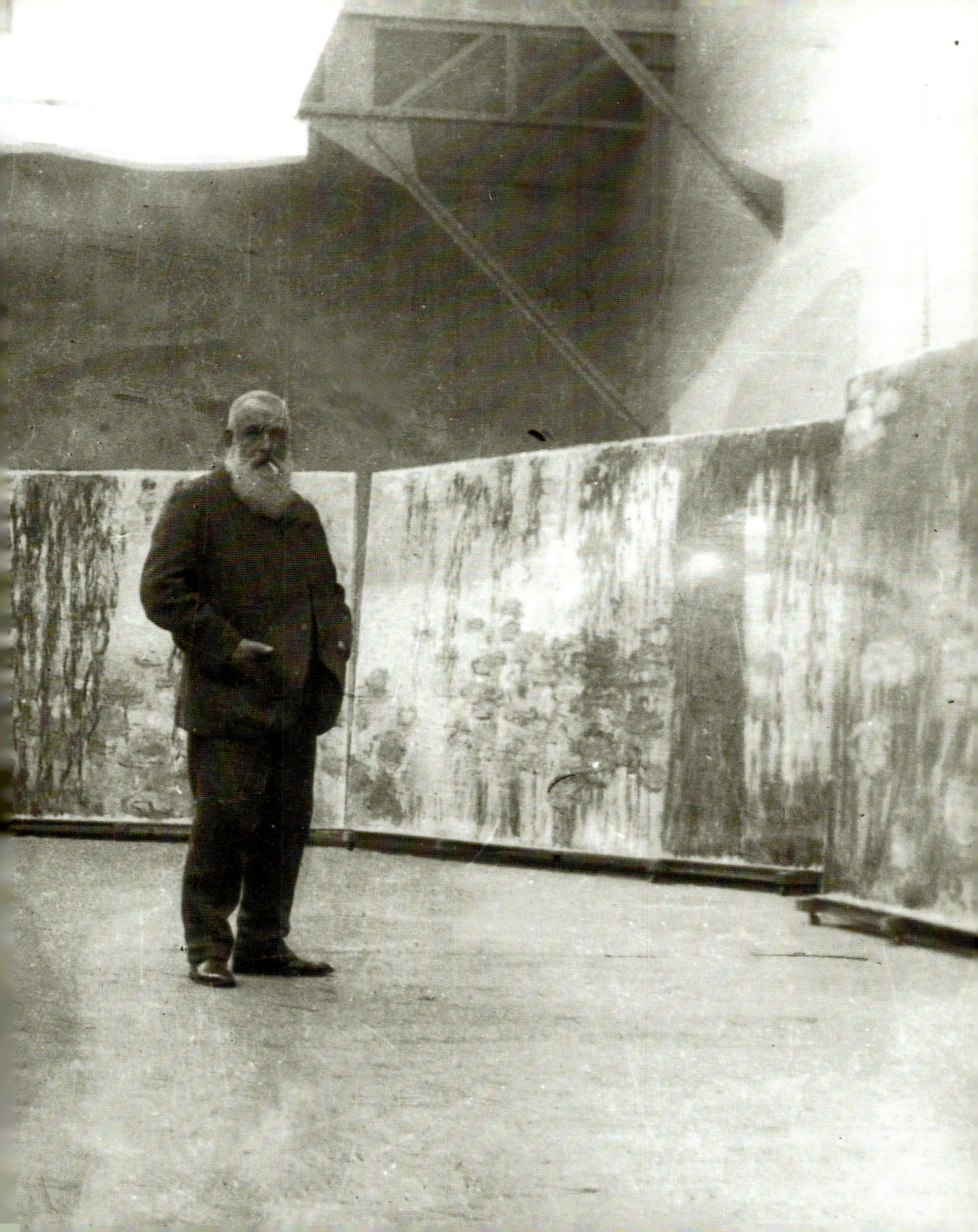

Vorhergehende Doppelseite: Monet 1921 in seinem dritten Atelier. Er verbrachte endlose Zeit damit, die Lichtveränderungen in seinem Wassergarten zu beobachten. Und ebenso viele Stunden benötigte er, um all diese Nuancen und Effekte in seinem Atelier auf die monumentalen Leinwände zu bannen. Die 15 Meter hohen Decken lassen den Raum sehr offen und geräumig wirken.

Rechts: Clemenceau beschrieb Monet als gesunden Geist in einem gesunden Körper, von mittelgroßer Statur mit auffordernd lächelnden Augen und einer tiefen, festen Stimme. Das ***Selbstporträt***, um 1917, bewahrte Clemenceau vor der Zerstörung – um ein Haar hätte es der stets um Perfektion bemühte Monet in einem Anfall von Zerstörungswahn vernichtet.

»Ich jage einem Traum nach, ich will das Unerreichbare. Andere Künstler malen eine Brücke, ein Haus, ein Boot – und das ist alles. Damit sind sie fertig.
Ich will die Luft malen, die die Brücke, das Haus, das Boot umgibt; die Schönheit der Luft, die diese Gegenstände umhüllt; und das ist so gut wie unmöglich. Könnte ich mich doch nur mit dem Möglichen begnügen.«

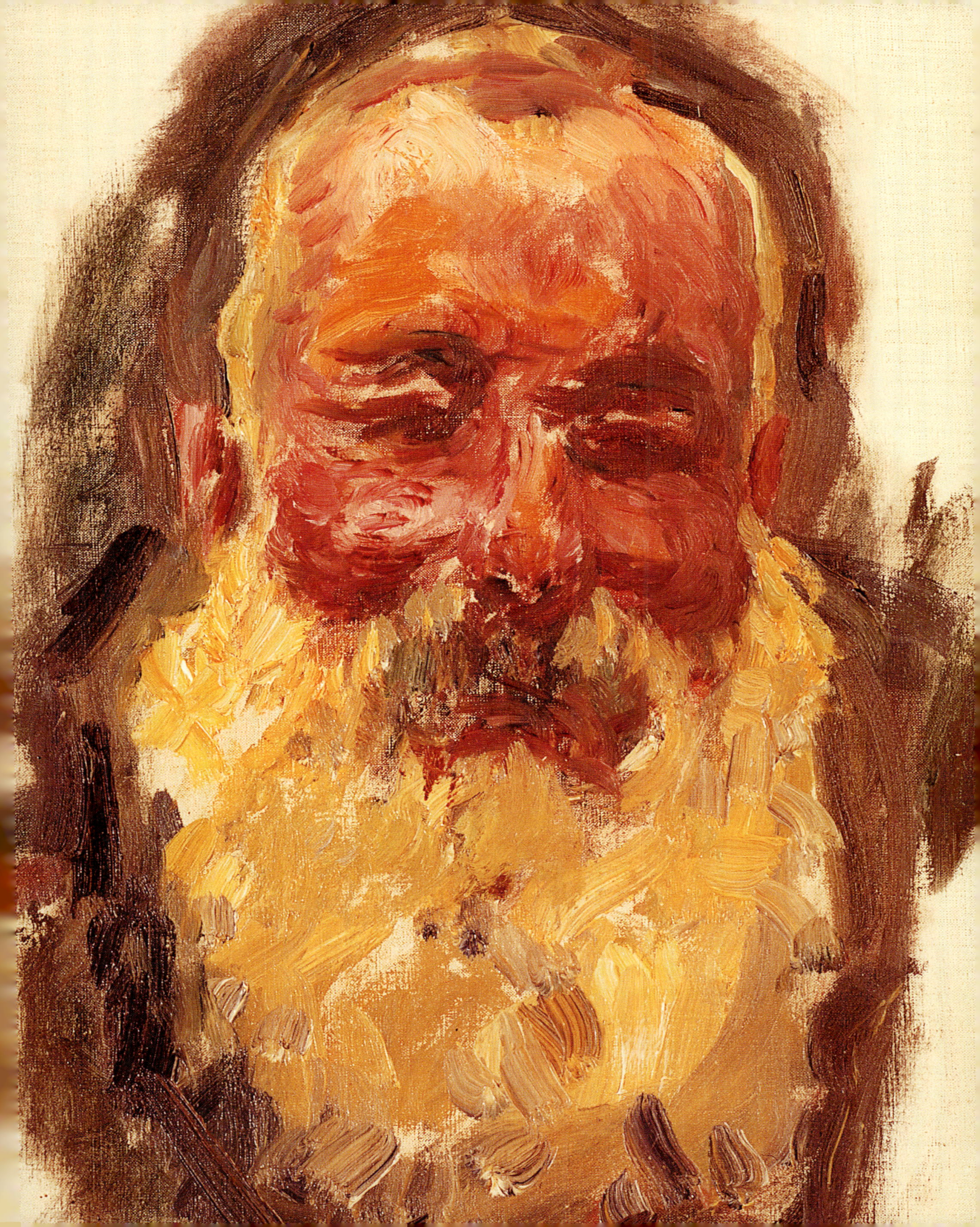

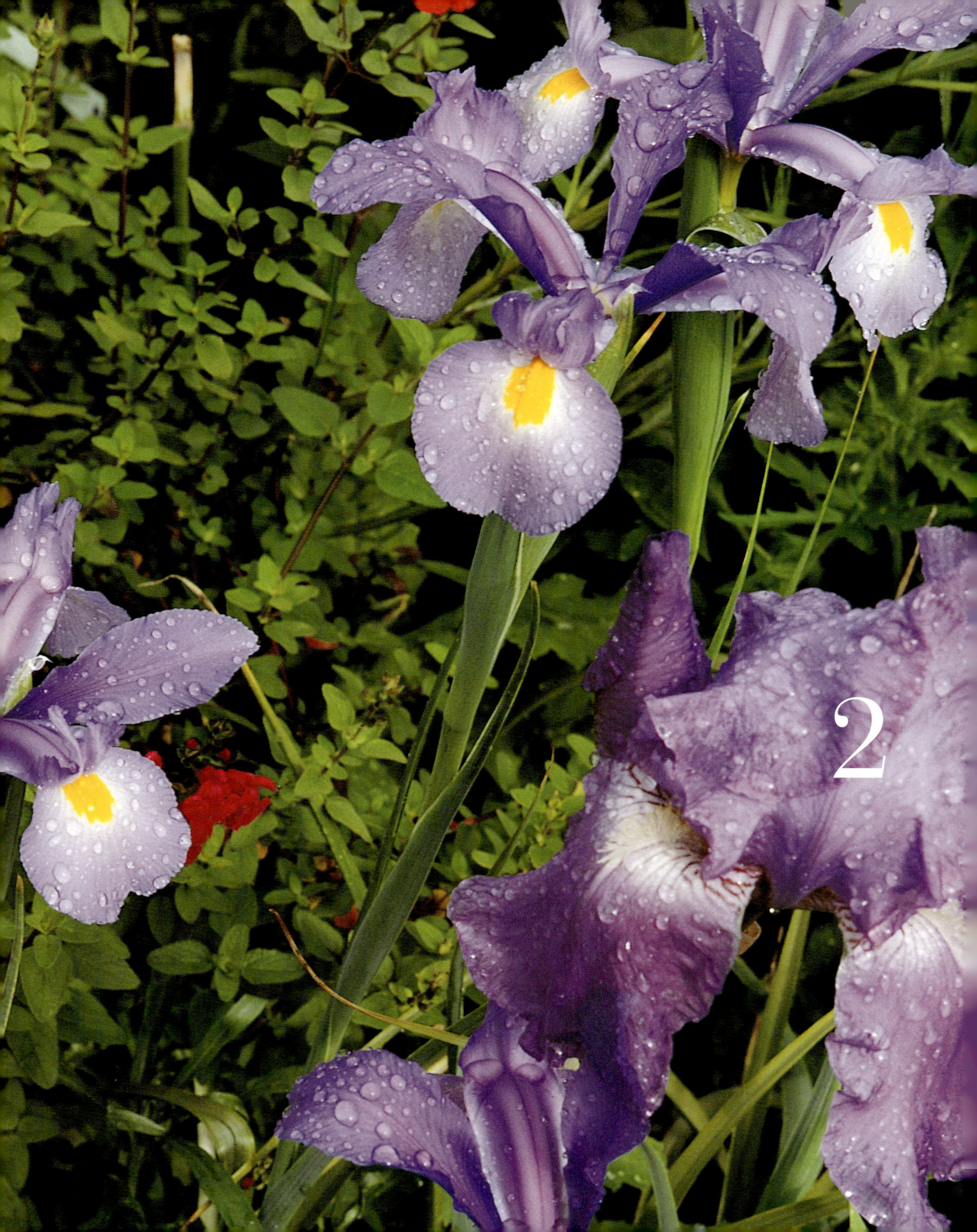
2

Der Garten

Die Gestaltung des Anwesens

BEI DER SUCHE NACH EINEM HAUS sollte man drei Punkte berücksichtigen: die Lage, die Lage und noch einmal die Lage. Das Dörfchen Giverny schmiegt sich an den Südhang einer niedrigen Hügelkette; von hier schweift der Blick über sich sanft wiegende Pappeln hin zum Seinetal und der steil ansteigenden Böschung am anderen Ufer. Monets Haus und die Gebäude, die er später hinzufügen ließ, stehen an der Dorfstraße. An der Südfassade verläuft eine nach seinen Vorstellungen erbaute berankte Veranda. Sie bildet den Übergang vom Haus zu dem einen Hektar großen Garten, dessen erster Anblick Monet nach eigener Aussage wie ein Wunder erschien.

Die barocken Landschaften, die der berühmte französische Gartengestalter André Le Nôtre für König Ludwig XIV. schuf, zielten darauf ab, nationale Stärke und Macht zu demonstrieren. Ende des 19. Jahrhunderts dienten sie einem Land, das sich mit der vernichtenden Niederlage im Deutsch-Französischen Krieg von 1870/71 abfinden musste, als Quell patriotischer Erneuerung. Henri Duchêne widmete sich der Restaurierung dieser Anlagen und entwarf zudem neue Gärten, die durch niedrige Buchshecken eingefasst waren – allerdings waren viele dieser Entwürfe nur ein schwacher Abklatsch der dramatischen und völlig symmetrischen Originalvorlagen. Monet

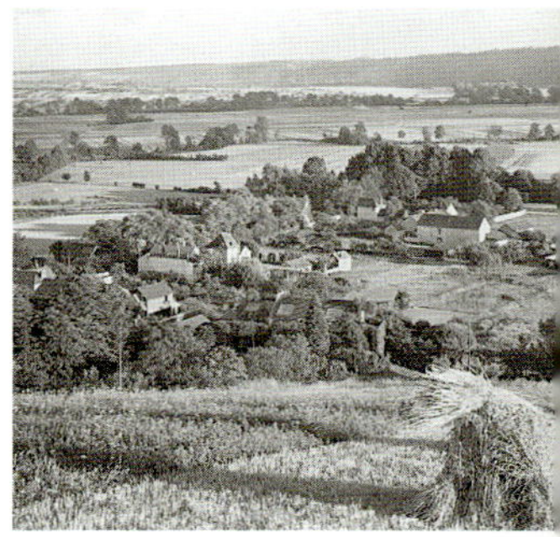

Oben: Das Dorf Giverny ist von steilen, nach Süden zu Monets geliebtem Seinetal abfallenden Hügeln umgeben; sie sind bedeckt von einem Mosaik aus Bäumen, Feldern und Wiesen.

Rechts: In den 20er Jahren des 20. Jahrhunderts trafen sich die beiden alten Freunde Monet und Clemenceau so oft wie möglich, um gemeinsam im Garten spazieren zu gehen. Nach dem Ende des verheerenden Ersten Weltkrieges genossen sie sehr bewusst den Wechsel der Jahreszeiten und die regenerativen Kräfte der Natur.

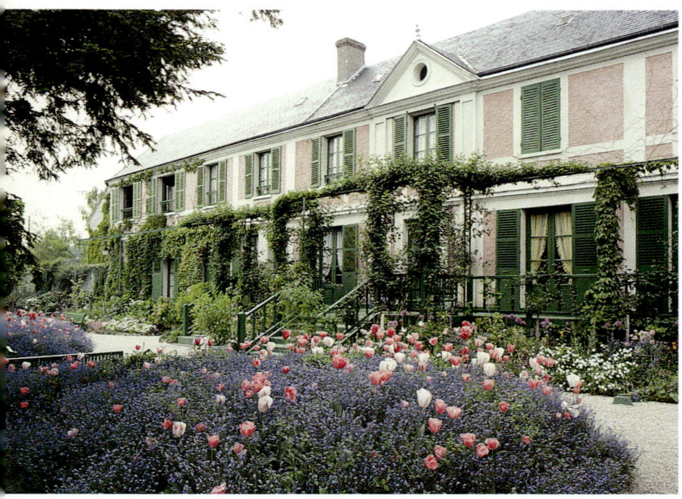

Unten: Das Haus in Giverny inmitten wogender Blumenbeete. Am Spalier auf der Veranda rankt die Rose ›Mermaid‹ empor; ihre Blüten entfalten sich direkt unter Monets Schlafzimmerfenster.

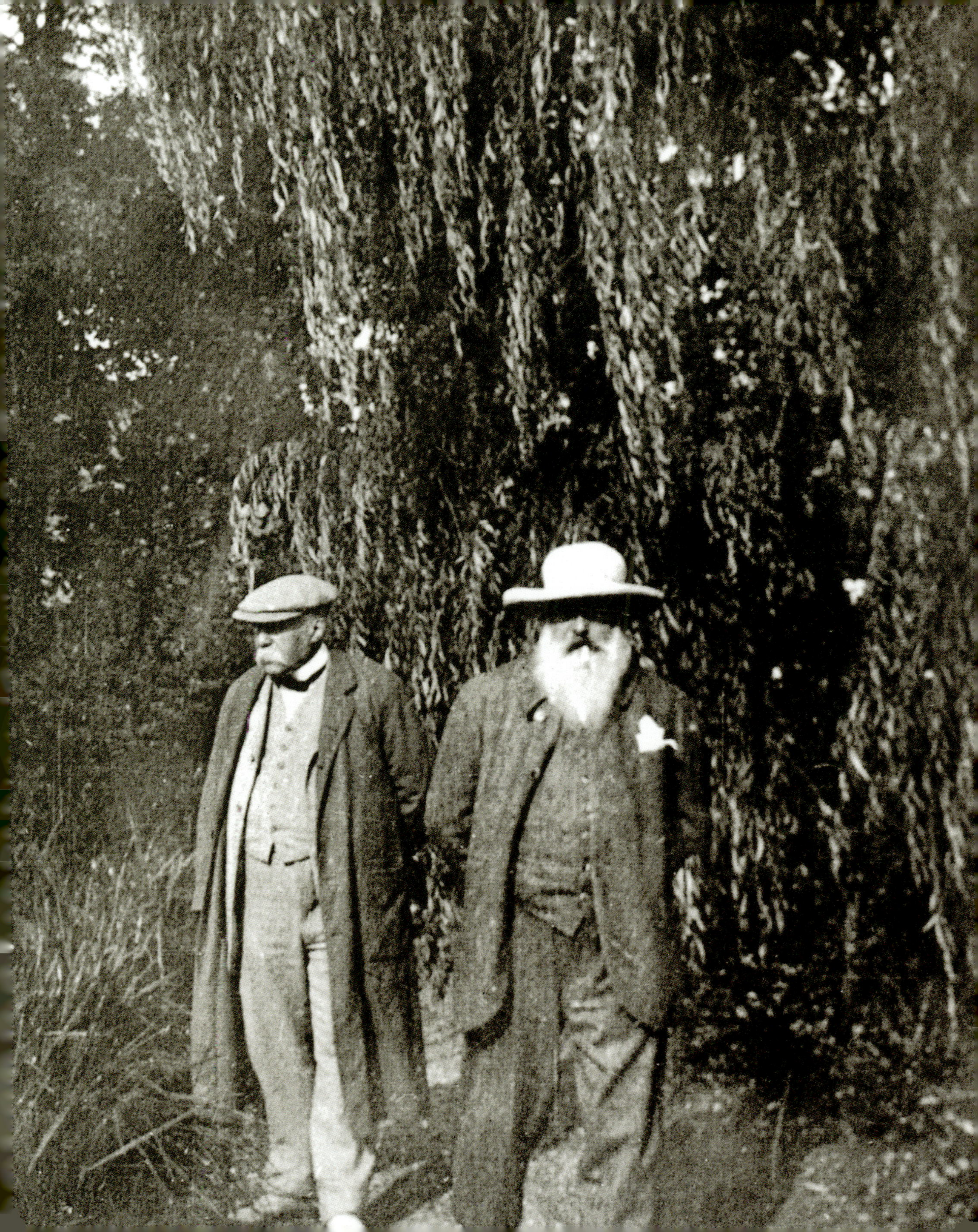

lehnte die einfallslosen Gestaltungen, die sein englischer Zeitgenosse William Robinson als »gärtnerischen Zuckerbäckerstil« kritisierte, rundweg ab. Trotz ihrer vollkommen unterschiedlichen Vorstellungen von Gartengestaltung verbindet Monet und Le Nôtre eine Sichtweise der Landschaft, die durch den barocken französischen Begriff *pourtraiture* umschrieben wird. Dieser Ausdruck bezeichnet ein Inszenieren oder Herausarbeiten des Wesentlichen, des Essenziellen, das durch Weglassung aller Ungesetzmäßigkeiten oder Launen der Natur erreicht wird.

Rechts: Der Blick schweift über die Grande Allée. Aus dieser Perspektive kommen die lang gestreckten Beeteinfassungen, die fast bardartig die dahinter wachsenden höheren Pflanzen einrahmen, besser zur Geltung.

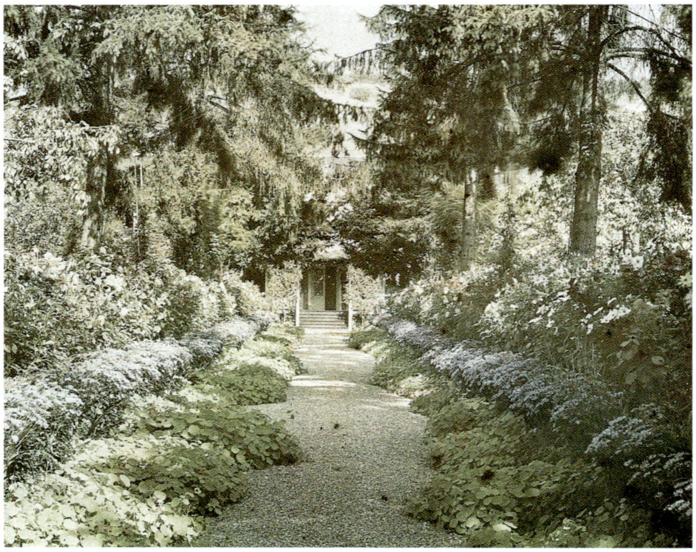

Sein außergewöhnliches Geschick ließ Le Nôtre zum Meister der Perspektive werden. Er spielte mit der Tiefe des Raums, indem er die Abstände zwischen den Achsen seiner Gestaltungen variierte und mit spannungsreichen Lichteffekten arbeitete, die mittels Lichtbrechungen bzw. Lichtreflexionen von Bäumen, Hecken, Teichen und Springbrunnen inszeniert wurden – auf diese Weise entstanden Landschaften, die gleichsam die Macht des Besitzers symbolisieren.

Auch Monet war bemüht, Unpassendes – ganz gleich ob natürlich oder von Menschenhand geschaffen – aus seinem Garten zu verbannen. Die Manipulation der Perspektive trieb er in seinem Wassergarten so weit, dass sie gänzlich in den Hintergrund trat. Allein durch die Art des Pflanzenarrangements, die er wie Farben auf einer Palette einsetzte, bestimmte er den Charakter der Anlage. Im oberen Gartenbereich nutzte er eine bereits bestehende zentrale Achse und gestaltete im Anschluss daran, ein Raster rechteckiger Beete, das Licht und Farbe in der Vertikalen und Horizontalen in Szene setzte. Ebenso wie er beim Malen dunkel grundierte Leinwände ablehnte, achtete er im Garten darauf, dass zwischen den Pflanzen keine Erde zu sehen war. Dies erreichte er, indem er das Erdreich mit niedrigen, Kissen bildenden Pflanzen bedeckte, die er

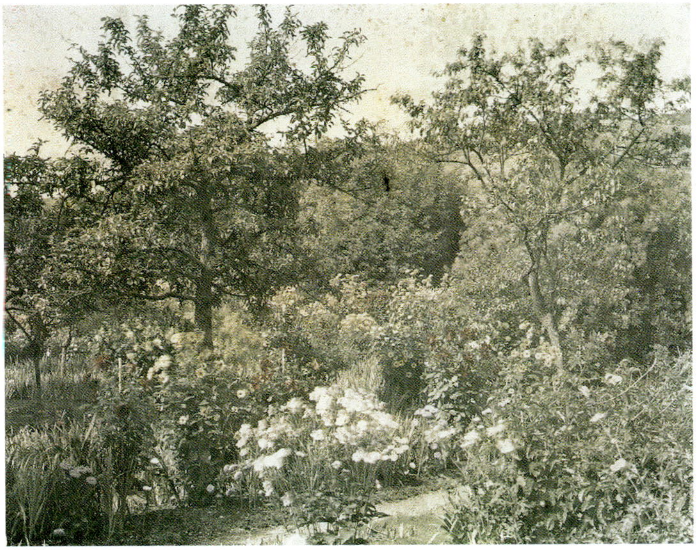

Links: Die handkolorierte Fotografie der Gärten von Giverny illustriert den Übergang vom Frühling zum Sommer. Nachdem die Blüten der Bäume verwelkt sind, entfaltet sich das sattgrüne Laub, das sich wie ein Baldachin über Stauden und Einjährigen erhebt.

mit hohen, in leuchtenden Farben blühenden Blumen kombinierte. Die nach Westen gerichteten Beete waren mit Gelb, Orange und Rot blühenden Blumen bepflanzt, die im Licht der untergehenden Sonne feurig erstrahlten. In Schattenbereichen arbeitete Monet mit blauen Blütenkombinationen. Bewusst vermied der Maler künstlich wirkende Kombinationen aus Vordergrund, Mittelbereich und Hintergrund. Ihm lag vor allem daran, ein Gefühl für die Natur zu vermitteln. In seinen Bildern versuchte er, alle Bildebenen zu einem Ganzen zu verschmelzen. In seiner Gartengestaltung verfolgte er ähnliche Ziele, nämlich eine möglichst natürliche Wirkung. Ein- und Zweijährige wie etwa Mohn oder Königskerze durften sich deshalb nach Belieben aussäen. Den Teich im Wassergarten bepflanzte er mit verschiedenfarbigen Seerosen, die offene Wasserfläche sah er als Spiegel, in dem sich die sorgfältig gestaltete Umgebung reflektieren sollte. 1926, kurz vor seinem Tod, erklärte Monet, dass er beim Malen immer »größten Wert auf den Entwurf und die Gestaltung jedes einzelnen Bildes« gelegt habe. Auch bei dem formalen Entwurf des oberen Gartenbereichs und dem asymmetrischen Wassergarten legte er diese Prinzipien zugrunde – das Ergebnis ist eine Komposition, die von seinem sicheren Instinkt für Gestaltung und seiner Liebe zum Detail zeugt.

Der malende Gärtner

Seine ersten gärtnerischen Versuche hatte Monet bereits in Ville d'Avray unternommen. Bilder, die sowohl von ihm als auch von seinen Freunden Manet und Renoir stammen, zeigen die malerischen Gärten, die er in Argenteuil und in Vétheuil angelegt hatte. Zu den ersten Neuerwerbungen für seinen Garten zählten die großen Delfter Jardinieren in typischem Blau-Weiß, die bereits auf seinen Bildern von Argenteuil aus den 70er Jahren des 19. Jahrhunderts und den 1881 in Vétheuil entstandenen Gemälden zu sehen sind; später zierten diese Jardinieren die Veranda in Giverny. Im Garten des Hauses flankierten zwei Eiben den Zentralweg; im weiteren Verlauf säumten abwechselnd Zypressen und Fichten die Allee. Die Rabatten am Haus waren von niedrigen Buchshecken gesäumt. Sechs Linden begleiteten den Weg, der an der Westseite zu einem Ausgang und zum Küchengarten führte. In einigen Bildern hielt Monet den Grundriss des Gartens fest und bewies damit, dass er auch das perspektivische Zeichnen beherrschte, wenn er nur wollte. Eines Tages jedoch entfernte der Künstler die Buchshecke, die ihm von Anfang an ein Dorn im Auge gewesen war. Die Linden ließ Monet stehen und bepflanzte die Blumenbeete beim Haus mit Rosen, Storchschnabel, Nelken und zahlreichen Einjährigen. Alice, der die Fichten-Zypressen-Allee gefiel, widersetzte sich ihrer Zerstörung; in ihren Augen wirkte sie elegant und ausdrucksvoll. Ihr jüngster Sohn, Jean-Pierre, erinnert sich

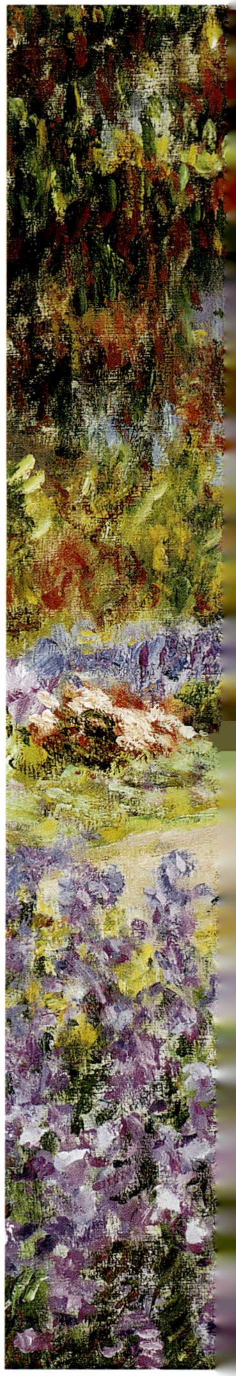

Rechts: Während sich der neu angelegte Wassergarten entwickelte, malte Monet seine ersten Bilder vom oberen Garten. In ***Garten des Künstlers in Giverny***, 1900, werden die parallel zur Grande Allée verlaufenden üppigen Irisgruppen prachtvoll in Szene gesetzt.

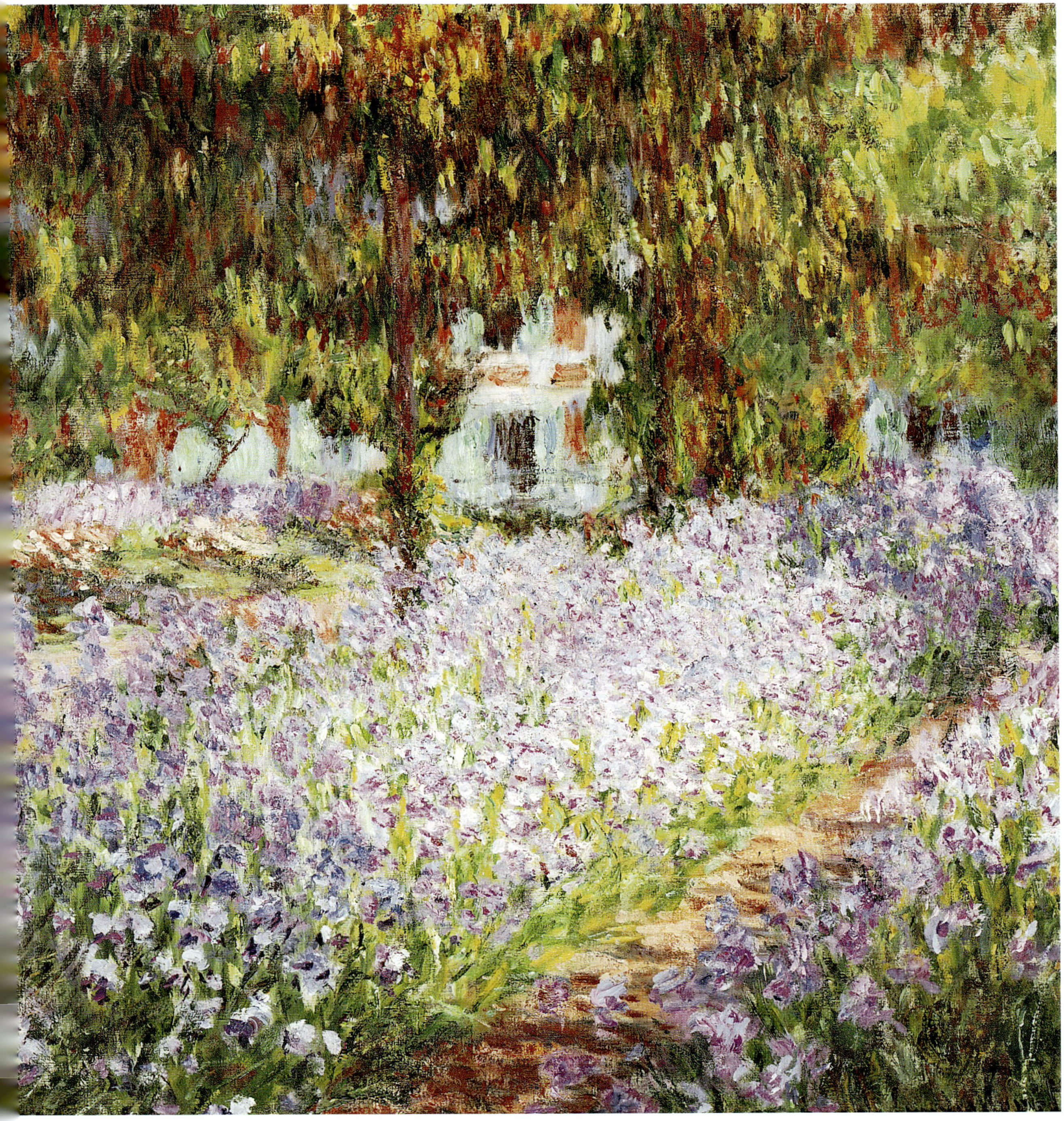

»… es ist keine Wiese, sondern ein **jungfräulicher Wald** aus Blumen, dessen Farben sehr rein sind – weder pink noch bläulich, sondern rot und blau.«

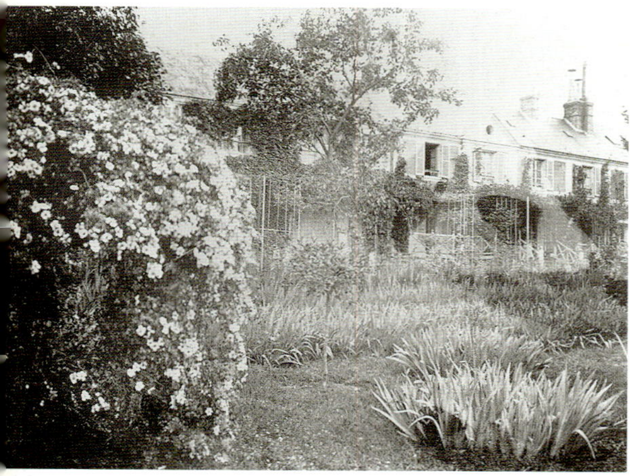

Oben: Die Blütenpracht einer *Clematis montana* ergießt sich über ein schmiedeeisernes Spalier (links im Bild). Im Hintergrund wuchern weitere Kletterpflanzen auf der Veranda.

Rechts: Klatschmohn durchsetzt die Getreidefelder und Wiesen der Umgebung von Giverny. Mit dem Türkischen Mohn, einer großen Staude, verlieh Monet seinem Garten Akzente.

an heftige Auseinandersetzungen, denen ein halbherziger Kompromiss folgte: Monet ließ die Zypressen fällen und entastete die Fichten im unteren Stammbereich. Dann milderte er die strenge Silhouette der verbleibenden Bäume etwas ab, indem er Kletterrosen hinaufranken ließ. Nach und nach gingen die Fichten ein, doch erst 1920, also fast ein Jahrzehnt nach Alices Tod, ließ er sie entfernen und durch die Bogenspaliere ersetzen, die wir heute kennen.

Die Grande Allée verlief vom Haupteingang zu einem Tor, das sich auf eine öffentliche Straße, den Chemin du Roi, öffnet. Entlang dieser Linie schlossen sich nach 1895 die japanische Brücke des Wassergartens und eine Blutbuche an. Der breite Kiesweg der Allee wurde von mit Blumen bepflanzten Hügelbeeten gesäumt. Später ließ Monet die Bäume durch schmiedeeiserne Bogenspaliere ersetzen, die nun den Weg flankieren und deren Enden auf dem höchsten Punkt der Beete stecken. An ihnen strecken sich Kletterrosen dem Himmel entgegen, während sich in den Rabatten eine der jeweiligen Jahreszeit entsprechende Blütenpracht entfaltet; üppige Kapuzinerkresse überwuchert die Ränder des Kiesweges.

Eine malerische Komposition

In Giverny findet man weder Statuen noch Skulpturen, Lauben oder Tempel. Mit Ausnahme der Gewächshäuser und der Brücken waren das Spalier an der Veranda sowie einige in Monets Lieblingsgrün gestrichene, metallene Rankgerüste die einzigen baulichen Strukturelemente im Garten. Diese allerdings waren für die Gesamt-

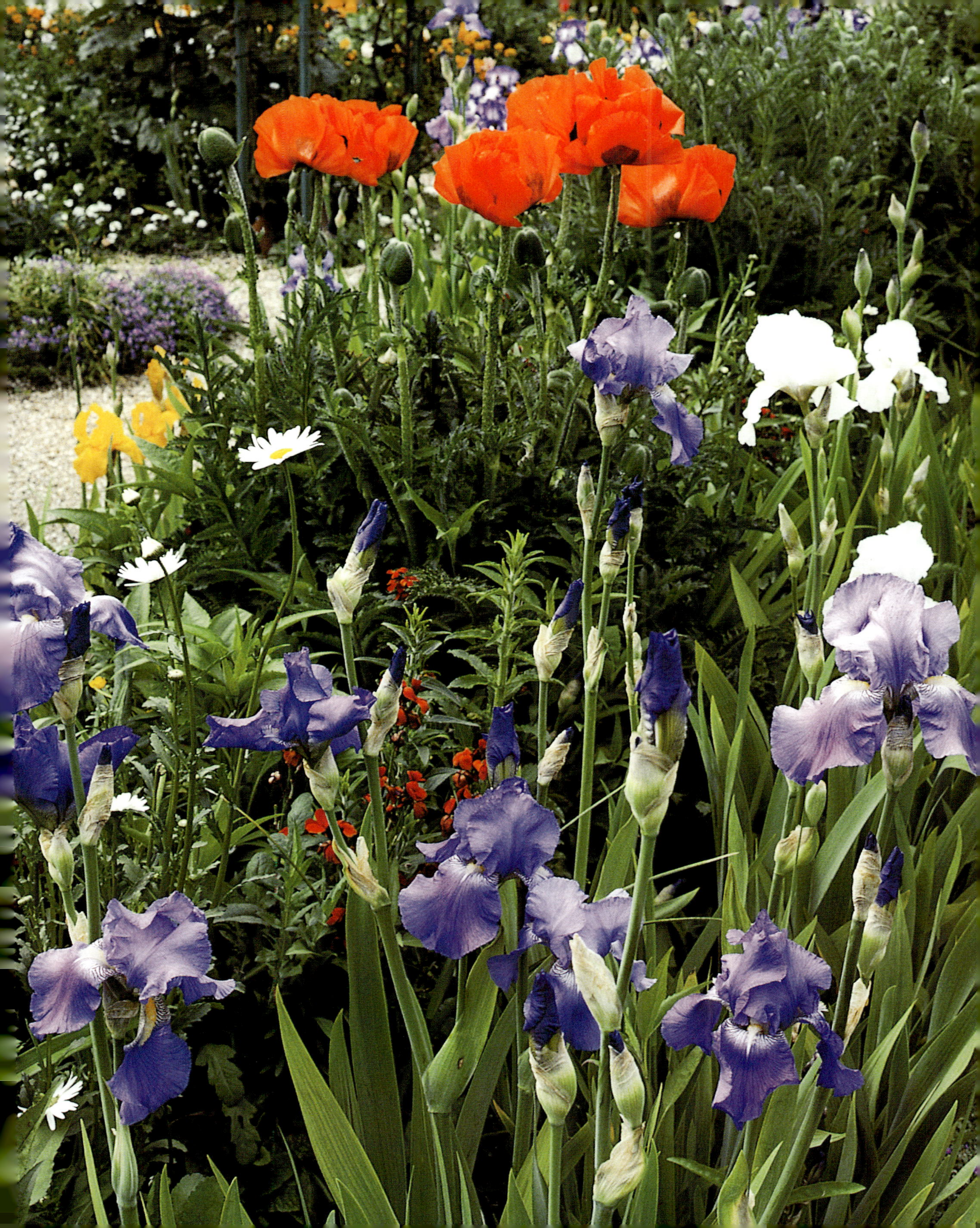

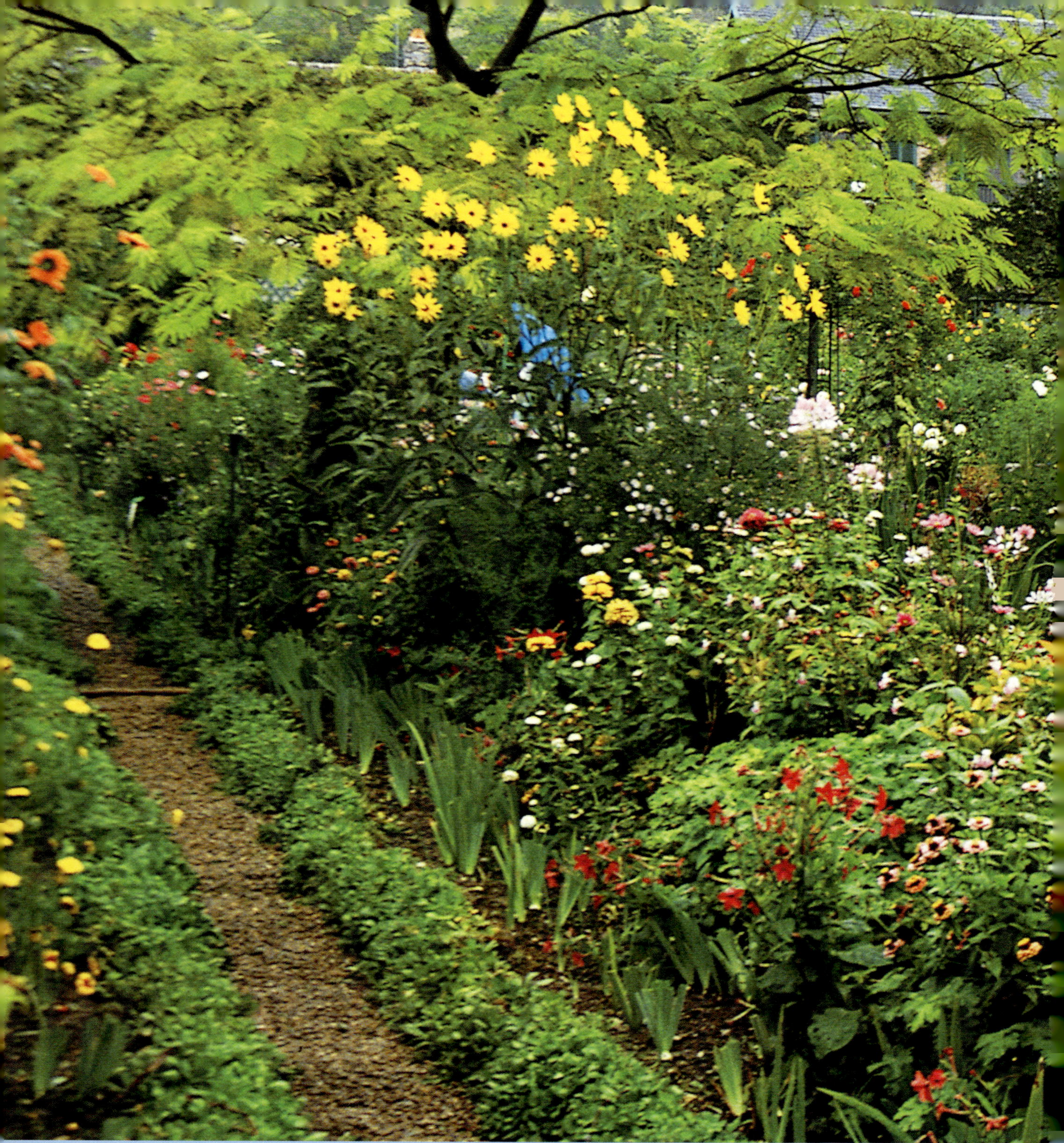

»… dieser Effekt wird erreicht durch tausend

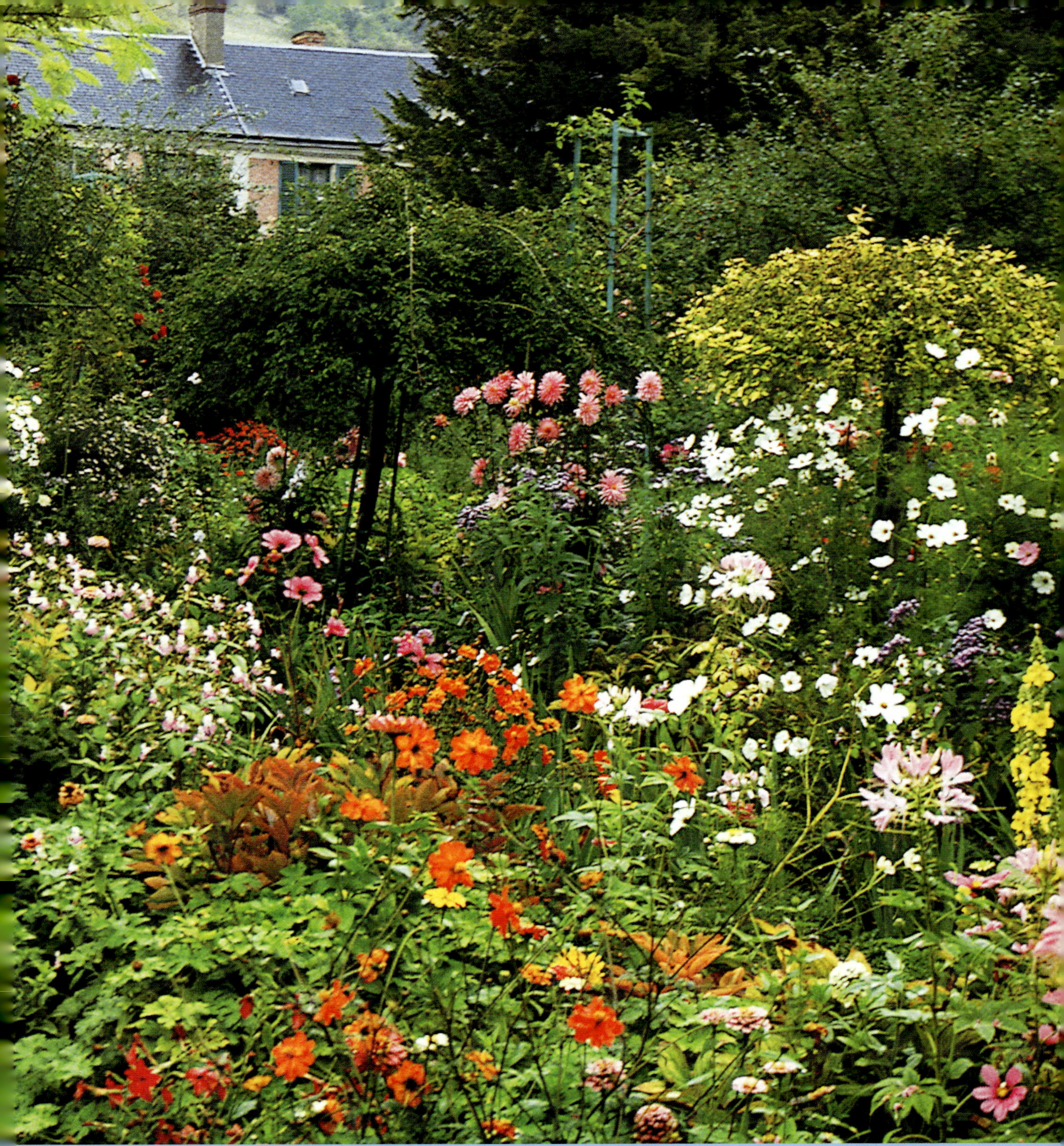

winzige Fackeln, die in alle Richtungen tanzen.«

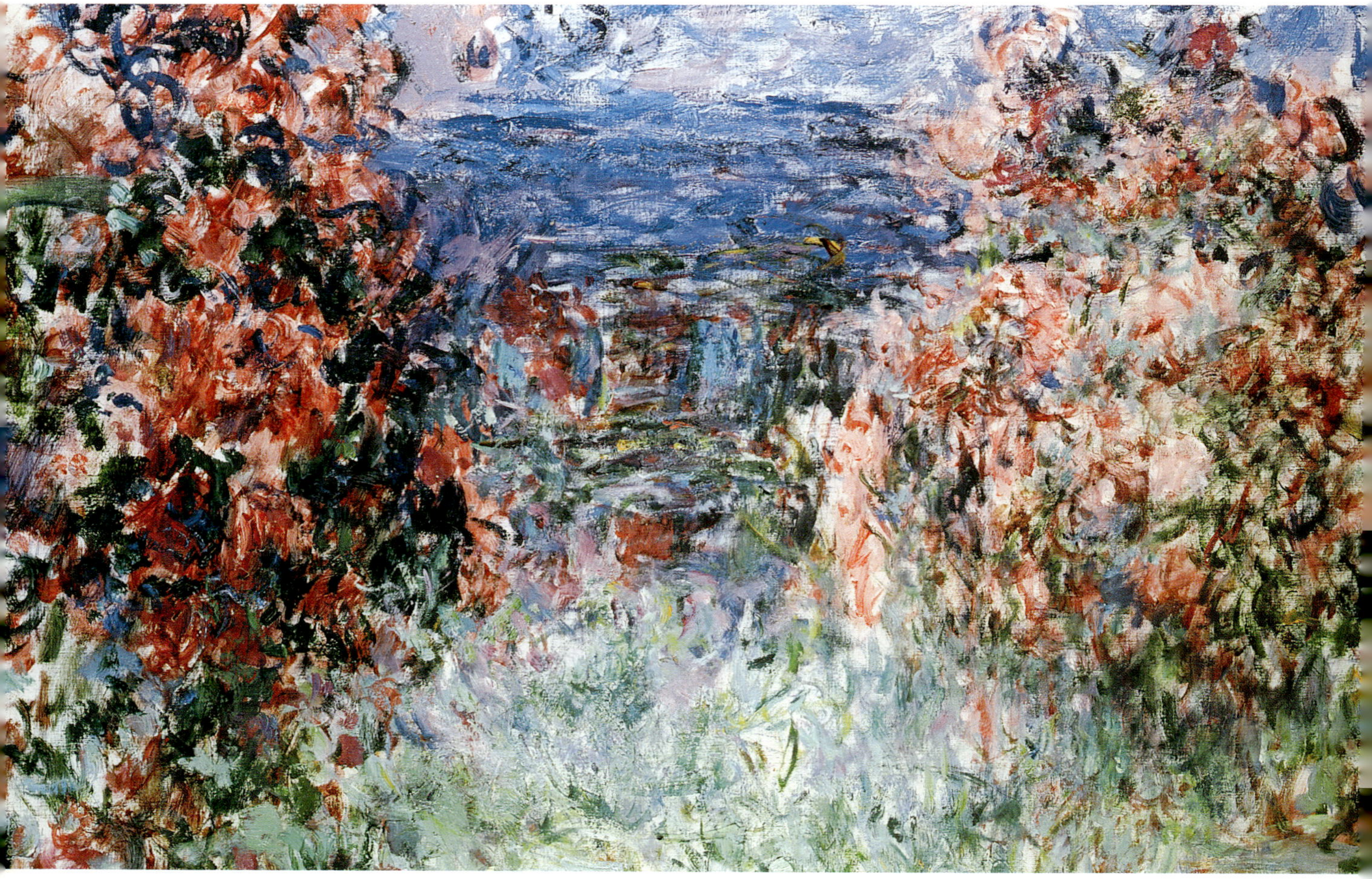

Vorhergehende Doppelseite: Die Nachmittagssonne taucht das Laub der hohen Sonnenblumen in goldenes Licht; sie erheben sich vor der eleganten *Albizia julibrissin* (links) und der Königskerze (rechts). Die dichten Dahlienhorste werden von den attraktiven rosafarbenen Blüten der Spinnenblume und des Schmuckkörbchens aufgelockert.

komposition sehr wichtig. Die cremegelbe Kletterrose ›Mermaid‹ rankte an der Veranda empor, im Sommer sorgte Wilder Wein für lichten Schatten. Neben den schmiedeeisernen Bögen der Grande Allée betonten hohe, frei stehende Rankgerüste die vertikale Komponente und verliehen dem Garten, berankt mit Kapuzinerkresse und Duftwicke, Tiefe und Farbe. Andere Rankhilfen stützten Kletterrosen von majestätischen Ausmaßen, darunter die Sorte ›Belle Vichyssoise‹, die man ausschließlich in Giverny antrifft. Mit Hilfe schmiedeeiserner Pavillons, deren »Dächer« aus weiß und rosa blühender *Clematis montana* bestanden, ergaben sich kleine »Gartenräume«. Unter diesem Pflanzenbaldachin gediehen Ein- und Zweijährige in den bunten Blumenbeeten im lichten Schatten. Als Monet

Oben: Metallene, im typischen Grün gestrichene Spaliere sind in Monets Garten ein wichtiges gestalterisches Element. In der linken Hälfte des Bildes ***Blick vom Rosengarten auf das Haus***, 1922–24, kann man gerade noch das Rankgerüst erkennen, das die Blütenkaskaden dahingehend lenkt, dass sie das Haus sanft umrahmen.

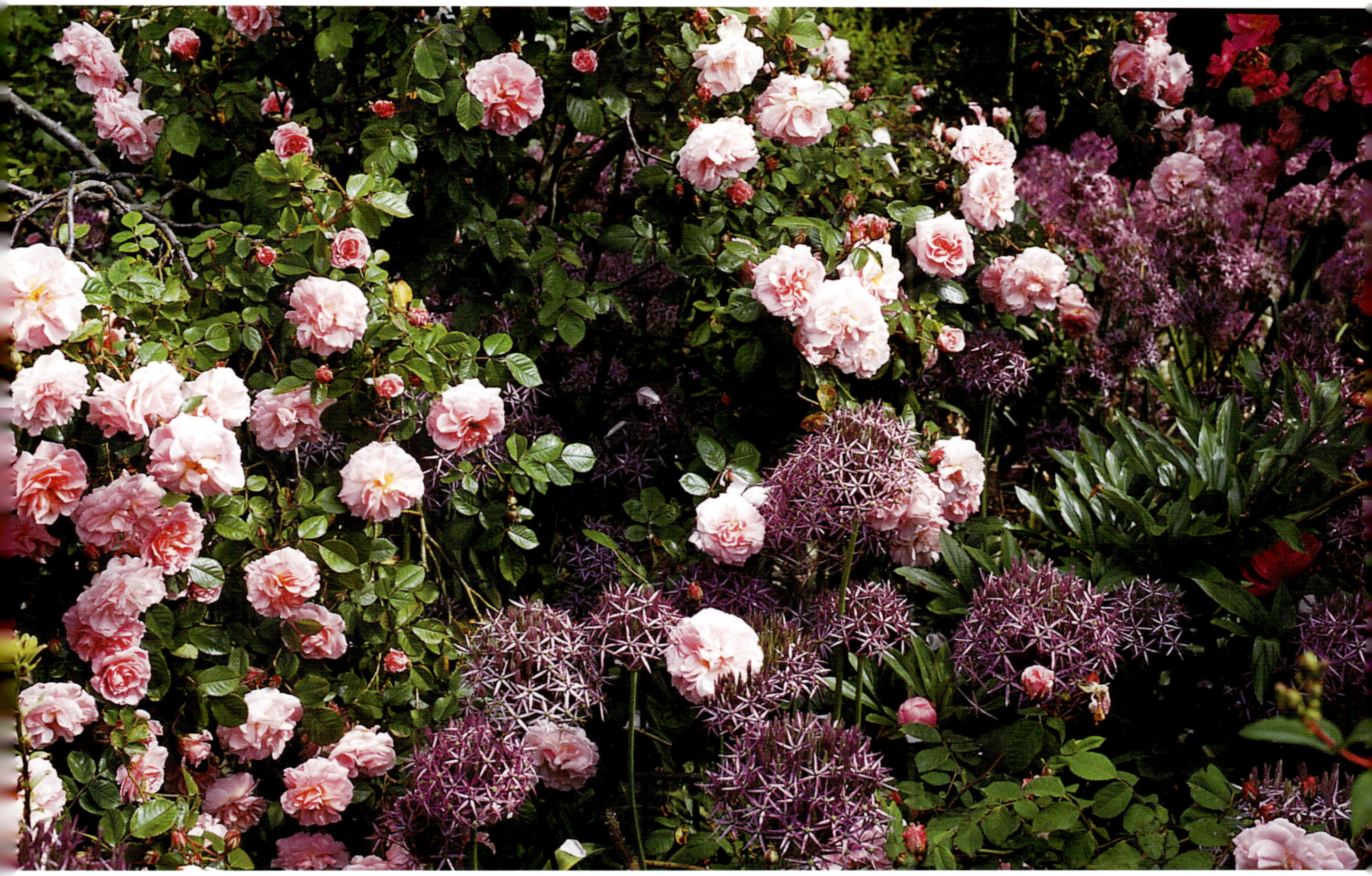

in den 80er Jahren des 19. Jahrhunderts zum ersten Mal im Garten von Giverny aktiv wurde, erfreuten sich neue, früher und großblütigere Klematissorten besonderer Beliebtheit; diese Hybridzüchtungen waren erst durch den Import japanischer Klematissorten, die ab Mitte des 19. Jahrhunderts nach Europa kamen, möglich.

Auf den rechteckigen, nach Süden hin abfallenden Blumenbeeten blüht im Frühjahr ein Meer aus Tulpen, später folgen Schwertlilien, die mit Blaukissen und niedrigem Storchschnabel unterpflanzt sind, nach. 38 längliche, rechteckige »Malkastenbeete« ziehen sich paarweise vom oberen zum unteren Ende des Gartens; in ihnen arbeitete Monet mit verschiedenen Farbharmonien, die verwendeten Schattierungen orientieren sich an denen seiner Malerpalette. Auch

Oben: Monet pflanzte Rosen in allen Formen, Größen und Farben. Die dicht gefüllten, leicht hängenden rosa Blüten der Rose ›Centenaire de Lourdes‹ harmonieren in dieser Szene ausgezeichnet mit den aufrechten Blütenständen des Zierlauchs.

Unten: Die massiven Stämme und Äste der Fichten beherrschen das Bild der Grande Allée (links). Die ersten »grünen Zimmer« des Gartens entstanden mit Hilfe eiserner Pavillons, die mit Klematis berankt wurden. Monet ließ sie mit Einjährigen und Stauden unterpflanzen.

parallel zur Grande Allée verlaufen Beete, hier wachsen Kletterpflanzen Seite an Seite mit Stauden und Einjährigen; ihre farbenfrohen Blüten und die alles beherrschenden Rosen kreieren die charakteristischen impressionistischen Effekte. Zehn Jahre lang malte Monet im oberen Gartenbereich; erst dann kaufte er Land hinzu und legte den Wassergarten an. Seine berühmtesten Bilder vom oberen Gartenbereich wie beispielsweise *Iris* oder *Blick vom Rosengarten auf das Haus* sowie die Serie aus Ansichten der Grande Allée entstanden allesamt in späterer Zeit.

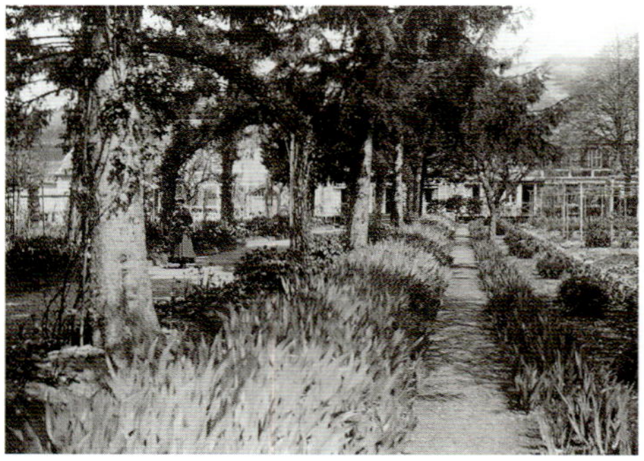

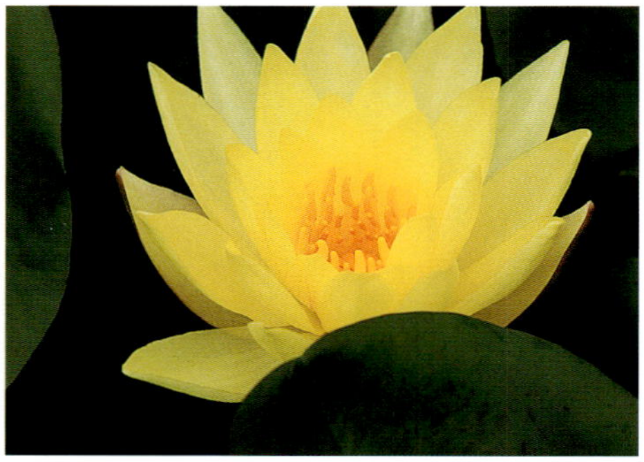

Oben rechts: *Nymphaea marliacea* ›Chromatella‹ ist eine winterharte, gelb blühende Seerose. Durch die Kreuzung europäischer und amerikanischer Seerosen gelang Latour-Marliac diese Sorte, die auf der Weltausstellung 1899 in Paris der Öffentlichkeit präsentiert wurde.

Gustave Caillebotte und andere Gärtnerkollegen

Zu den ersten Besuchern des Gartens zählte Gustave Caillebotte, der sich im Juni 1883 drei Tage in Giverny aufhielt. Caillebotte war ebenfalls Maler und enthusiastischer Gärtner – er und Monet tauschten sowohl Pflanzen als auch Ideen aus. Caillebottes Haus mit Garten ist auf zwei Bildern Monets um 1872 im Hintergrund zu sehen: *Argenteuil, Boote am Ufer* und *Boote, vertäut in Petit Gennevilliers.*

Bereits vor 1879 hatte Caillebotte das Bild *Yerres, auf dem Teich, Seerosen* gemalt. Wenngleich er als Motiv nur auf eine gelbe Teichrose und eine weiße Seerose zurückgreifen konnte, antizipierte er in der Wiedergabe der Wasserspiegelungen und dem Fehlen eines Horizonts die Arbeiten, die Monet dreißig Jahre später schaffen sollte.

Im Lauf der Jahre kauften oder tauschten er und Monet zahllose Pflanzen, wie beispielsweise Chrysanthemen, Flieder, Pfingstrosen, Margeriten, Bartfaden, Hyazinthen, Sonnenblumen und Mohn.

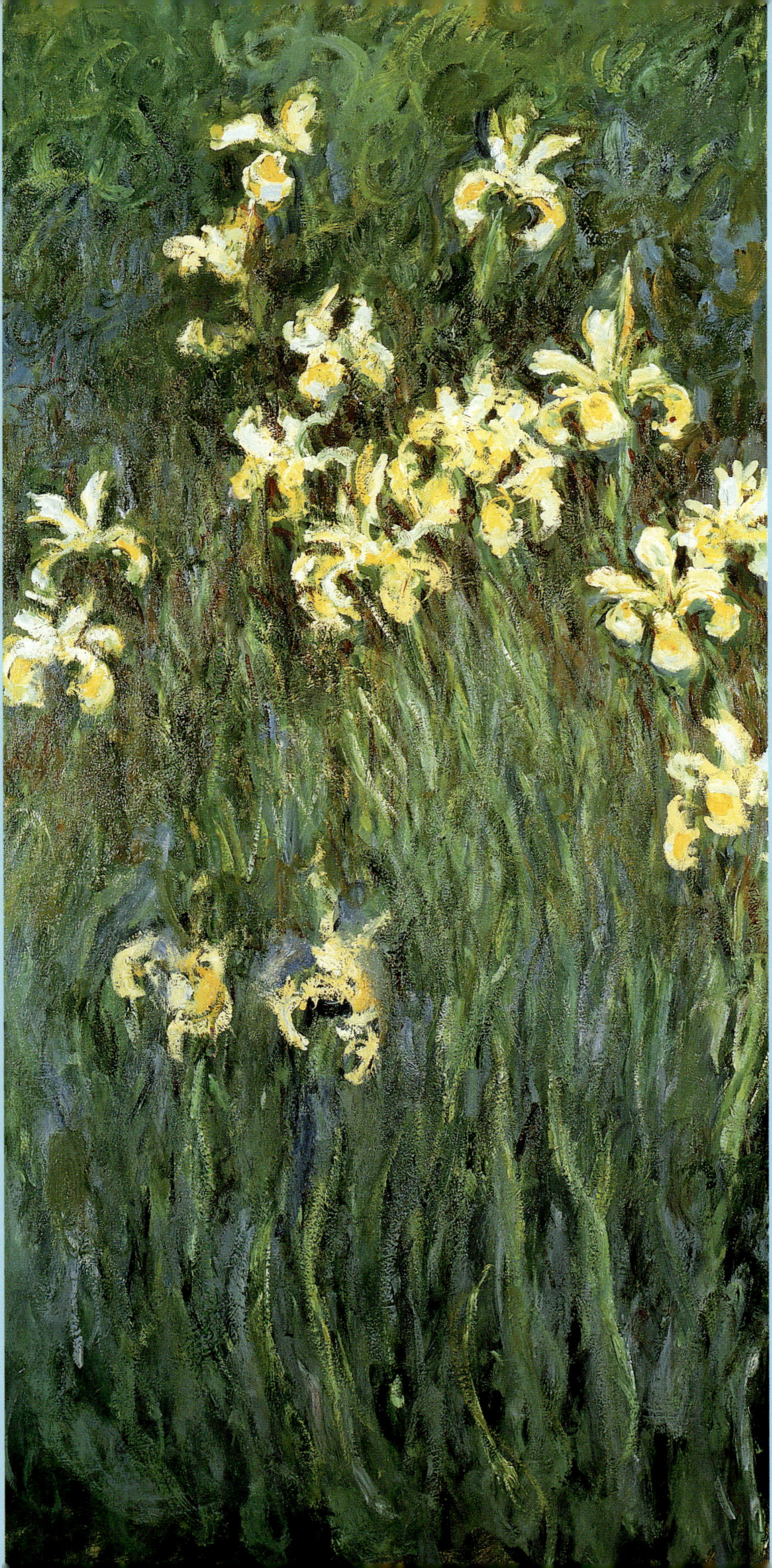

Das Bild ***Gelbe Iris***, 1914–17, bringt durch die dynamische Betonung der Vertikalen einen Hauch Farbe und Leben in die dunklen Tage des Ersten Weltkriegs.

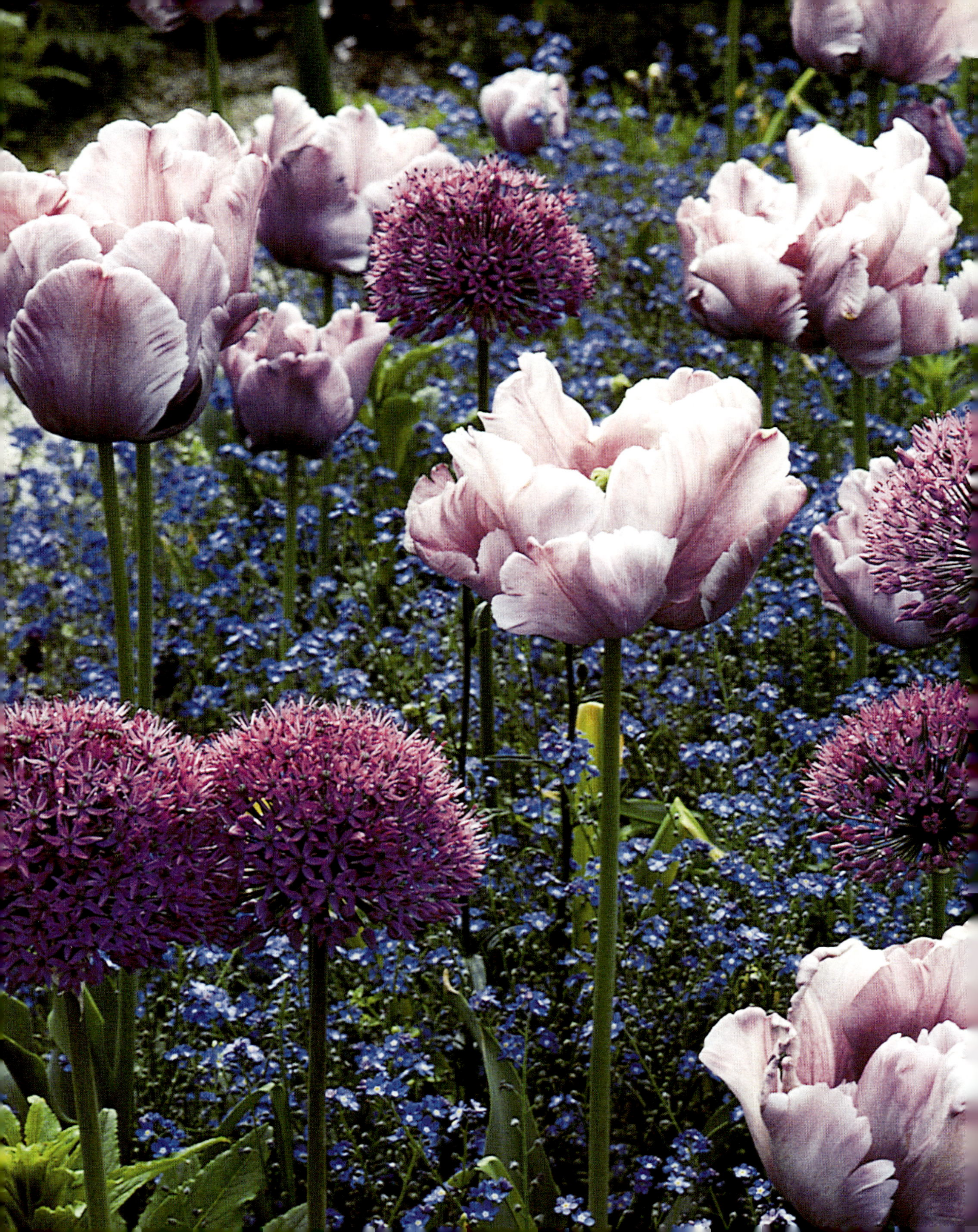

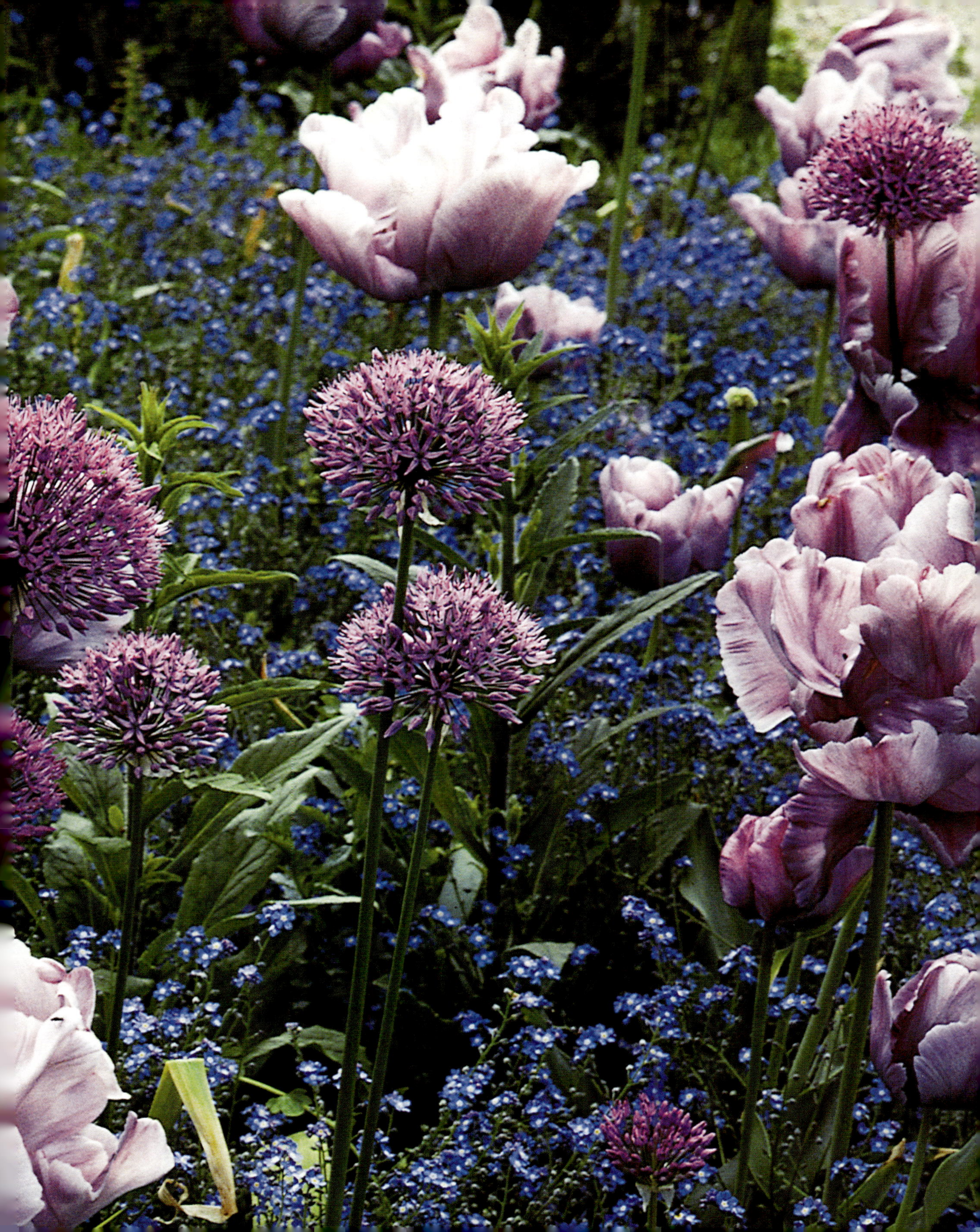

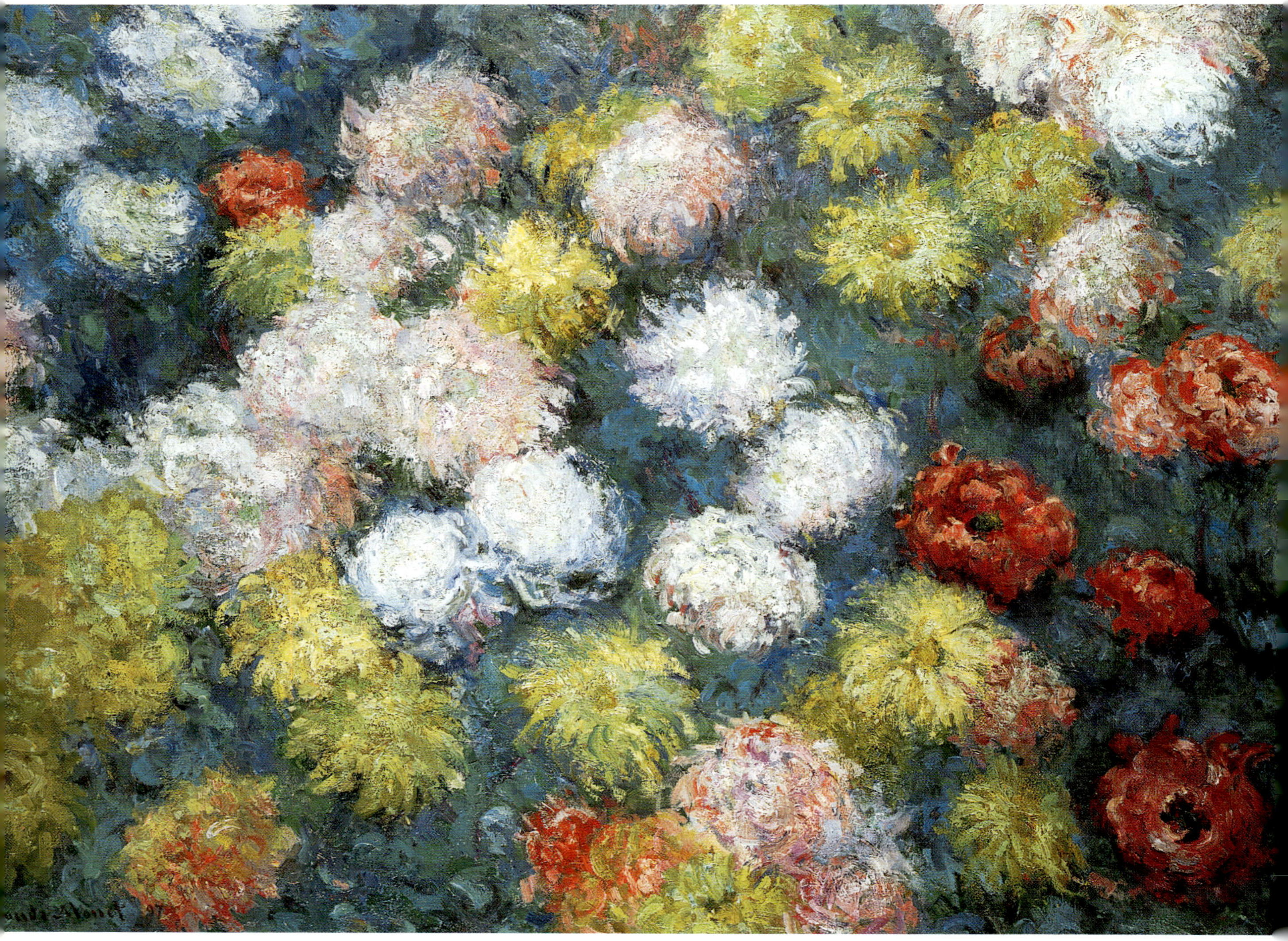

Monet schickte Caillebotte Dahlienknollen und bekam dafür von Caillebotte Fingerhutsamen. Und nicht nur in diesen Punkten stimmte der Geschmack der beiden überein: Als Monet in Giverny nach und nach die Apfelbäume durch Zierkirschen und Aprikosenbäume ersetzte, wurde auch die Wiese gegen eine Rasenfläche mit willkürlich verstreuten Blumengruppen ausgetauscht. Caillebottes im Frühjahr entstandenes Gemälde von seinem Garten in Petit Gennevilliers zeigt ebenfalls Zierkirschen und eine Stiefmütterchen-

Vorhergehende Doppelseite: Harmonie in Blau – Zierlauch und Tulpen erheben sich auf schlanken Stängeln über einem Meer aus Vergissmeinnicht.

Oben: Das Bild ***Chrysanthemen***, 1897, ist eines von vieren, auf denen die opulenten Blüten – klar strukturiert und mit harmonischen Farbabstufungen – über der Leinwand schweben.

»Sein Leben ist, was er malt; und was er malt, ist sein Leben. Er will nur eines, nämlich selbst in die Farbe eintauchen. Er liebt die ganze Schönheit der Natur, die er um sich herum sieht und die ihn quält, weil alles in ihm danach lechzt, sie in Farbe umzusetzen – diese zahllosen, sich stets verändernden Schönheiten der Natur.«

gruppe. In beiden Gärten standen beinahe identische Gewächshäuser, wobei Caillebottes Gewächshaus die Vorlage für das von Monet lieferte. Eine weitere Gemeinsamkeit der beiden war ihre Vorliebe für zarte Orchideen.

Auf Fotos von Giverny wird deutlich, dass der Garten selbst die Rolle des Gastgebers spielt, der mit seiner heiteren Atmosphäre Freunde und Verwandte willkommen heißt; diese Stimmung kommt insbesondere in dem Bild *Frauen im Garten* zum Ausdruck. Die gefühl-

»ICH TUE MEIN MÖGLICHSTES, UM **AUSZUDRÜCKEN**, WAS ICH IN GEGENWART DER NATUR EMPFINDE.«

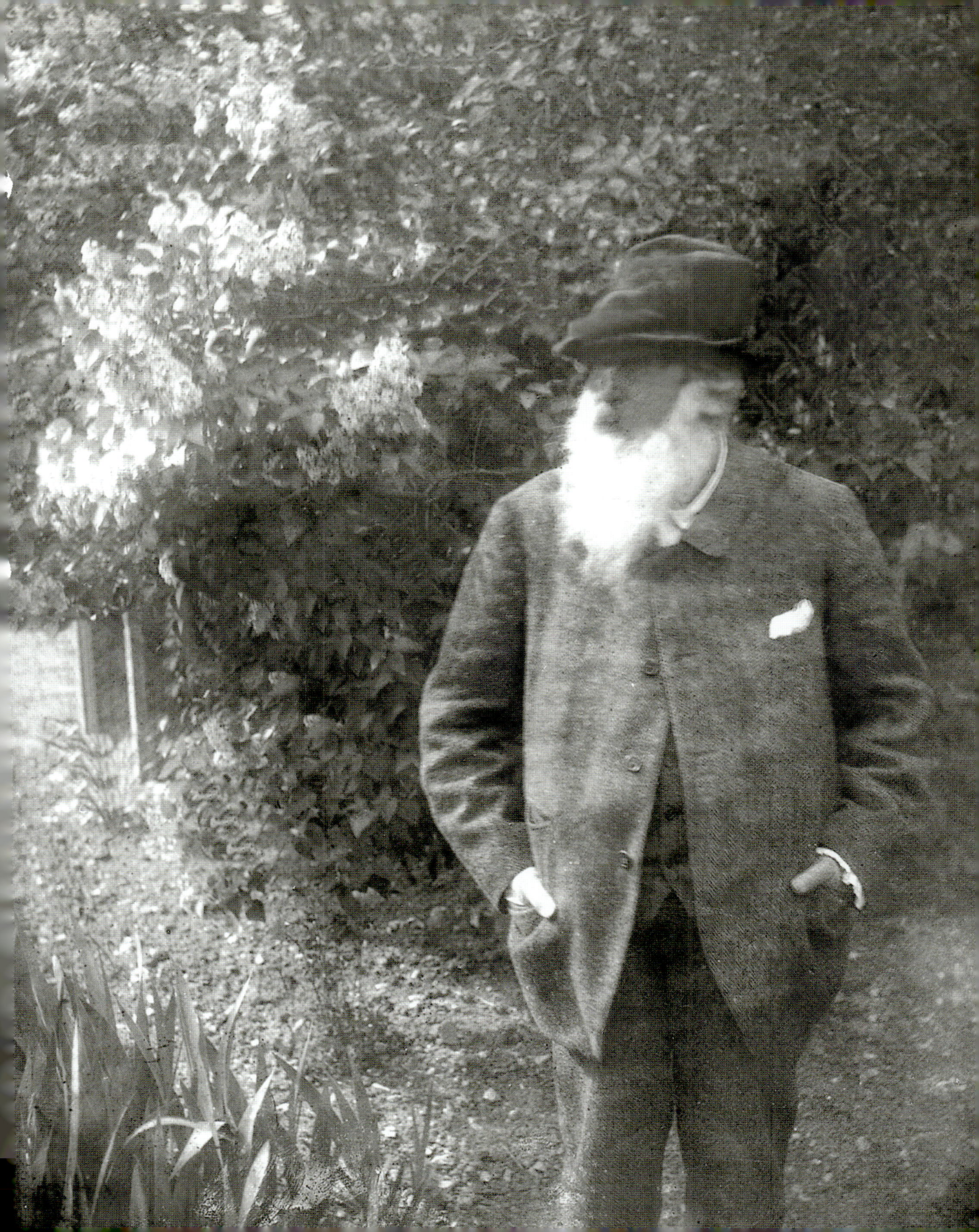

Vorhergehende Seite: Eine der seltenen Fotografien, die Monet ohne Zigarette zeigt. Die Hände in den Jackentaschen vergraben, genießt er seinen Garten.

volle Gestaltung und die prachtvollen Pflanzen fanden großen Anklang und Monet machte sich viele Freunde, indem er großzügig Pflanzenableger verschenkte. Neben Caillebotte teilten auch Clemenceau, Geffroy und Mirbeau seine Liebe zum Garten. Clemenceau erhielt von Monet zahlreiche Jungpflanzen von Hundskamille und Gladiolen, die er in seinem Garten in Bel Ebat in der Vendée ansiedelte. Madame Pissarro, die in ärmlichen Verhältnisse lebte und keinen Sou für die Gartengestaltung übrig hatte, war entzückt, als Monet ihr per Eisenbahn eine großzügige Auswahl jener Schwertlilien zukommen ließ, die sie bei einem Besuch in Giverny so sehr bewundert hatte. Die Renoirs und die Monets statteten einander regelmäßig Besuche ab, bei denen die begeisterte Gärtnerin Aline Renoir ebenfalls eifrig Pflanzen mit Monet tauschte.

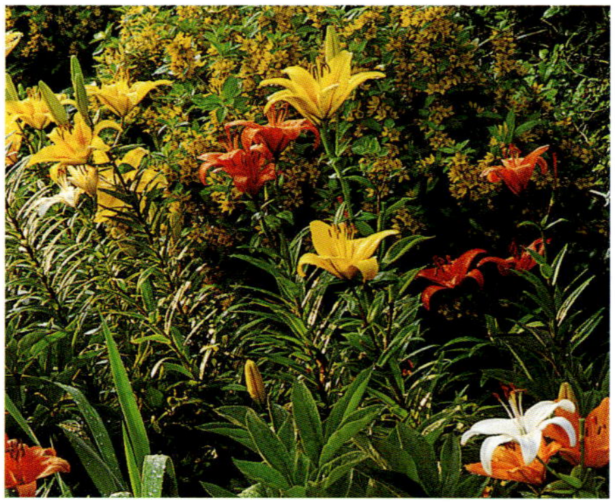

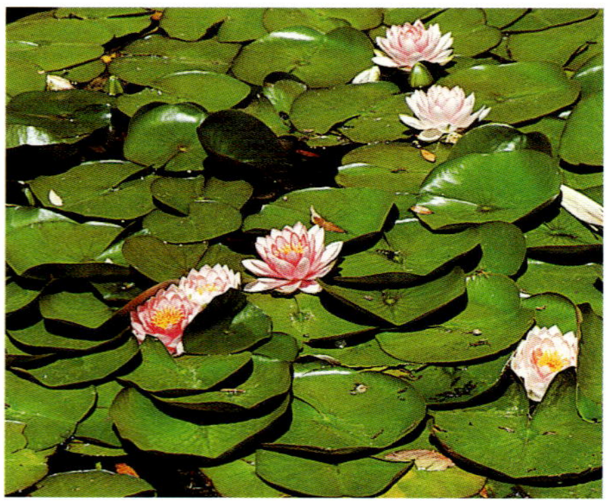

Links oben: Japanische und chinesische Lilien in Gelb-, Rosa-, Rot- und Weißtönen bereicherten Monets Rabatten. Zu ihnen gesellt sich die wuchsfreudige, aus Nordamerika importierte Goldrute – eine ansprechende Kombination aus Ost und West.

Links unten: »Nymphéas« nannte Monet seine Seerosen – wie Wassernymphen in rosafarbenen Petticoats scheinen sie auf den grünen Blattrosetten zu tanzen.

Rechts: Regelmäßig stand Monet gegen halb sechs Uhr morgens auf, um von seinem Schlafzimmerfenster aus den Himmel zu beobachten. Oft war er rechtzeitig zum Sonnenaufgang bereits am Teich, um die ersten Lichtstrahlen durch das Laub der Weiden und der Glyzinen brechen zu sehen.

Der Wassergarten

Hinter den hohen Mauern, die den Garten der Maison du Pressoir umgaben, verlief der Chemin du Roi, der zugleich Landstraße und Bahnlinie war. Monet brach Teile der Mauer heraus und ersetzte sie durch schmiedeeiserne Gitter, die er mit Kapuzinerkresse (*Tropaeolum speciosum*) berankte. So konnten sich auch Passanten an Monets Garten erfreuen, und als die immer häufiger vorbeifahrenden Automobile riesige Staubwolken aufwirbelten, ließ Monet die Straße auf seine Kosten asphaltieren. Im Jahr 1893 kaufte er eine Wiese jenseits der Straße und der Bahnlinie hinzu – hier plante er die Anlage eines Wassergartens. Diese Pläne stießen bei der Bevölkerung und im Gemeinderat von Giverny jedoch auf Widerstand. Die Dorfbewohner kannten bereits Monets Begeisterung für Pflanzen und befürchteten, dass die »fremden« Arten, die er im Wassergarten anzusiedeln gedachte, eine Gefahr für die Ge-

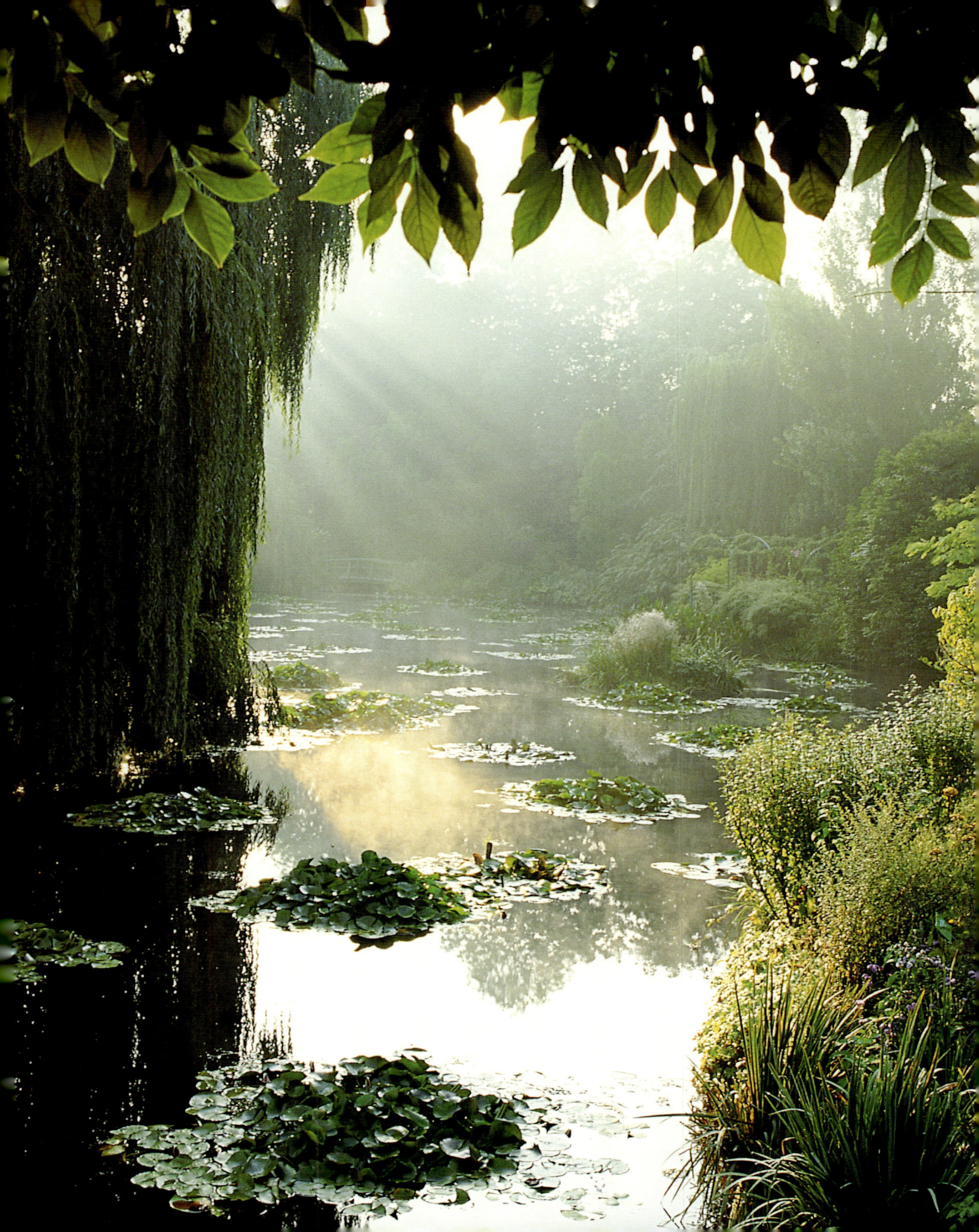

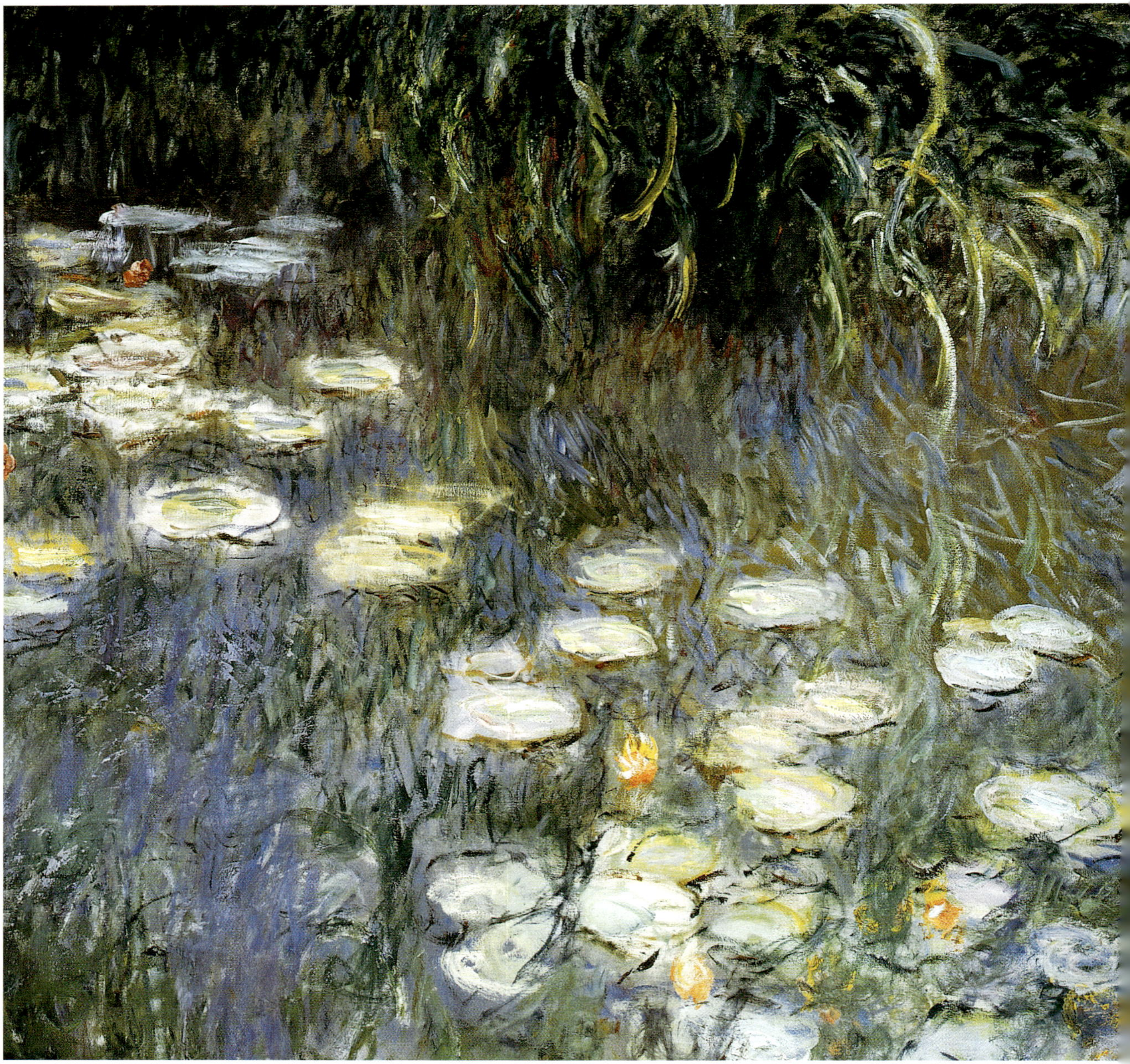

Oben: Ausschnitt aus ***Seerosen, Morgenstimmung***, um 1925. Im Bild wird die energiegeladene Atmosphäre des anbrechenden Tages meisterlich eingefangen. Die ersten Strahlen der aufgehenden Sonne tauchen Blätter und Blüten der Weide in weißliches Licht.

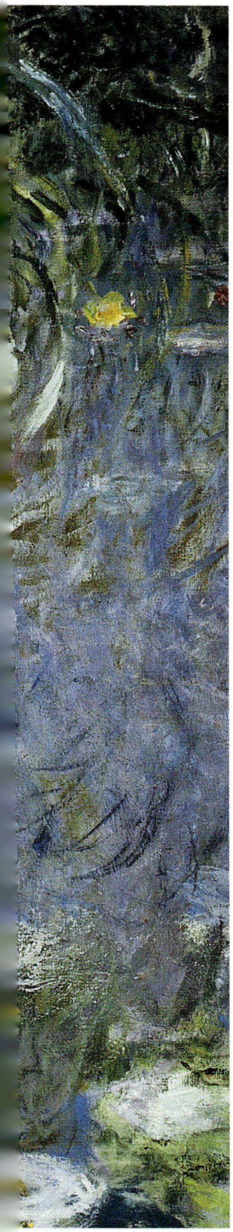

»Unablässig arbeite ich, um eine Serie von Effekten einzufangen. **Doch zu dieser Jahreszeit wandert die Sonne so schnell,** dass ich nicht mit ihr Schritt halten kann.«

sundheit der Allgemeinheit darstellten. In einem Schreiben vom 17. Juli verteidigte Monet empört seine Pläne gegenüber dem Präfekten von Eure: »... einen Teich zu schaffen, in dem ich Wasserpflanzen kultivieren möchte ... Es handelt sich um ein reines Freizeitvergnügen und eine Augenweide, die auch Motive für meine Malerei liefert ... Ich werde dort Pflanzen wie Seerosen, Riedgräser, verschiendene Iris-Arten ansiedeln, die das Wasser keinesfalls vergiften.«

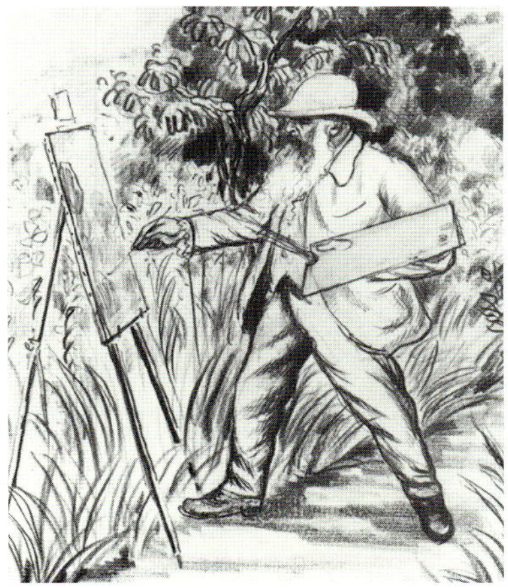

Oben: Die Skizze von Manzana Pissarro zeigt Monet, umgeben von Blumen, in voller Aktion. Konzentriert fängt der Maler den Augenblick auf der Leinwand ein.

In der zweiten Hälfte des Jahres 1893 wurden die Arbeiten in Angriff genommen; immer wieder wandte sich Monet mit der Bitte um Vorschuss an Durand-Ruel. Im Januar des folgenden Jahres waren die Aushubarbeiten für den Teich abgeschlossen und wenig später stand bereits die japanische Brücke. Kurz bevor Monet zu einer Reise nach Norwegen aufbrach, malte er die Brücke zum ersten Mal. In Norwegen angekommen, machte er sich große Sorgen, wie der Teich wohl den bitterkalten Winter überstehen würde. Zur Umsetzung seiner Pläne benötigte Monet viele fantasievolle und innovative Gärtner. Einer von ihnen war Joseph Bory Latour-Marliac, dem die Hybridzüchtung von Seerosen gelang und der europäische Gärtner mit chinesischen und japanischen Bambusarten sowie Wasserpflanzen bekannt machte. Seine besonderen Leistungen, insbesondere die erfolgreiche Kultivierung von Seerosen,

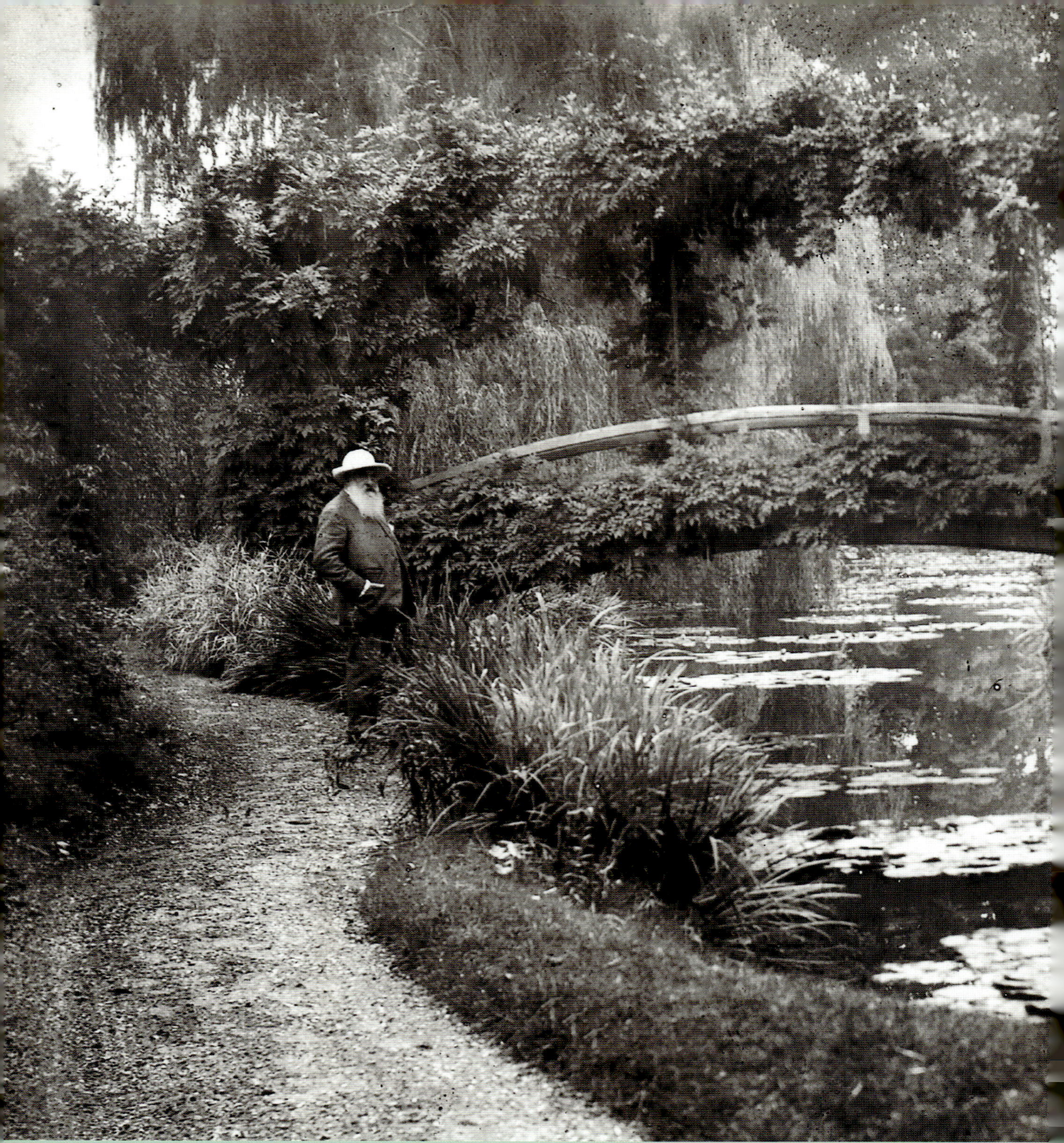

»Eine Trennung von Giverny träfe mich hart …

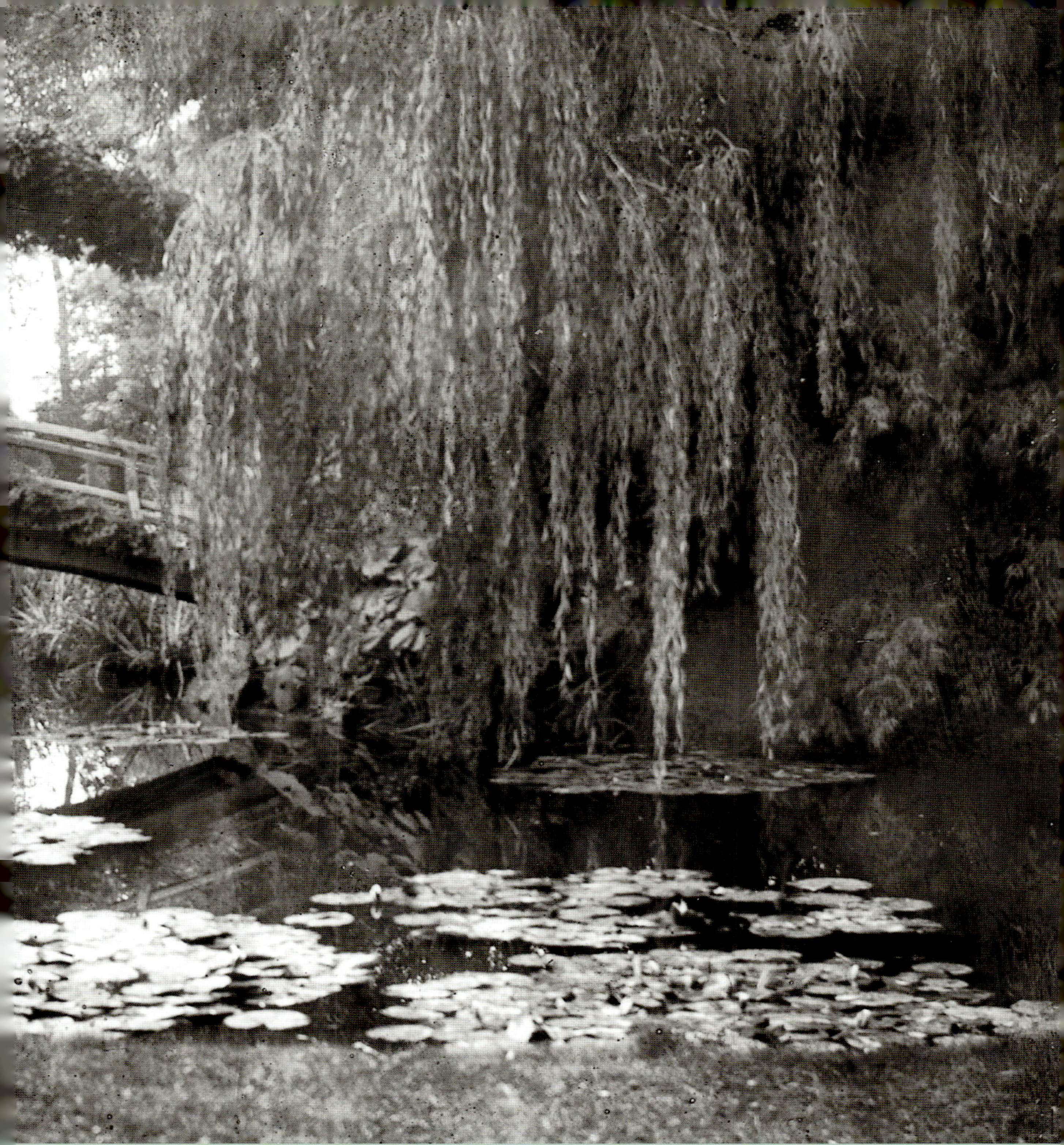

nie wieder fände ich einen so schönen Ort.«

Vorhergehende Doppelseite: Der gewundene Pfad führt den Betrachter zu einer moderneren Version des traditionellen Weidenmotivs. In zahlreichen Elementen des Gartens von Giverny wird Monets Begeisterung für japanische Drucke deutlich.

wurden vor allem dadurch begünstigt, dass in seiner Gärtnerei im südwestfranzösischen Temple sur Lot mit die höchsten Lichtwerte der Welt herrschten. Latour-Marliac bewahrte akribisch jeden Brief, jede Bestellung und jeden Artikel auf. Von 1881 bis zu seinem Tod im Jahr 1911 ließ er die Schriftstücke in Buchform binden – eine Praxis, die seine Familie bis ins Jahr 1924 fortführte. Seine Korrespondenz und Zeitschriftenartikel aus den Jahren 1888 und 1889 illustrieren die Ergebnisse seiner zehnjährigen Bemühungen um die Züchtung von Seerosen, deren Höhepunkt sicher die Verleihung des Ersten Preises 1889 bei der Exposition Universelle in Paris darstellte. Latour-Marliacs 1889 erschienenes Buch *Les Aquariums de plein air, de serre et d'apparement* nahm Monets Interesse an der Züchtung von Seerosen vorweg: »... dieses Bild voller Verlockung hat bei den glücklichen Besitzern von Seen, Fischteichen, Zierteichen und Bachläufen große Begeisterung hervorgerufen ...«. Gern griff Monet diesen neuen Gartentrend auf und passte ihn seinen Vorstellungen an. Wil-

Unten: Noch in den 30er Jahren des 20. Jahrhunderts entspricht Monets Seerosenteich mit der raffinierten Komposition aus Seerosen, Gräsern und Iris der ursprünglichen Konzeption von 1893. Strukturen und Farben lassen ein heiteres, harmonisch wirkendes Muster entstehen.

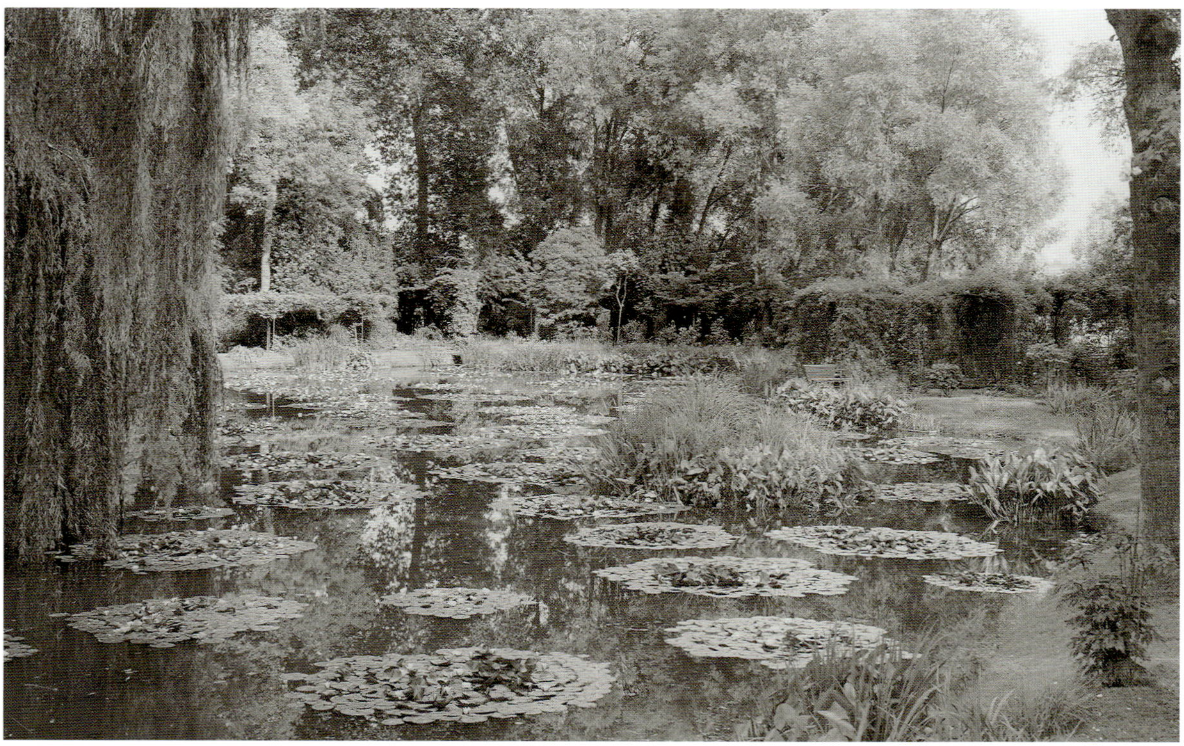

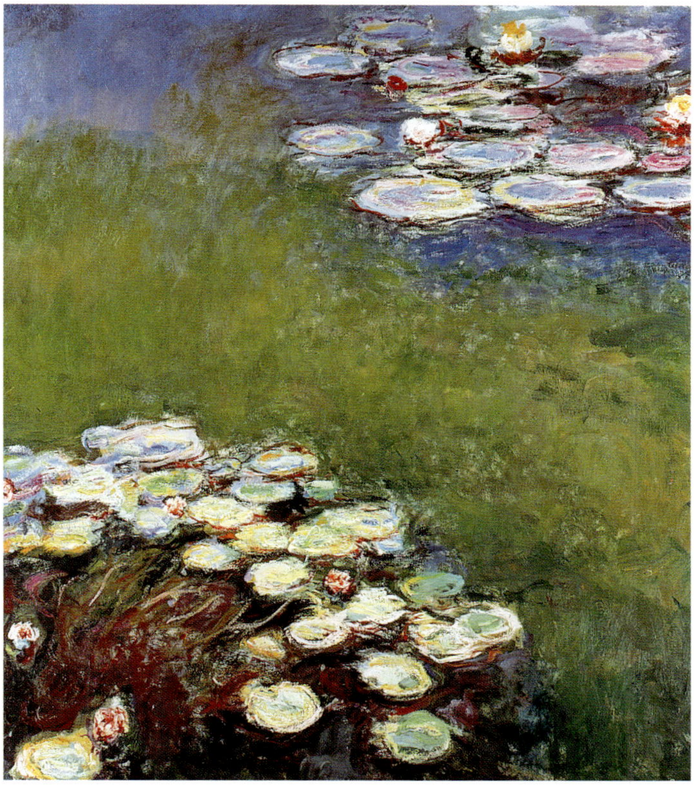

Links: Die dominanten Grüntöne der sich im Wasser spiegelnden Weiden setzen in ***Seerosen***, 1914–17, einen Kontrapunkt zu den Reflexionen des blauen Himmels und des Sonnenlichts. Ein Kanal in kühlem Grün trennt die beiden Pflanzengruppen und ergänzt die Texturen der graugrünen Blätter.

liam Robinson widmete den 1893 erschienenen 44. Band von *The Garden* Latour-Marliac, der »die Farben und Formen der fernöstlichen Seerosen in die Gewässer des Nordens einführte«.

Bei Latour-Marliac erstand Monet auch einige seltene Wasserpflanzenarten; 1894 gab er eine große Bestellung von Seerosen und weiteren, teilweise ausgefallenen Wasser- und Sumpfpflanzen auf. Im April des folgenden Jahres kaufte er zehn Exemplare der seltenen *Hydropyrum*, im Mai 1896 orderte er mehrere Exemplare der exotischen Seerosen *Nymphaea zanzibarensis azurea* und *Nymphaea stellata* zum Stückpreis von stolzen 10 Francs. Doch erwies sich der Versuch, Exoten im Wassergarten anzusiedeln, als Fehlschlag.

In allen Bereichen des Gartens bemühte sich Monet ständig um Verbesserungen. 1901 verlängerte er den Wassergarten von 20 auf 60 Meter; zwei Jahre später ließ er an der japanischen Brücke eine zusätzliche Überwölbung anbringen. Am unteren Geländer zog er violette Glyzinen; das neue obere Geländer ließ er mit stark duftenden weißen Glyzinen beranken. 1904 kaufte er bei Latour-Marliac

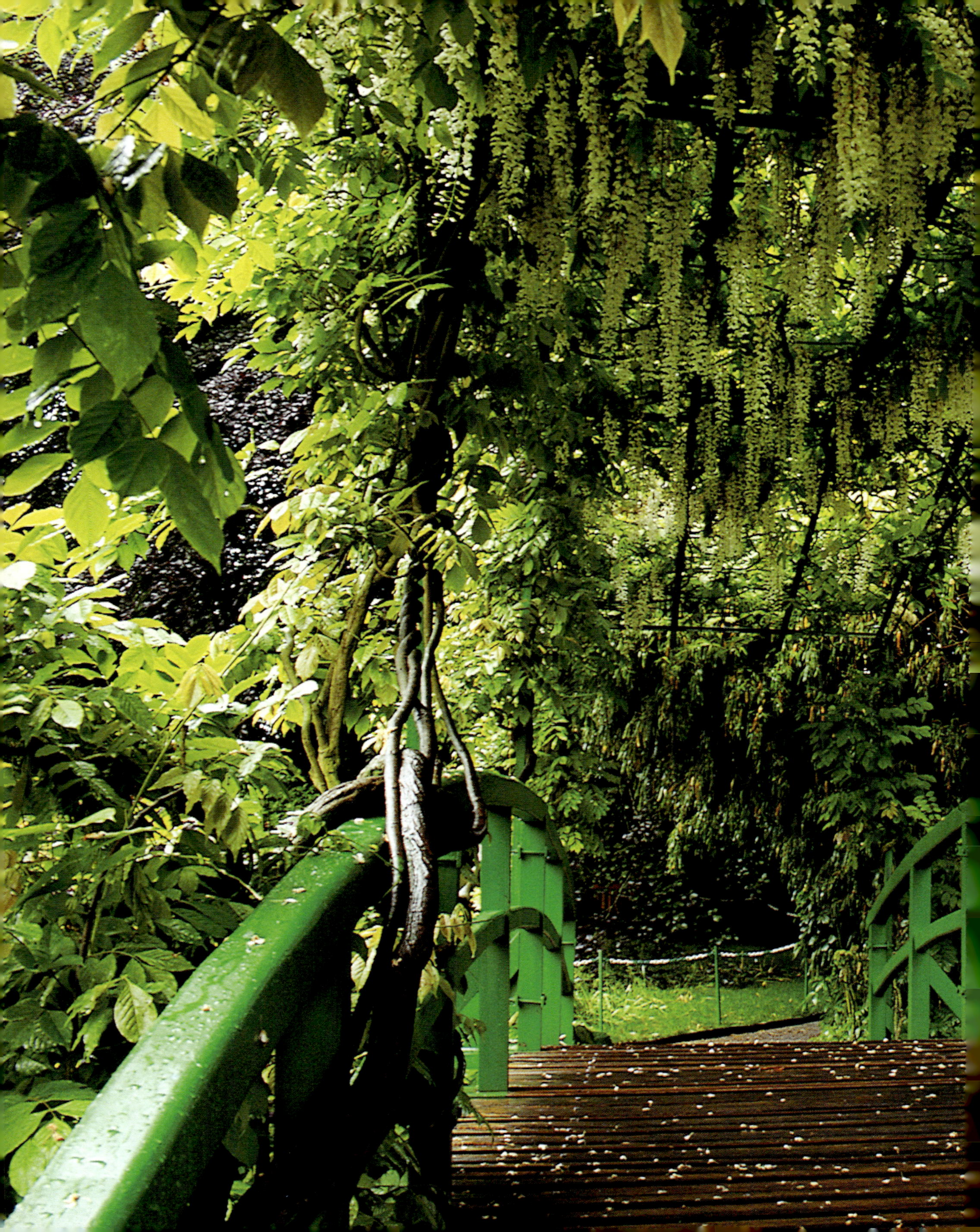

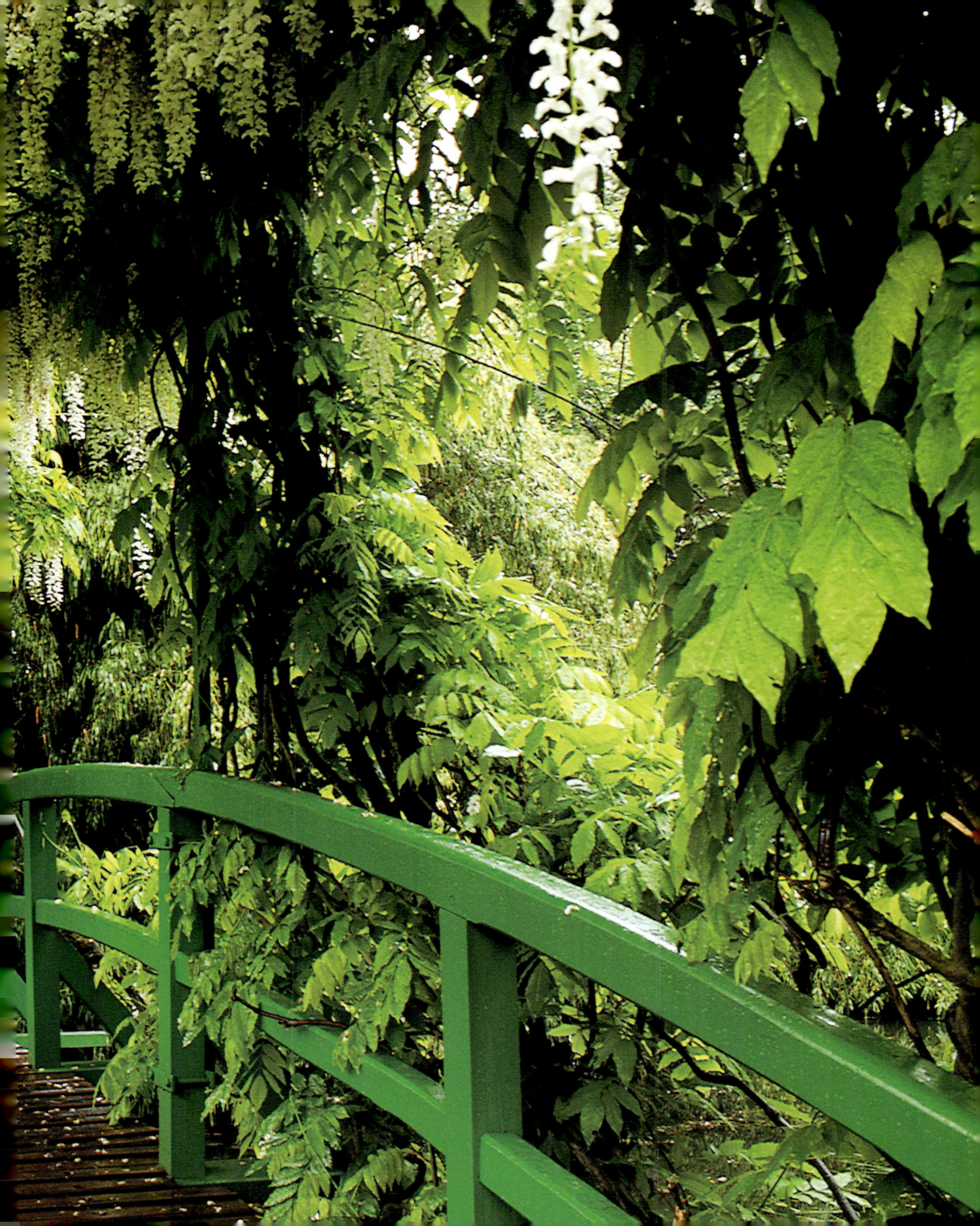

Vorhergehende Doppelseite: Der Duft der Glyzinenblüten berauscht die Besucher an der japanischen Brücke. Laub und Blütentrauben bilden über der Brücke ein dichtes Dach und lassen ein »Zimmer mit Aussicht« entstehen.

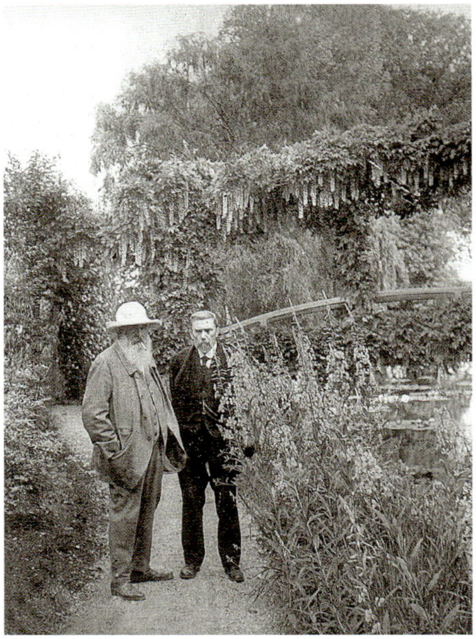

Links: Monet mit Gustave Geffroy. Der Journalist war ein großer Bewunderer des Künstlers und sah Parallelen zwischen Shakespeares Dichtkunst und Monets Wassergarten.

Rechts: Monet ließ die japanische Brücke nicht in dem typischen Zinnoberrot, sondern in seinem Lieblingsgrün streichen. Auf diese Weise verschmelzen die Linien der Konstruktion mit den Glyzinen und den anderen Pflanzen zu einem organischen Ganzen.

vier seltene Seerosensorten zu einem Stückpreis von 20 bzw. 25 Francs; es handelte sich um die winterharten Hybriden ›Arethusa‹, ›Atropurpurea‹, ›William Falconer‹ und ›James Brydon‹. Um 1905 zeigte die Wasseroberfläche bereits das Bild, das wir heute kennen. Die Trauerweiden am Ufer verhalfen der Szene zu einer vertikalen Komponente, wobei die in den Teich hängenden Zweige und Blätter der Weiden den Blick des Betrachters unweigerlich zurück zum Wasser

»Im Augenblick sieht im glitzernden Licht alles wundervoll aus.«

führten. In die dichten Bambushorste schnitt Monet eine halbrunde Höhlung hinein, in deren Schutz er den Teich überblicken und beobachten konnte.

Zu Beginn des 20. Jahrhunderts besuchte Monet die Gärtnerei Latour-Marliacs in Temple sur Lot sogar persönlich – in seinem neuen Automobil, das er im Oktober 1904 für eine beachtliche Summe erstanden hatte, war er in Begleitung von Alice auf der Durchreise nach Spanien.

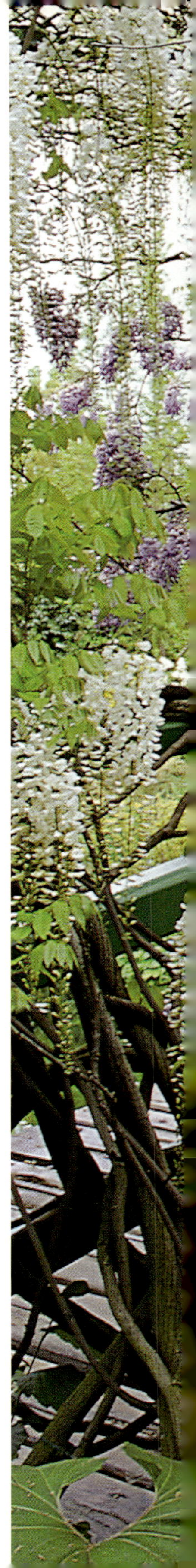

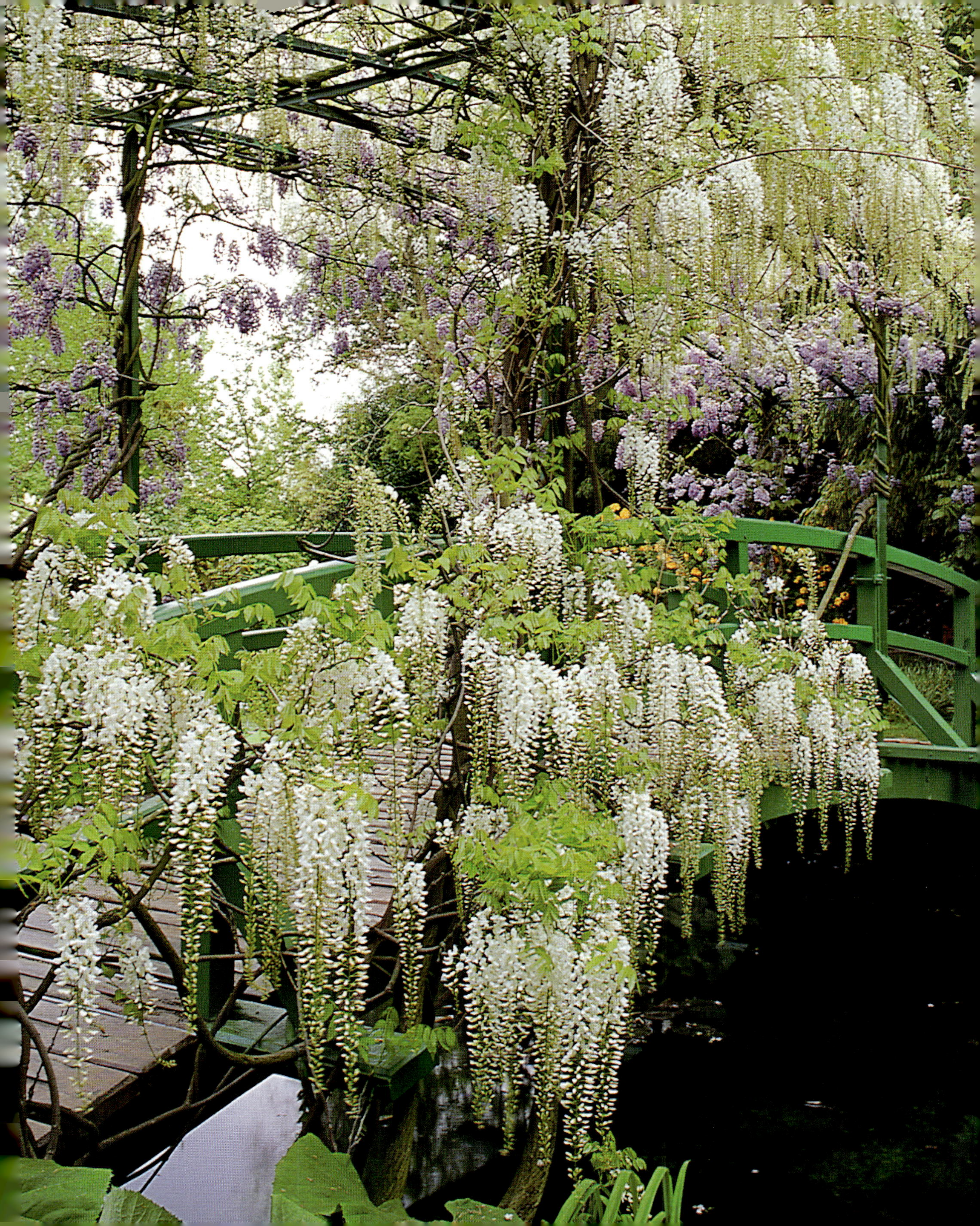

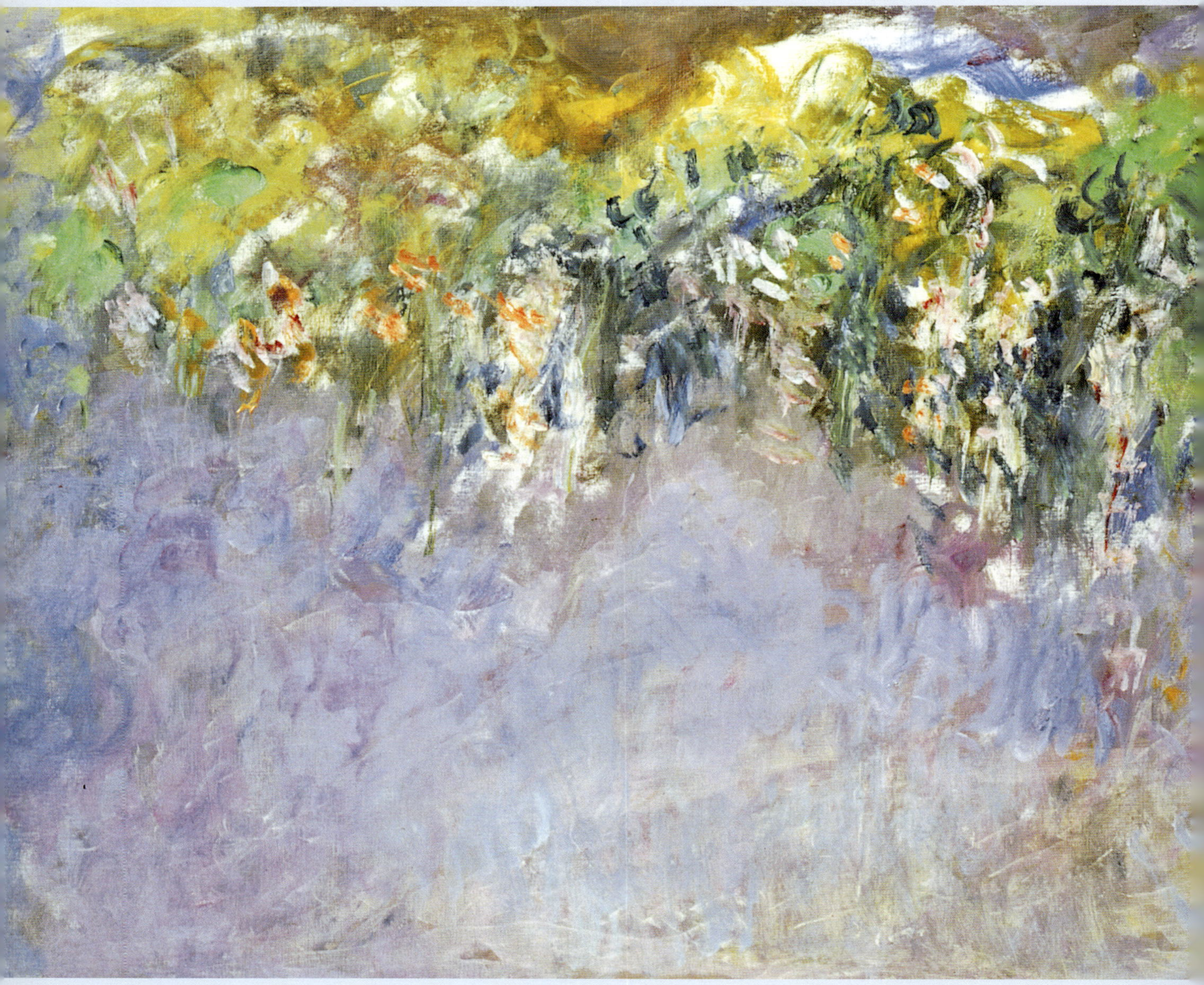

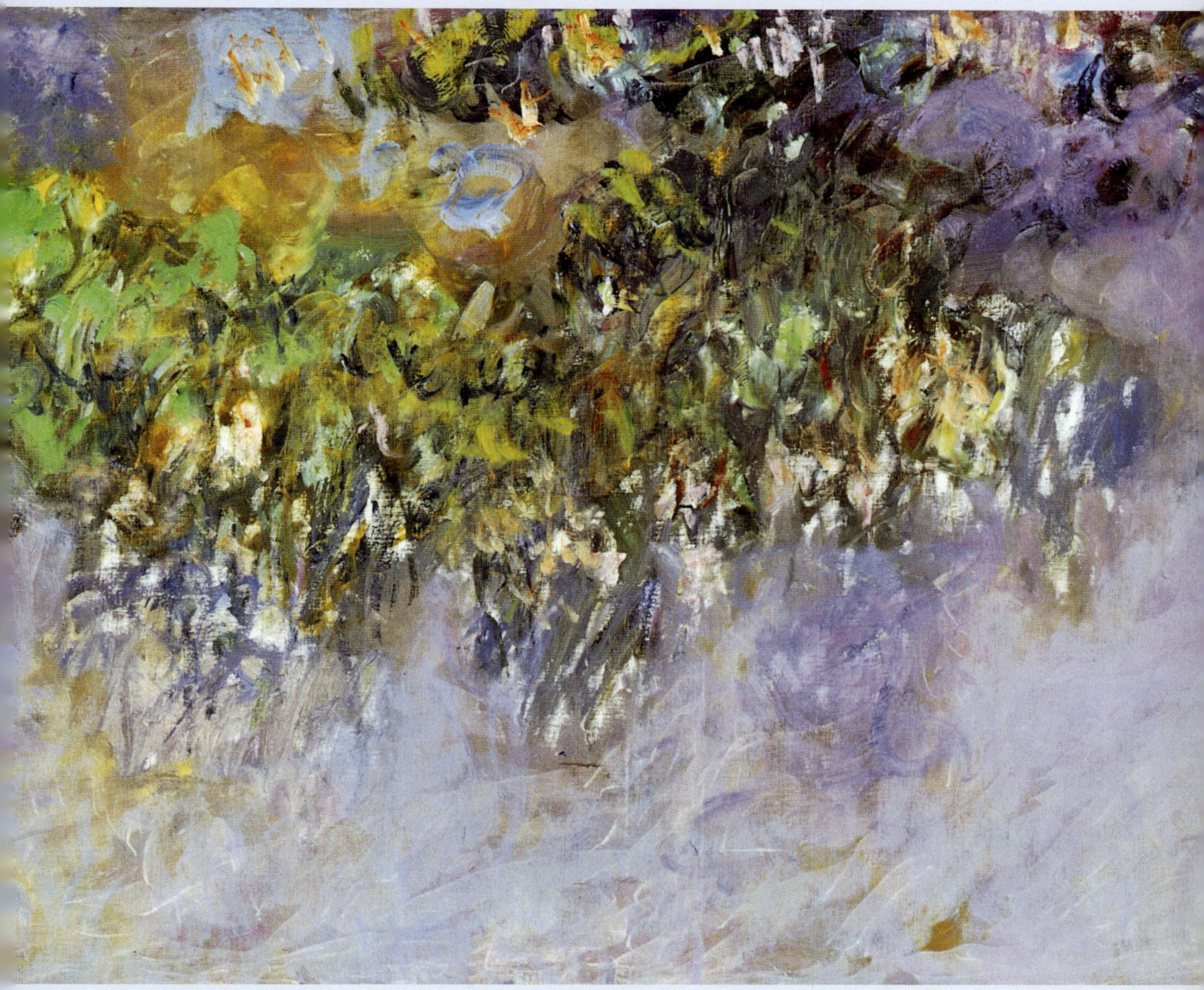

Die Glyzine am Teichufer rankte an einem Spalier empor. In der mehrdeutigen Perspektive von ***Glyzine***, 1919–20, ergießen sich die Blüten entweder vor dem Hintergrund des blauen Himmels oder spiegeln sich gemeinsam mit rosafarbenen Sommerwolken im Wasser.

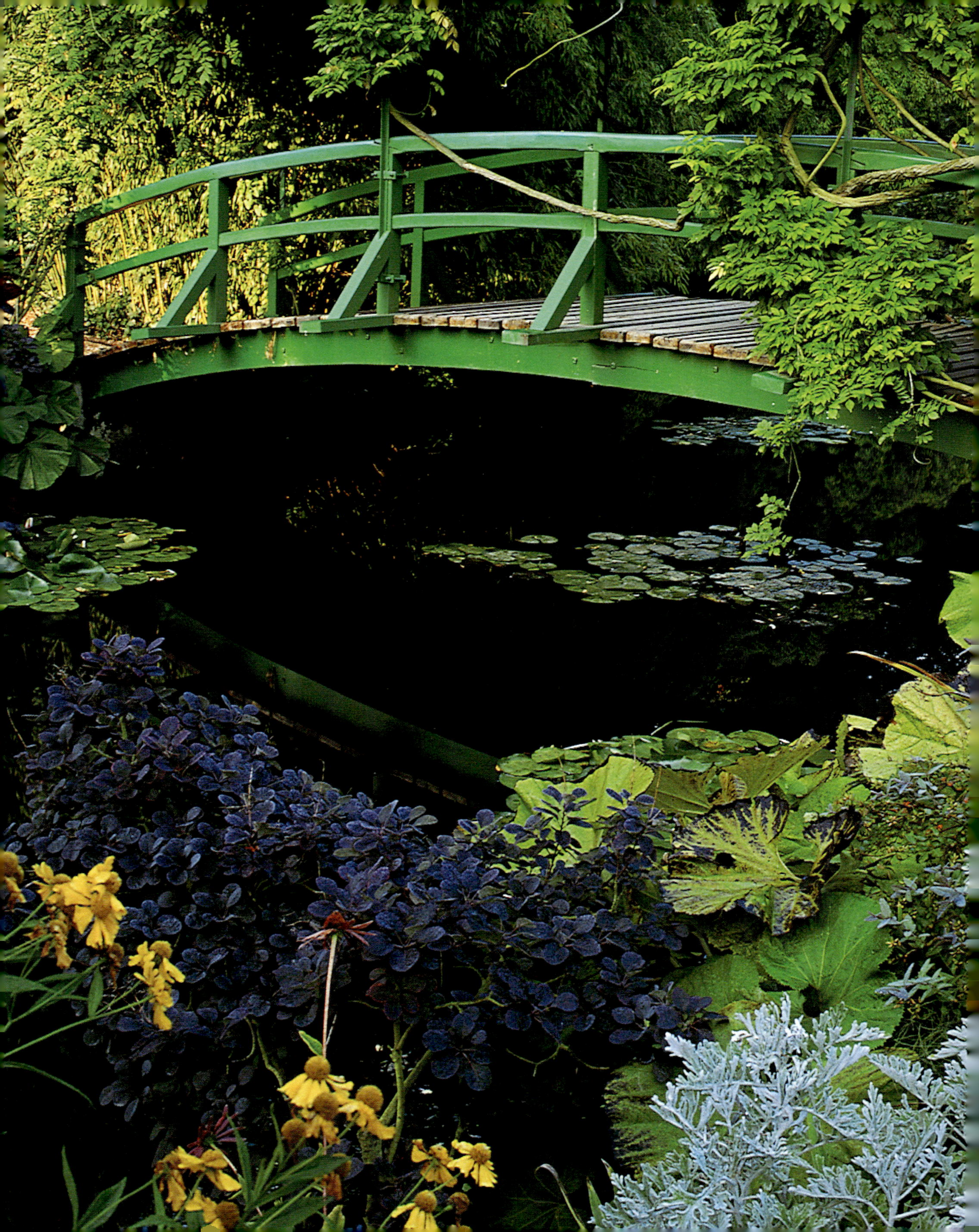

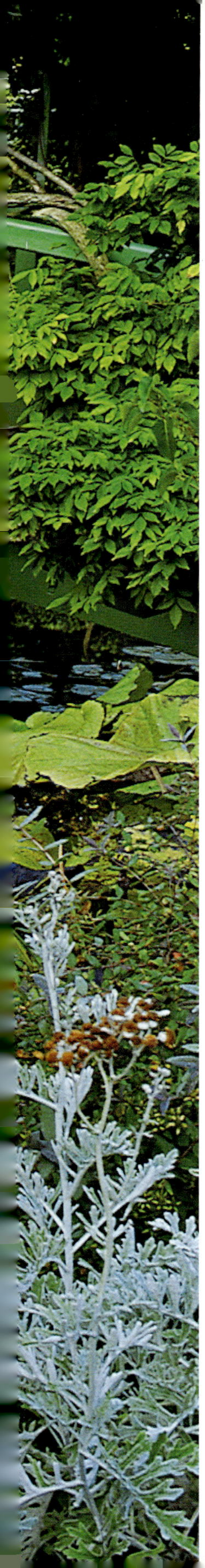

Ein anderer einflussreicher Gärtner, bei dem Monet im Laufe der Jahre viele Pflanzen kaufte, war Georges Truffaut, der Herausgeber der Zeitschrift *Jardinage*. Im Oktober 1913 veröffentliche Truffaut einen Artikel über Schwertlilien für den Wassergarten, den Monets Chefgärtner Félix Breuil verfasst hatte. Im November 1924 druckte Breuil einen selbst verfassten Bericht über Monets Garten. Darüber hinaus erstand Monet zahlreiche von Pierre Louis Victor Lemoine gezüchtete Pflanzen; Lemoine war ein bedeutender Botaniker, der den Gärtnern fast 100 neue Sorten beschert hatte und dem Hybridzüchtungen zahlreicher tropischer und subtropischer Pflanzen, winterharter Stauden und Gehölze gelungen waren.

Fernöstliche Einflüsse

Monet hat immer entschieden bestritten, dass sein Garten – ganz im Gegensatz zu vielen so genannten »japanischen« Gärten, die damals in Frankreich, England und den Vereinigten Staaten entstanden – von fernöstlichen Traditionen beeinflusst sei. Trotz seines vehementen Widerspruchs hat seine eigene, sehr sinnliche Naturauffassung einiges mit den Ursprüngen japanischer Gartengestaltung gemein. Diese entwickelte sich aus einer Kombination praktischer landwirtschaftlicher Traditionen, der spirituellen Antworten des Shinto sowie des Buddhismus, mit dem die chinesische Tradition der »See und Insel«-Gestaltung eingeführt wurde. Monet fühlte sich spirituellen Werten verbunden, die denen des Zen-Buddhismus sehr nahe kamen – Erleuchtung durch Meditation, Reflexion und »plötzliches Verstehen«.

Sicher werden in Monets Wassergarten Komponenten wie *wabi* (ländliche Einsamkeit) und *yungen* (Ruhe) erfolgreich umgesetzt. Die 1895 hinzugefügte Brücke wirkt sehr japanisch, auch wenn sie nicht in dem typischen Lackrot, sondern in Monets Lieblingsgrün gestrichen wurde. Auf der anderen Seite wäre der Maler niemals auf die Idee gekommen, japanische »Accessoires« wie Teehäuser oder Laternen aufzustellen. Allein oder auch mit Gästen seinen Garten zu durchstreifen war für Monet ein festes Ritual; immer wieder von neuem ließ er sich durch das Arrangement von Land und Wasser,

Die Mittagssonne beleuchtet an einem Spätsommertag den Bambus jenseits der Brücke. Ausdrucksstark hebt er sich von den tiefblauen Hortensienblüten und dem feinen, silbrigen Laub der Zinerarie im Vordergrund ab.

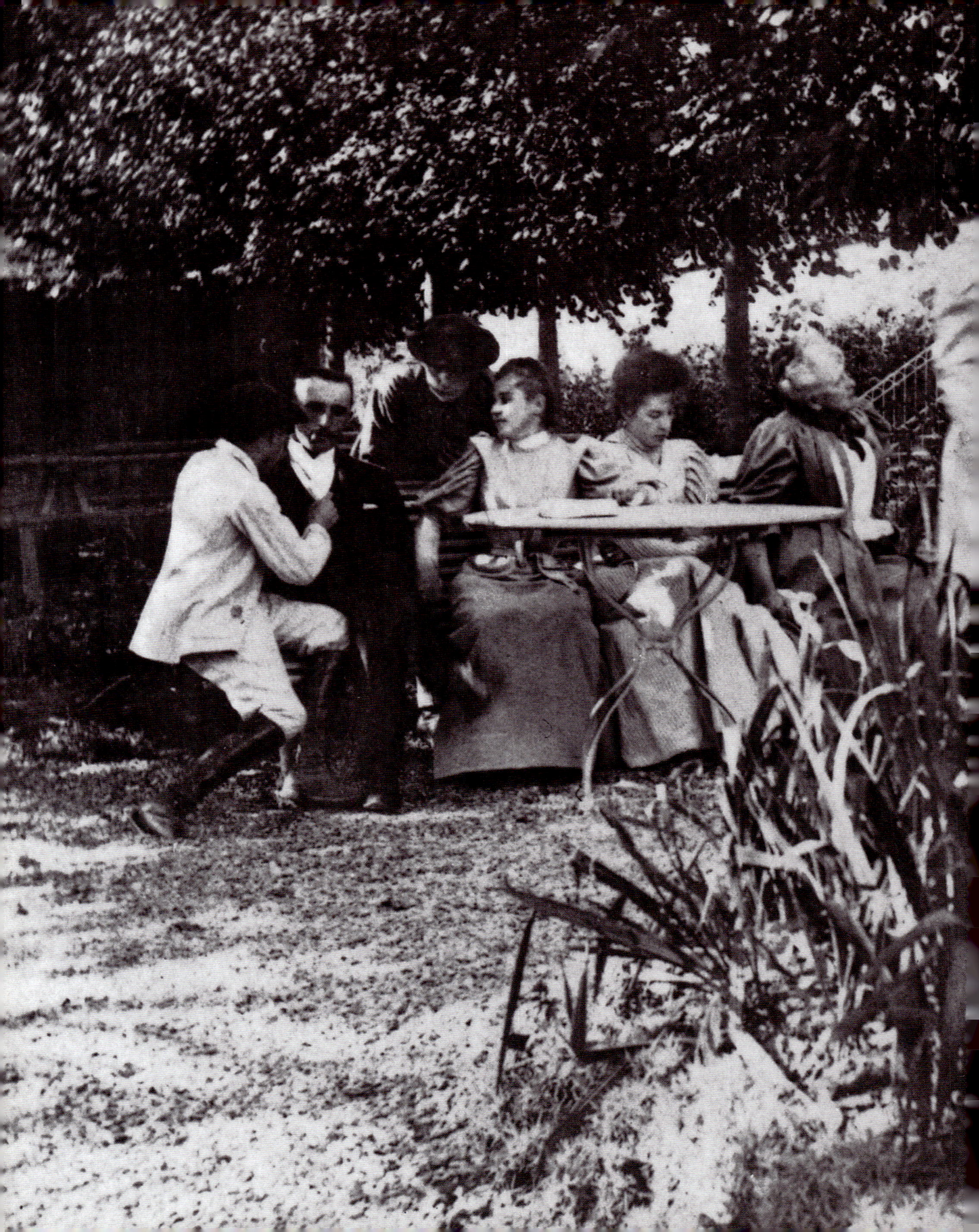

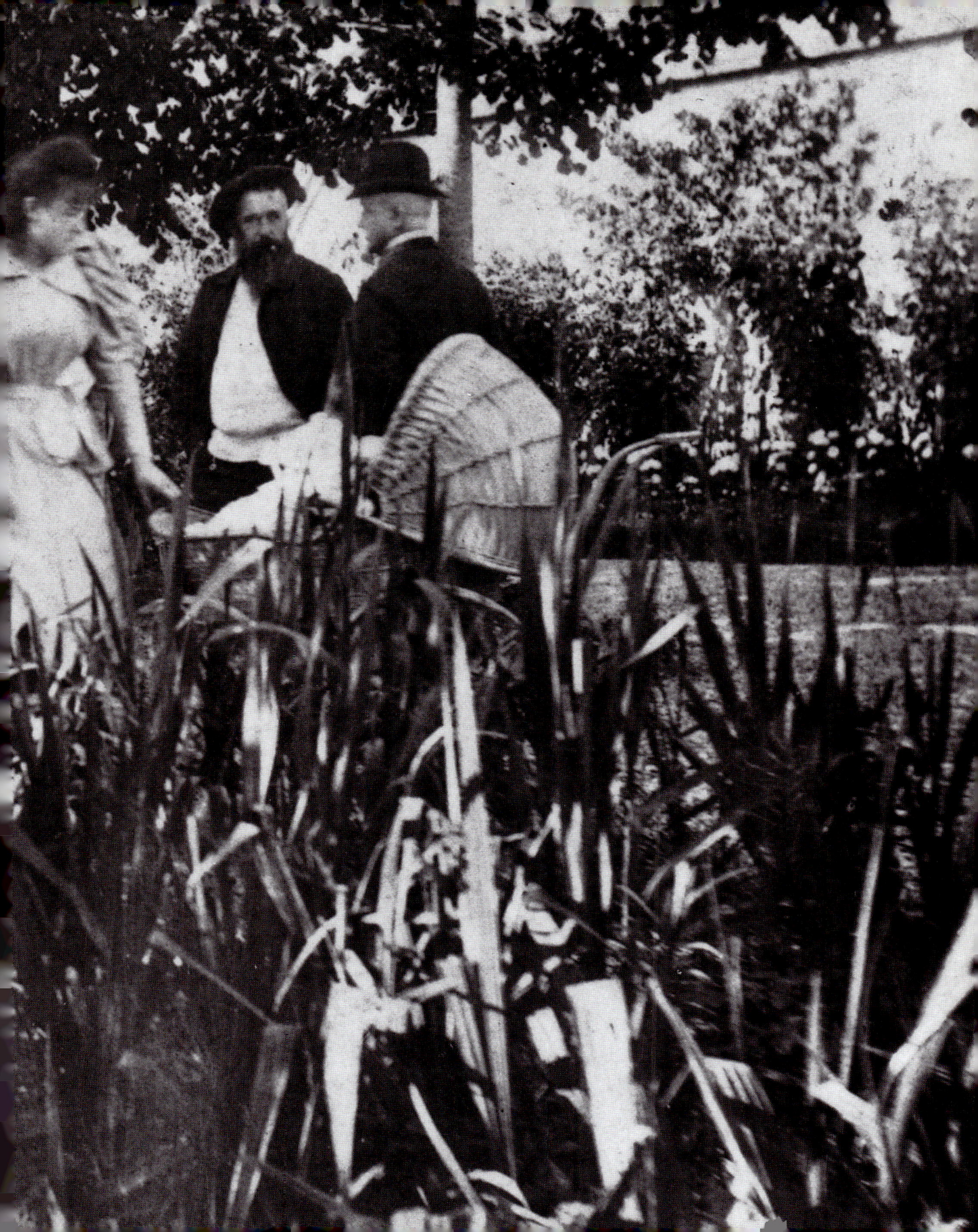

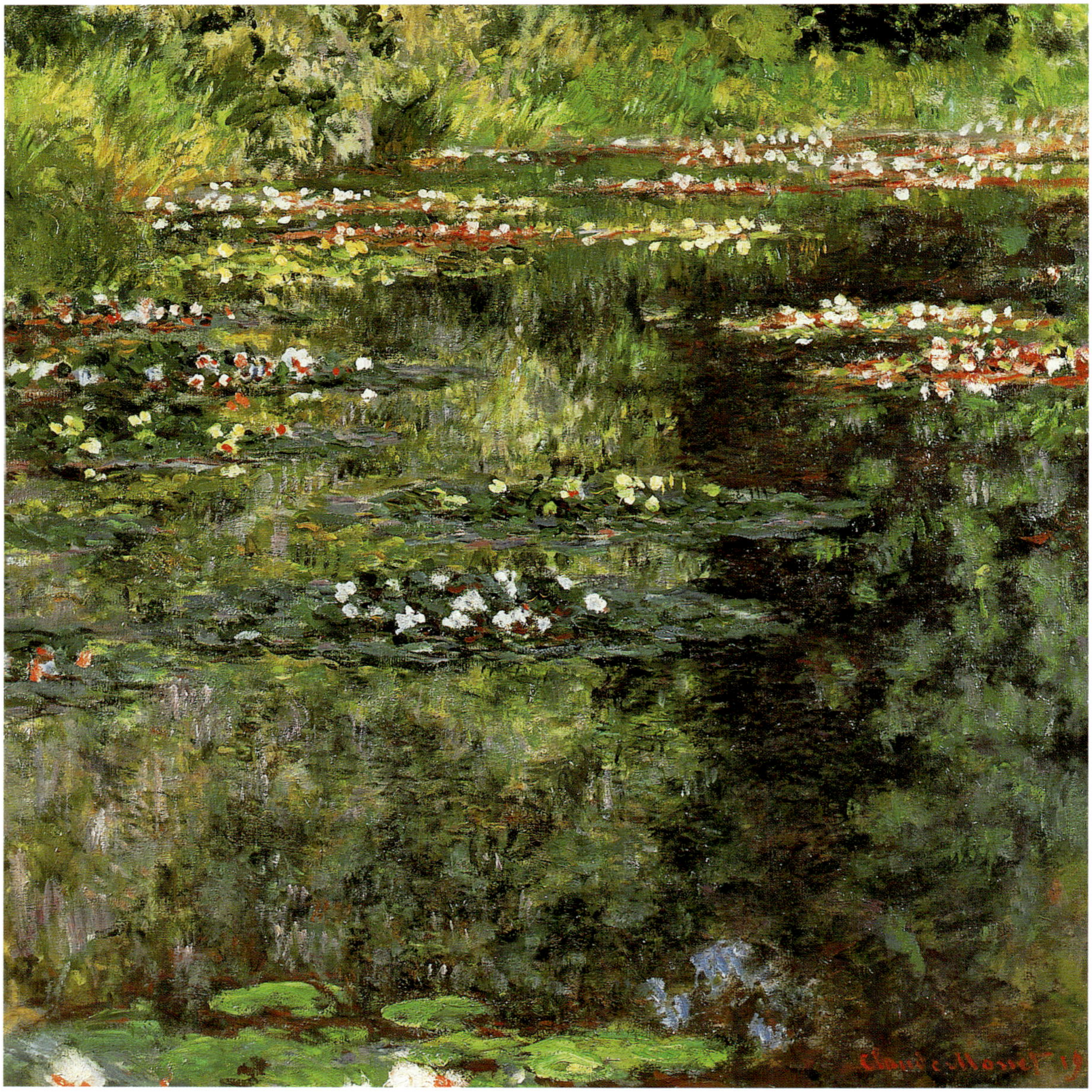

»Ich habe sehr viel Arbeit im Garten; sie bereitet mir große

Vorhergehende Doppelseite: Im Schatten der ursprünglichen Lindenallee zwischen Haus und Monets zweitem Atelier traf man sich und feierte gemeinsam. Bei diesem geselligen Beisammensein um 1893 ist der Kunsthändler Paul Durand-Ruel rechts im Gespräch mit Monet zu sehen. Suzanne wiegt ihren Sohn Jim.

Links: Auf der glatten Teichoberfläche spiegeln sich in ***Teich mit Seerosen***, 1904, die umstehenden Bäume und Sumpfgräser. Die neu gepflanzten roten Seerosen kommen in der hellgrünen und dunkelblauen Umgebung perfekt zur Geltung.

vom Spiel der Sonnenstrahlen auf dem Teich und ihren Reflexionen der Wasseroberfläche verzaubern. Wer am späten Nachmittag ankam, musste sich auf dem schnellsten Wege zum Teich aufmachen, um die Seerosen zu bewundern, bevor sie bei Einbruch der Dunkelheit ihre Blüten schlossen.

Einige Pflanzen kamen direkt aus dem Fernen Osten nach Giverny, beispielsweise das Gastgeschenk der japanischen Prinzessin Matsukata und ihres Gatten, die Monet drei Delavays Pfingstrosen und Lilien überreichten. Viele von Monet bevorzugte Arten sind auf Nachdrucken japanischer Holzschnitte zu bewundern, etwa Glyzinen, Chrysanthemen, Pfingstrosen, Zierkirschen, Seerosen, Iris und Bambus. Einer der ersten Gärtner, die Bambus nach Europa importierten, war Latour-Marliac, dessen Aufzeichnungen aus dem Jahr 1883 zeigen, dass er 23 Sorten aus Japan nach Temple sur Lot kommen ließ, von denen 17 überlebten; im folgenden Jahr war er mit 19 Sorten erfolgreich.

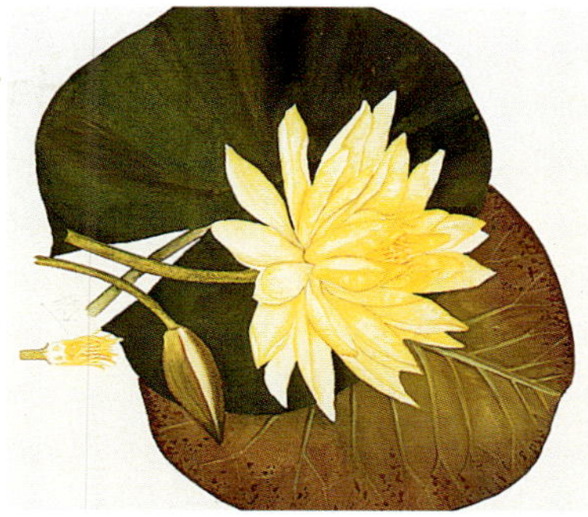

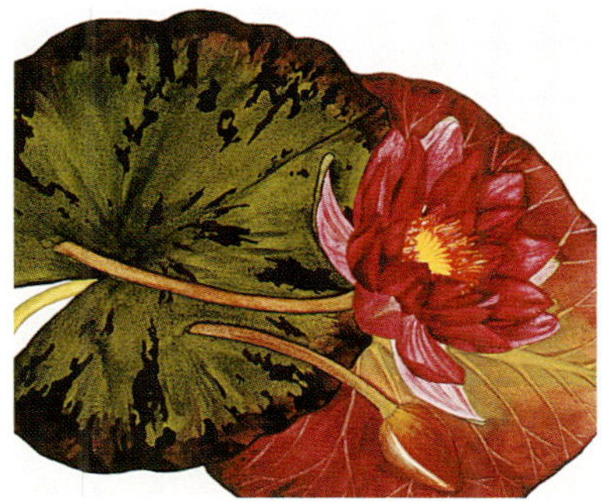

Oben: Die botanischen Seerosenaquarelle in Gartenzeitschriften und Züchterkatalogen illustrieren die individuellen Eigenschaften der Pflanzen. Monet bezog diverse solcher Veröffentlichungen, um stets über die neuesten Züchtungen auf dem Laufenden zu sein. Hier zu sehen sind *Nymphaea odorata* ›Sulphurea Grandiflora‹ von Alix (oben) und *Nymphaea* ›William Falconer‹ von JP (unten).

Die drei Gärten

1889 konnte Monet auf drei äußerst einträgliche Jahre zurückblicken: 1886 nahm er 25.000 Francs ein; 1887 beliefen sich seine Einkünfte auf 44.000 Francs und 1888 waren es 28.000 Francs. Je mehr Monet verdiente, desto mehr Fachkräfte stellte er ein. 1891 nahm der erste Gärtner seinen Dienst auf, später waren bis zu sieben Gärtner in Giverny beschäftigt. Ein Bediensteter hatte sich nur darum zu kümmern, dass der Seerosenteich stets ein makelloses Bild bot.

Freude … eng ist mein Kontakt mit den Wundern der Natur.«

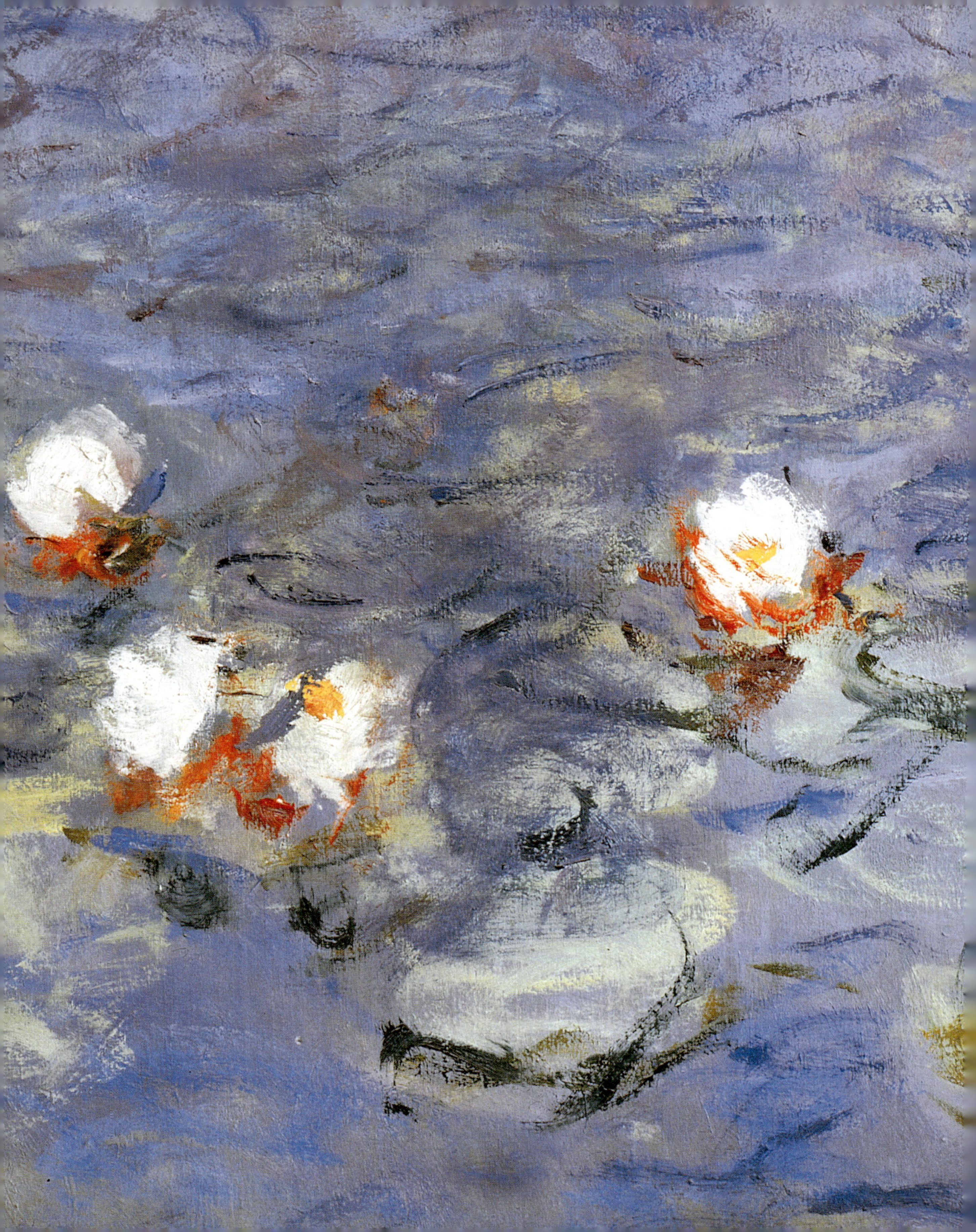

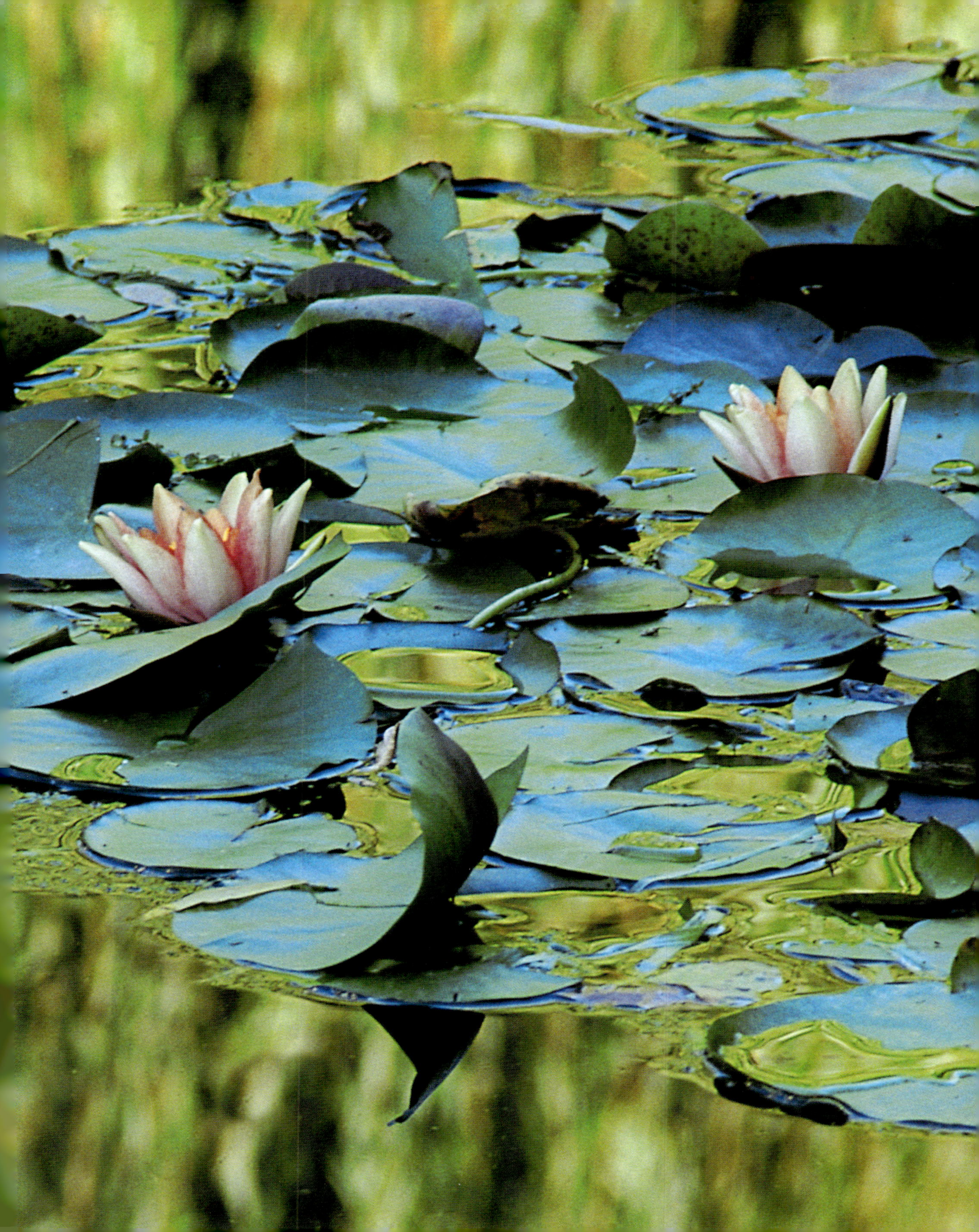

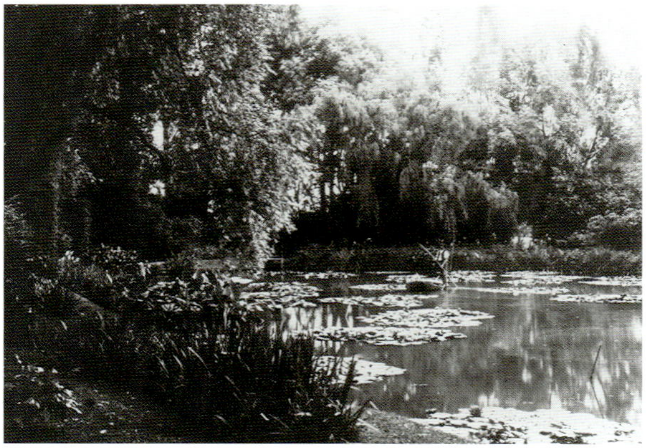

Oben: Der Gärtner in der Barke prüft die Platzierung der Seerosen und reinigt die Wasseroberfläche. Ein Arbeiter kümmerte sich allein um die Pflege des Seerosenteiches.

1897 wurde der bis dahin tätige Chefgärtner durch Félix Breuil abgelöst, der auf Empfehlung von Mirbeau nach Giverny kam – Breuils Vater hatte die selbe Position bei Mirbeau senior inne. Nach dem Ersten Weltkrieg wurde Breuil von Léon Lebret abgelöst, der den Garten zu Lebzeiten Monets ausgezeichnet unterhielt. Später versah er unter Blanches wachsamen Augen seinen Dienst, bis er während des Zweiten Weltkriegs starb.

Monet gab persönlich Anweisungen, wie der Garten zu pflegen sei. Notizen, die wahrscheinlich vom Februar 1900 stammen und geschrieben wurden, bevor er nach London abreiste, enthalten sehr umfassende Instruktionen. Demnach sollte in rund 300 Töpfen Mohn, in 60 Töpfen Duftwicken, in weiteren 60 Töpfen weißer Odermennig und schließlich in 30 Töpfen gelber Odermennig ausgesät werden. Auch blauer Salbei, blaue Seerosen (in speziellen Beeten im Gewächshaus), Dahlien und *Iris kaempferi* sollten vermehrt werden. Die detaillierten Notizen werden mit folgenden Instruktionen fortgesetzt: »Vom 15. bis 25. sollen die Dahlien angetrieben werden; die ausgetrieben haben, werden noch vor meiner Rückkehr (Anfang April) ausgepflanzt. Die Lilienzwiebeln nicht vergessen. Sollten die japanischen Pfingstrosen eintreffen, diese sofort pflanzen

Vorhergehende Doppelseite: Die in diesem Ausschnitt von ***Seerosen, Morgenstimmung***, um 1925 (links), einem Teil der ***Grandes Décorations***, gezeigten Seerosenblüten und -blätter scheinen sanft auf der Wasseroberfläche zu treiben. Das Foto (rechts) fängt Licht und Atmosphäre in einer künstlerischen Komposition ein.

Rechts: Auf einem weiteren Seerosenbild, ***Seerosen***, 1907, ergießen sich Sonne und Himmel förmlich über die Wasseroberfläche. Die Pflanzen werden von dem feurigen Farbspektakel scheinbar versengt.

»Immer mehr wird mir bewusst, wie sehr ich arbeiten muss, **um das, wonach ich suche, einzufangen: die ›Momentanheit‹,** vor allem das umhüllende Licht, das über allem liegt.«

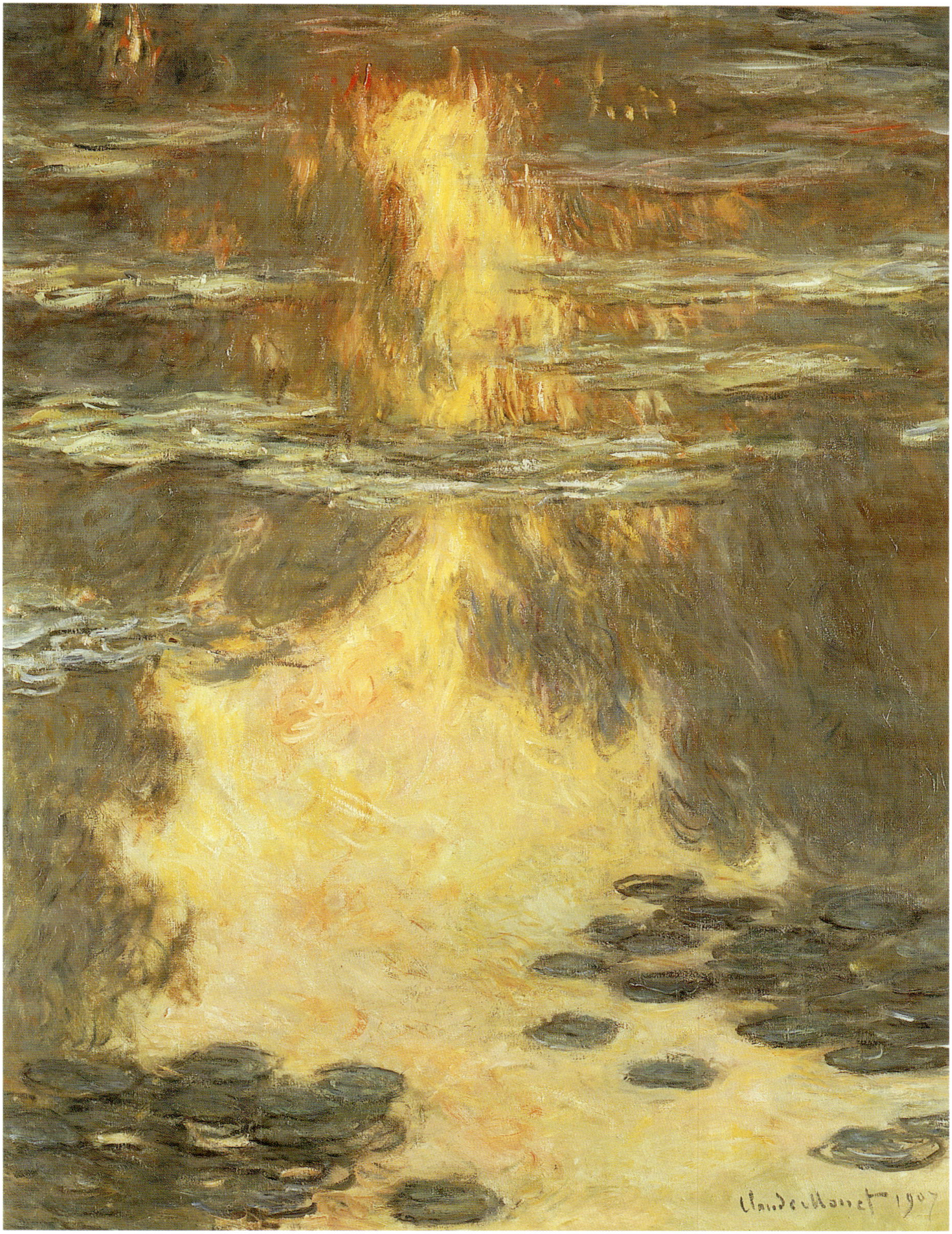
Claude Monet 1907

(wenn es das Wetter erlaubt), die Knospen vor Frost und vor zu starker Sonneneinwirkung schützen. Macht Euch auch an den Gehölzschnitt: die Rosensträucher nicht zu lang lassen, ausgenommen die stark bedornten Sorten. Im März den Rasen aussäen, die kleine Kapuzinerkresse auspflanzen, die Gloxinien, Orchideen etc. im Gewächshaus und die Pflanzen in den Frühbeeten gut im Auge behalten. Bringt die Rabatten wie besprochen in Ordnung: Sobald Picard alles Notwendige erledigt hat, werden Drähte für die Klematis und die Kletterrosen gespannt. Bei schlechtem Wetter könnt Ihr Schilfmatten anfertigen, aber nicht so dicke wie letztes Jahr. Stecklinge von den Rosenbäumen beim Hühnerhof bewurzeln. Die Planken müssen bald geteert und die *Helianthus laetiflorus* in dichten Gruppen gesetzt werden. Sollten Dung, Töpfe etc. fehlen, fragt Madame – wenn möglich an einem Freitag, damit ihr es am Samstag bekommt. Im März die Chrysanthemen antreiben, weil sich die Knospen bei Feuchtigkeit nicht öffnen. Und vergesst nicht, die Frühbeete wieder mit Planen abzudecken.«

Nach dem Kauf der Maison Bleue stellte Monet Monsieur Florimond ein, der sich um den Obst- und Gemüseanbau kümmerte – im Küchengarten wurden verschiedene Obst- und Gemüsesorten,

»Ich bin mehr und mehr entflammt **von dem Bedürfnis,**

Pilze und Kräuter gezogen. Trotz ihres unterschiedlichen Aussehens spiegeln alle drei Gärten den Geschmack ihres Besitzers wider. Der dem Haus am nächsten gelegene Bereich besticht durch seine kaleidoskopische Farbenpracht und fröhliche Ausstrahlung; im Wassergarten herrscht eine ruhige, friedvolle Atmosphäre, die ebenfalls eine Facette von Monets Charakter reflektiert, und der von Mauern geschützte Küchengarten der Maison Bleue zeugt davon, dass im Hause Monet großer Wert auf Gastlichkeit und gutes Essen gelegt wurde. Der Künstler war stolz darauf, seinen Gästen auch in der kalten Jahreszeit noch Blumen präsentieren zu können.

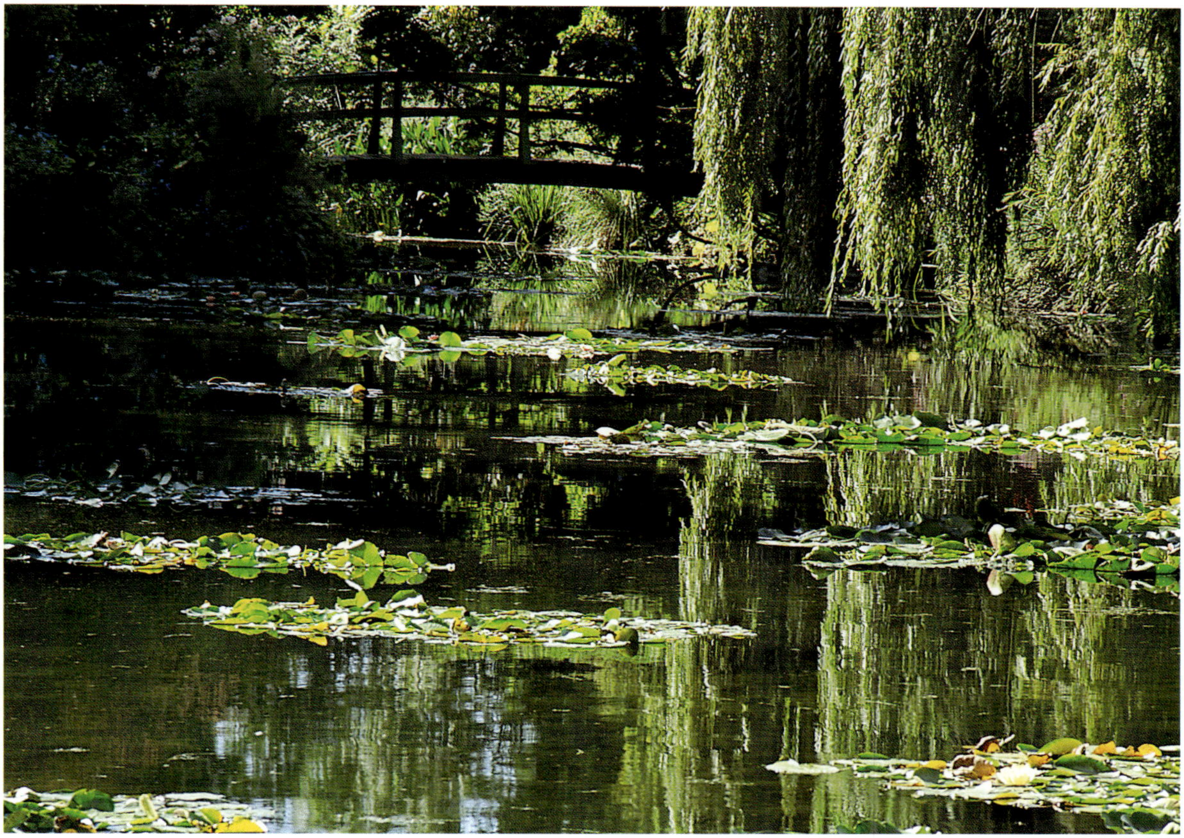

exakt das wiederzugeben, was ich erfahre.«

Seine Nachbarin Lilla Cabot Perry erinnert sich an eine turbulente Szene, deren Zeugin sie wurde: In Monets Gewächshaus war soeben eine neue Heizung installiert worden und Monet war so aufgeregt, ob sie funktionierte, dass er im Gewächshaus schlafen wollte, um ein Auge auf seine Pflanzen zu haben und sicher zu stellen, dass die Heizung funktionierte. Als er sich nicht von dieser Idee abbringen ließ, beschloss Alice, ihm bei seiner Nachtwache Gesellschaft zu leisten. Dies wiederum löste bei den Mädchen große Aufregung aus. Schließlich schlug der gesamte Haushalt sein Nachtlager zwischen den Gloxinien auf – die Heizung funktionierte übrigens einwandfrei.

Oben: Monet war ebenso fasziniert von den Lichtspielen auf sich öffnenden Knospen und frischem Laub wie von dem täglichen Öffnen und Schließen einzelner Blüten. Am späten Nachmittag ankommende Gäste mussten sofort zum Teich gehen, um die sich schließenden Seerosenblüten zu beobachten.

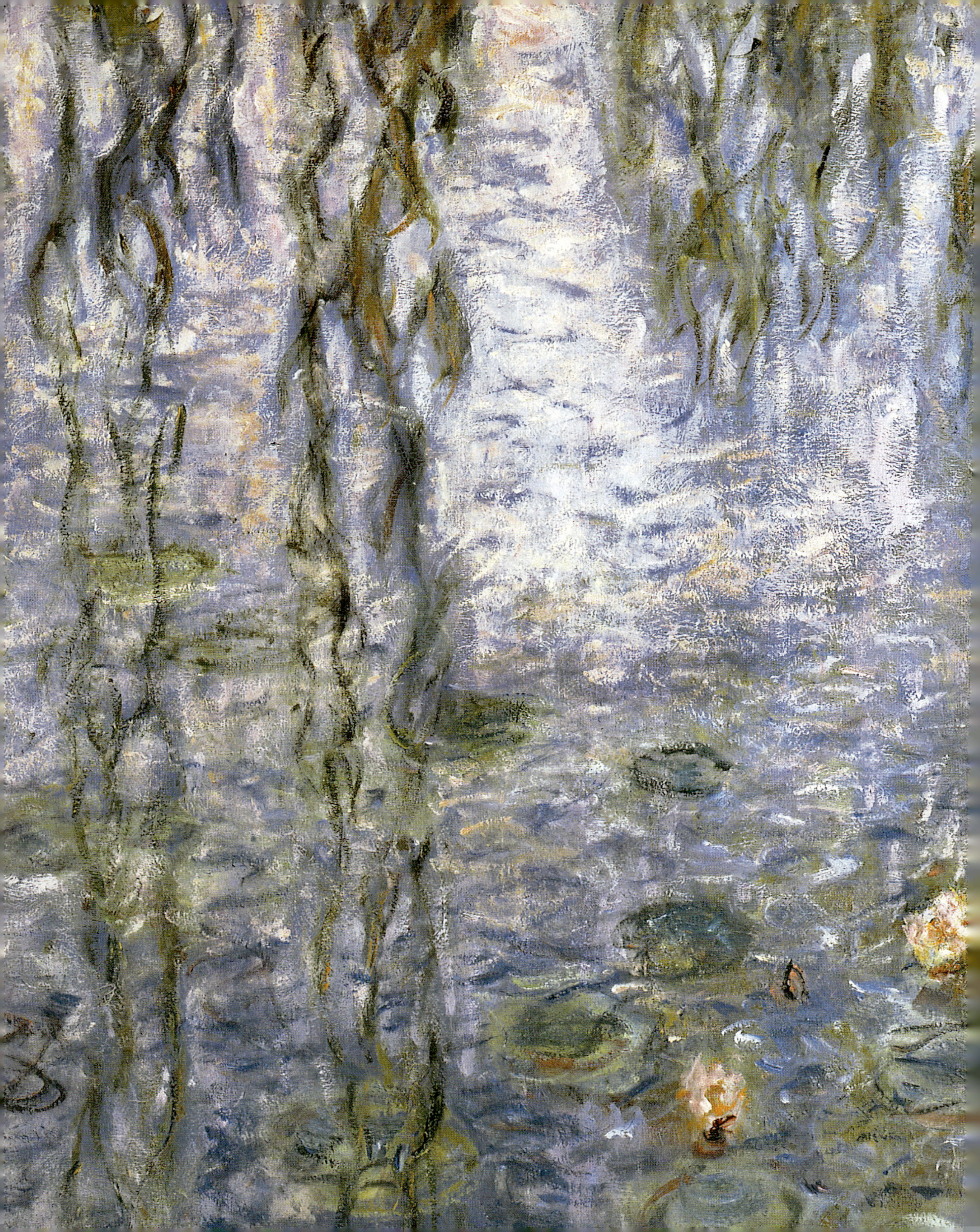

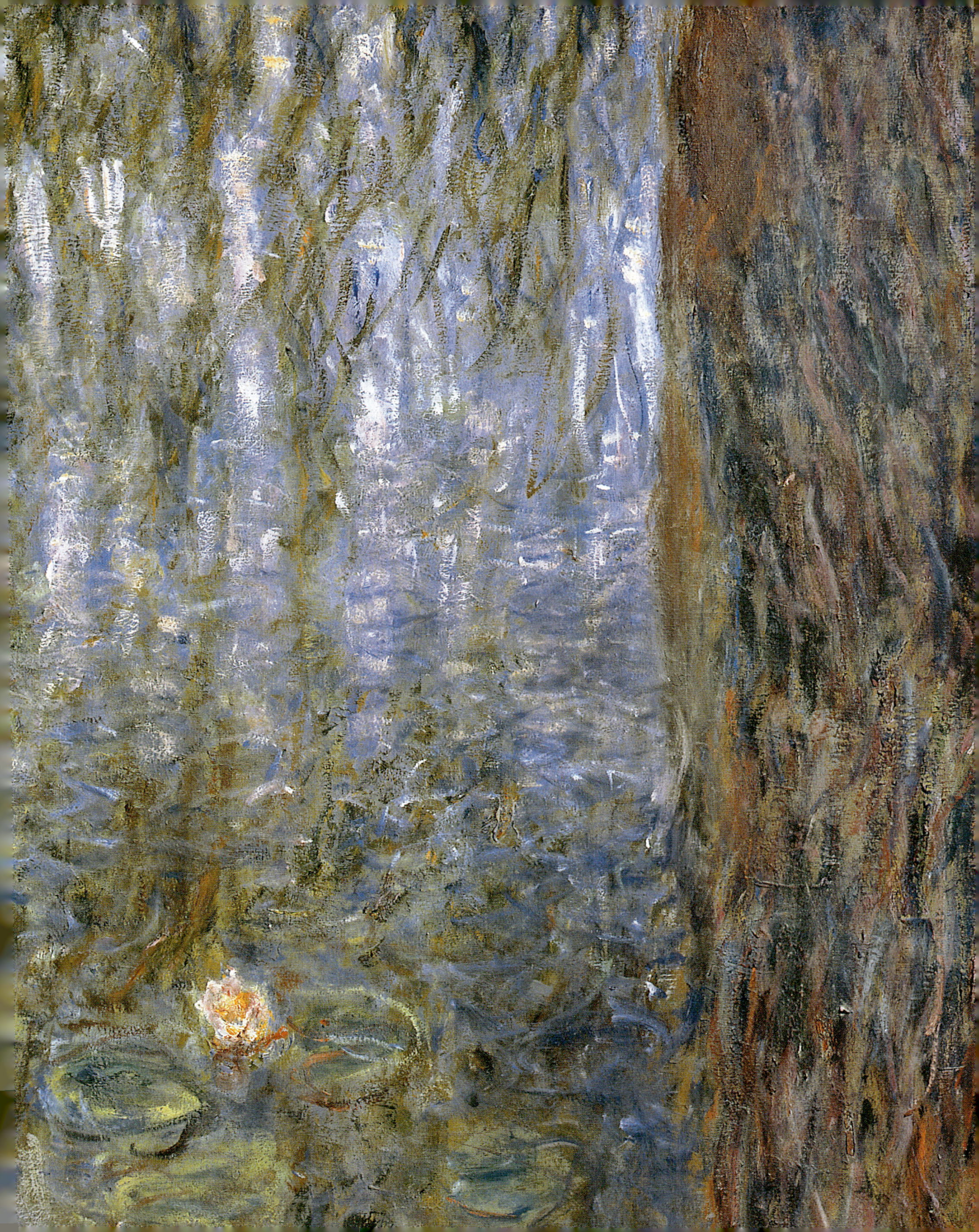

Vorhergehende Doppelseite: In diesem Detail aus ***Seerosen***, ***Weiden am Morgen***, 1919–26, Teil der ***Grandes Décorations***, spiegeln sich auf der leicht gekräuselten Wasseroberfläche rosa Wolken. Der Betrachter sieht ihre Spiegelungen durch einen Vorhang herabhängender Weidenäste.

In den Beschreibungen von Monets Garten werden immer wieder die Farben betont, die sich kontrastreich von Himmel, Wasser und Erde abheben. Monet liebte auch die Vögel und Schmetterlinge in seinem Garten, deren Geräusche und Bewegungen – das plötzliche Aufblinken eines Eisvogels, einer Schwalbe oder eines Admirals – ihn faszinierten. Im Garten stand eine große Voliere, die Schildkröten, Pfaue, Gold- und Gemeine Fasane, Enten und Hühner beherbergte.

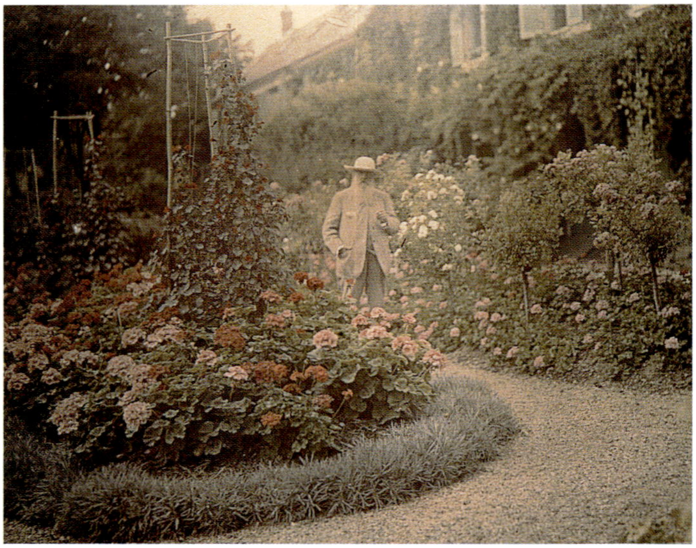

Links: Monet inmitten seiner Blumenbeete in der Nähe des Hauses, um 1923. Die üppigen Pelargoniengruppen werden von Duftnelken umrahmt; rote Kletterrosen an einem Eisenspalier geben der Komposition eine vertikale Dimension. Das im Hintergrund erkennbare Haus verschwindet förmlich unter dem Bewuchs aus Wildem Wein und der von Rosen berankten Veranda.

Rechts: In ***Seerosenteich in Giverny***, 1917, scheint die Grenze zwischen Wasser und Land aufgehoben. Das Grün des Uferbereichs verschmilzt mit den Schattierungen des Wassers; die durch die Weidenzweige brechenden Sonnenstrahlen erzeugen einen schieferblauen Effekt. Zur Ermutigung anderer Künstler stiftete Monet dieses Bild dem Musée de Grenoble.

Im Hühnergehege neben dem Haus wurden verletzte Vögel wie Möwen und Lerchen aufgepäppelt, ein einbeiniger Spatz pickte drei Jahre lang die Brotkrumen vom Tisch der Familie.

Die Geräuschkulisse im Garten wurde zusätzlich um das Summen der Bienen, das Plätschern des nahe gelegenen Flüsschens Ru, das Geplauder der Familie, den heiseren Schrei der Pfaue und das Gezwitscher der Vögel bereichert. Monet sagte einmal, er wolle »malen, so wie ein Vogel zwitschert«. Jean-Pierre Hoschedé indes behauptete, sein Stiefvater sei falsch zitiert worden, denn seine Gemälde seien – ganz im Gegensatz zu dem Gezwitscher der Vögel – niemals ein endlos wiederholter Refrain gewesen. Egal, was richtig ist – Monet freute sich stets am Gesang der Vögel, der ihm auch ein Gefühl für die jeweilige Jahreszeit vermittelte.

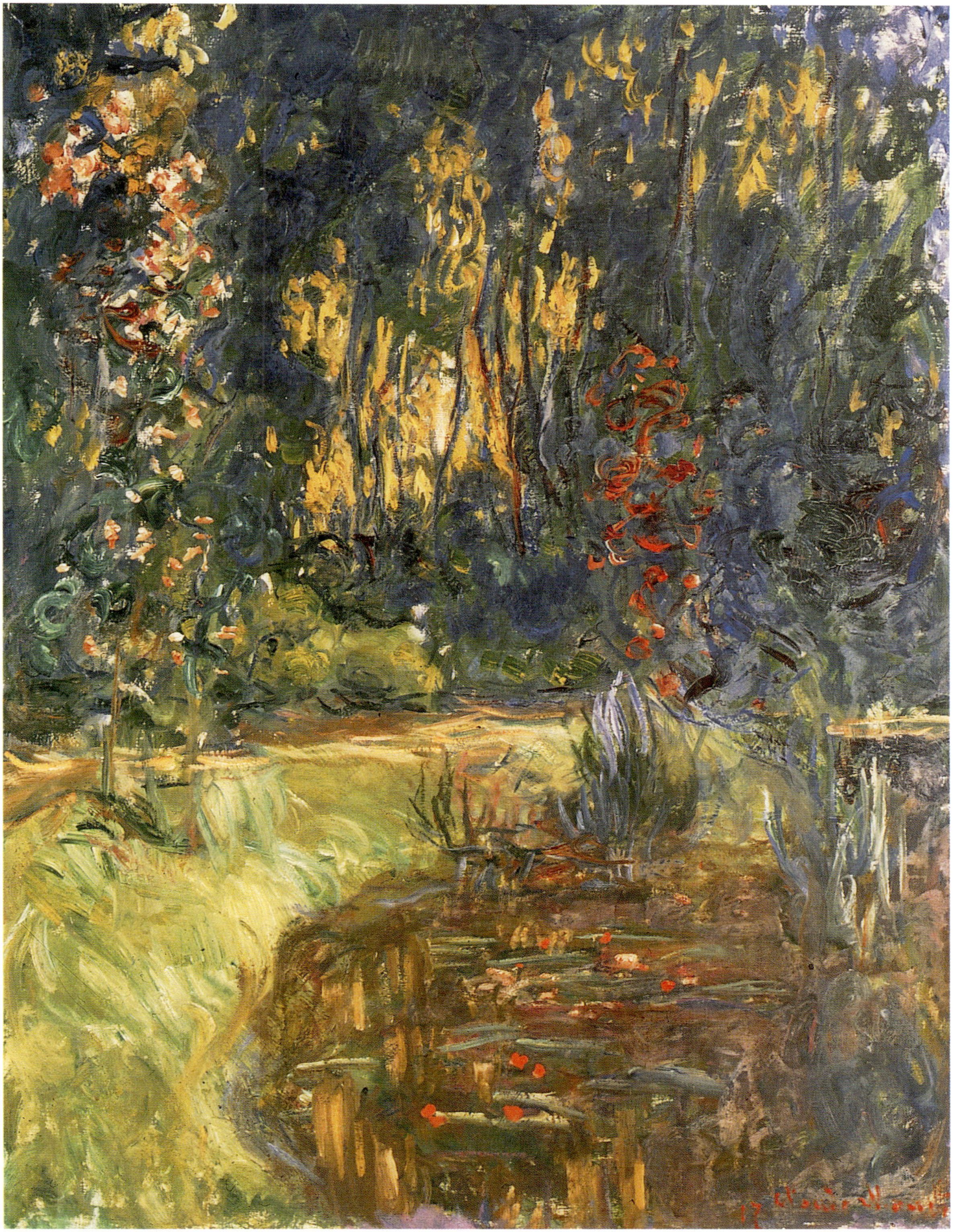

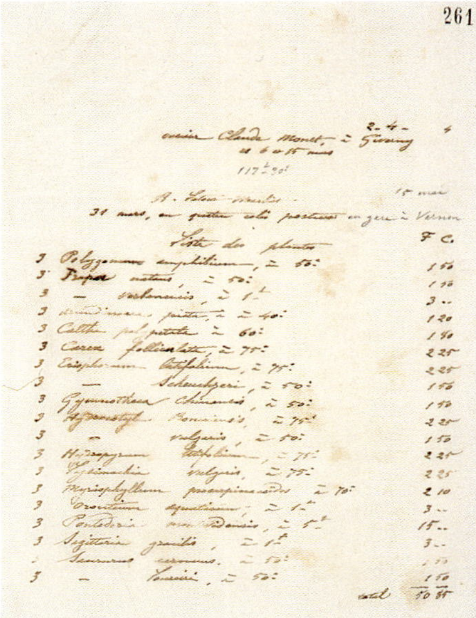

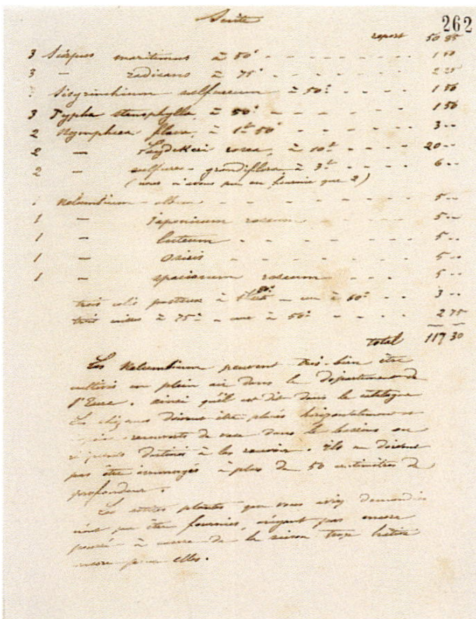

Durch schwere Überschwemmungen, die im Winter 1909/1910 die ganze Region heimsuchten, wurde das Anwesen von Giverny erheblich in Mitleidenschaft gezogen. Der Wassergarten, der Chemin du Roi und Teile des oberen Gartens standen unter Wasser – dennoch spendete Monet dem Dorf Geld, um die allgemeine Not zu lindern. Am 10. Februar schrieb er an Paul Durand-Ruel: »Eine Zeit lang glaubte ich, mein ganzer Garten würde zerstört …, doch wenngleich ich zahlreiche Pflanzen verloren habe, ist der Schaden doch weniger verheerend als befürchtet.« Doch am 5. August teilte Monet dem Kunsthändler Bernheim-Jeune mit: »Und zu allem Unglück kam hinzu, dass ein vernichtender Sturm großen Schaden in meinem Garten anrichtete. Die Trauerweiden, mein ganzer Stolz, wurden vom Wind zerfetzt und entlaubt; einige der schönsten Exemplare wurden gar abgebrochen. Kurz: eine wahre Katastrophe, die mir große Sorge bereitete.« Im Zuge der Reparaturarbeiten gestaltete Monet das Teichufer noch schwungvoller als zuvor und erweiterte den Wassergarten.

Der Tod von Alice im Jahr 1911 warf den Künstler vollkommen aus der Bahn. Mit dem Einzug in Giverny setzte er zu einem künstle-

Links: 1894 lieferte die bekannte und mehrfach preisgekrönte Gärtnerei Latour-Marliac zahlreiche Wasser- und Sumpfpflanzen nach Giverny. Die Seerosen bestachen durch ihre Farben: *Nymphaea flava* und *N. odorata* ›Sulphurea Grandiflora‹ blühen gelb, *N.* ›Laydekeri Fulgens‹ bezaubert durch burgunderrote Blüten. *Nelumbo japonicum roseum* blüht fliederfarben und die Blüten von *N.* ›Osiris‹ sind tiefrosa. *Nymphaea lotus* ist die rosa überhauchte ägyptische Lotusblume, während es sich bei *N. album* um eine weiß blühende Art handelt.

»Die Gartenarbeit beansprucht viel Zeit, **da ich Blumen ziehen**

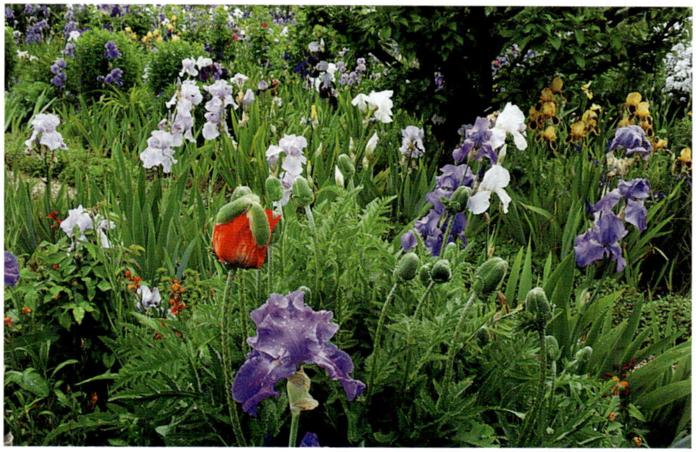

Links: Die behaarten Knospen und das farnartige Laub des Türkischen Mohns (*Papaver orientale*) wirken zwischen den Iris relativ unspektakulär. Erst wenn sich seine leuchtenden Blüten öffnen, vervollständigt er das prachtvolle sommerliche Farbkaleidoskop.

rischen Gipfelsturm an, doch ohne Alice, die ihn in jeglicher Hinsicht unterstützte, wäre dies nicht denkbar gewesen. Der Tod seines Sohnes Jean 1914 nur drei Jahre später verstärkte Monets Krise. Das Fortschreiten des grauen Stars, das seine Fähigkeit zu malen stark einschränkte, bereitete ihm zusätzlich Kummer. Dennoch arbeitete er nach wie vor im Garten. Während des Ersten Weltkrieges wurde dieser Ort – obwohl in Hörweite des Schlachtenlärms – zu einer Oase der Ruhe. Den Ertrag aus dem Küchengartens der Maison Bleue lieferte er in den nahe gelegenen Feldlazaretten ab.

1916 ließ der Künstler östlich des Haupthauses ein drittes, sehr geräumiges Atelier erbauen. Hier beabsichtigte Monet, seinen Wassergarten auf die Leinwand bannen. Mit der Schönheit und der Stille des Wassergartens wollte er der Toten gedenken; am 12. Dezember 1918 teilte Monet Clemenceau in einem Brief mit, er spiele mit dem Gedanken, der Nation zur Erinnerung an die Gefallenen des Krieges zwei mit Seerosen bemalte Wandpaneele stiften.

möchte, die ich bei schlechtem Wetter malen kann … Ich werde meinen Pinsel nicht mehr aus der Hand legen.«

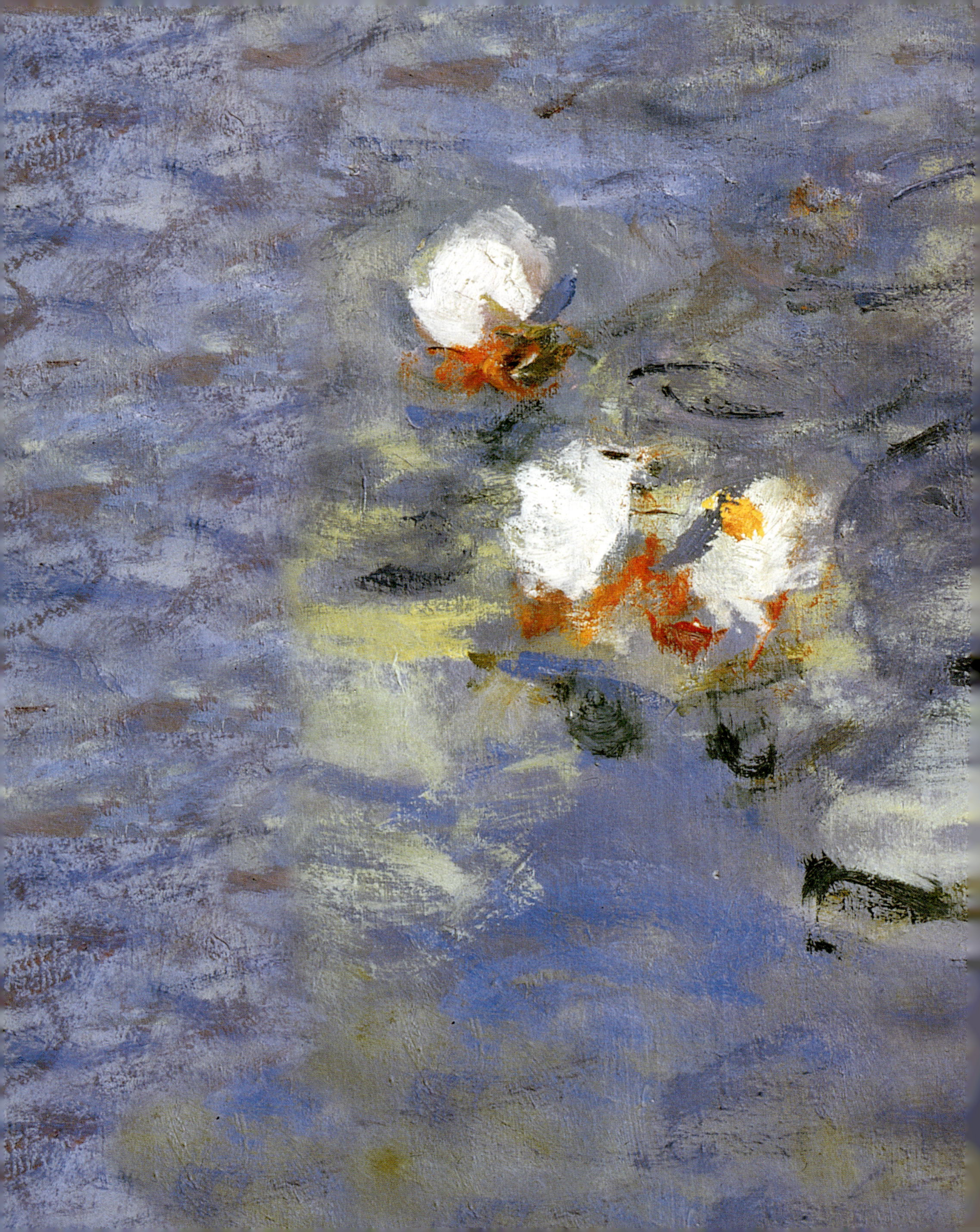

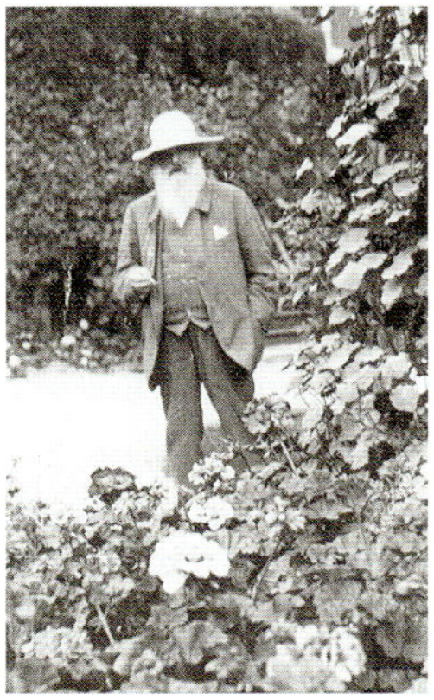

Noch gegen Ende seines Lebens unternahm Monet – in Begleitung oder allein – täglich zwei bis drei lange Spaziergänge durch seinen Garten.

Begleiten wir Clemenceau auf einem dieser Rundgänge: »Durch ein Tor gelangt man über die Landstraße und die Bahngleise …, versteckt hinter großen Rhododendronbüschen und einem hohen Lattenwerk mit Kletterrosen … Ein stiller, mit leuchtenden Wasserrosen blühender Teich zieht sich unter einer mit Glyzinen berankten, malerischen japanischen Brücke hindurch – sie ist das einzige Zugeständnis an die Romantik dieser Stätte. Entlang des Schienenstranges erheben sich schlanke Pappeln und Trauerweiden mit hängenden Zweigen …, um eine Halbinsel von dichtem, großem Bambusrohr fließt das Wasser und schlängelt sich hurtig vorbei an anmutigen Gräsern. Der runde Weg ist von Spalieren mit Kletterrosen gesäumt, die leuchtende Bögen bilden und den Blick auf die grünen Wiesen freigeben, die sich bis zu den Uferhügeln der Seine ausdehnen.«

Vorhergehende Doppelseite: Weit von den Schatten werfenden Uferpflanzen entfernt wärmt die Sonne die Blüten. Ausschnitt aus ***Seerosen, Morgenstimmung***, um 1925.

Links: Monet 1913 inmitten seines Gartens. Auf der Schwarzweißfotografie kommen Texturen und Formen der Pflanzen gut zur Geltung.

Rechts: Sowohl auf seinen Gemälden als auch in seinem Garten beruhen die Kompositionen Monets auf unterschiedlichen horizontalen Ebenen ohne Fluchtpunkt. Der Goldlack lenkt den Blick des Betrachters nach rechts zum Blaukissen und über die Bögen der Grande Allée.

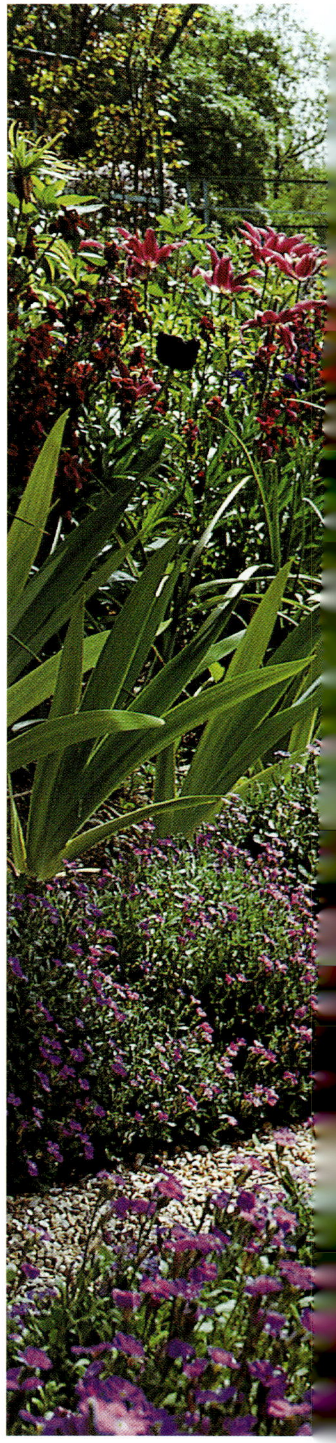

»Was er am Leben liebt und vom Leben verlangt, lässt sich auf einen Nenner bringen: in Ruhe leben, allein sein, mit seiner Familie in Frieden zusammen leben, im Garten sein und sich ungestört um seine Blumen kümmern.«

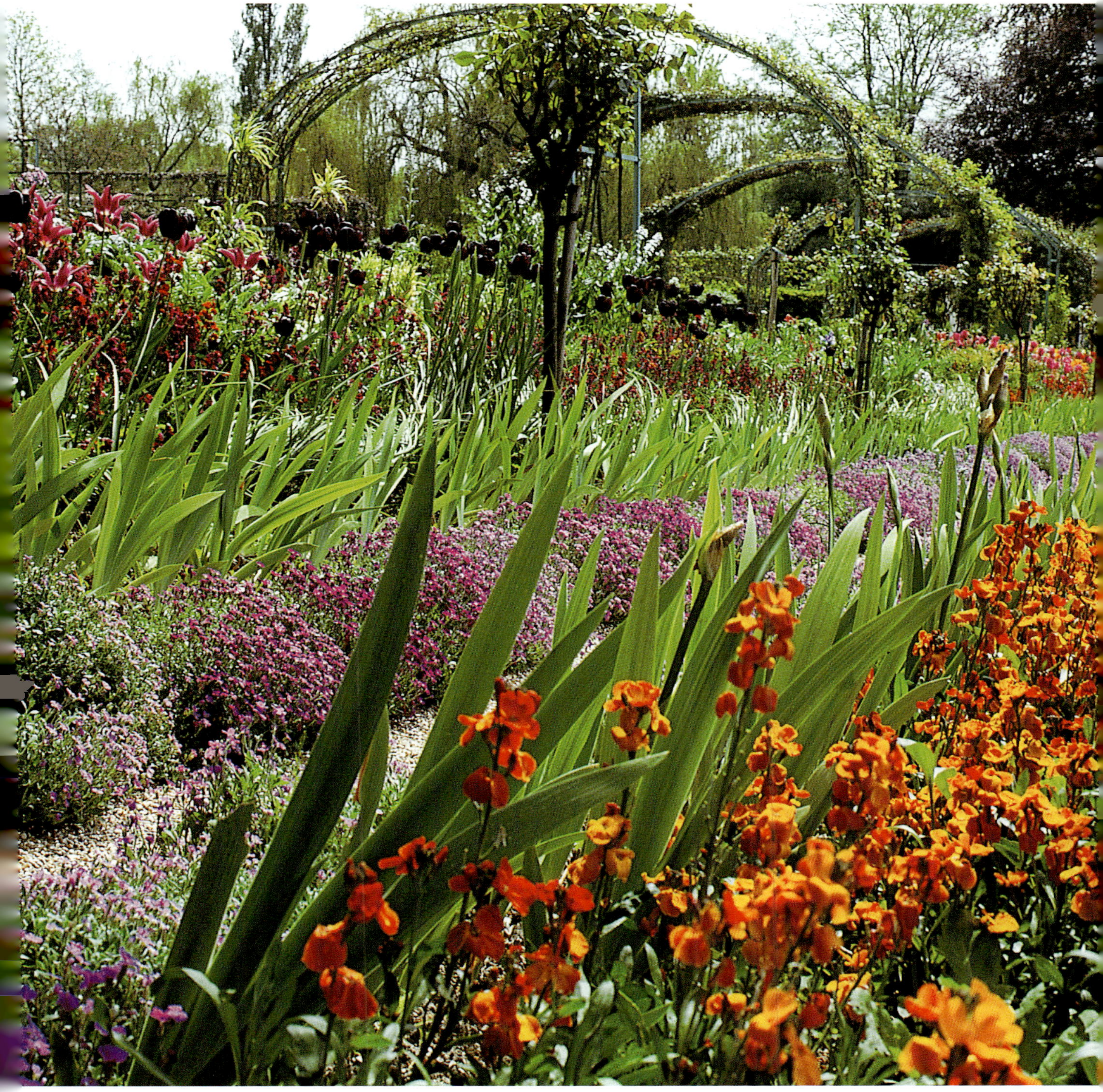

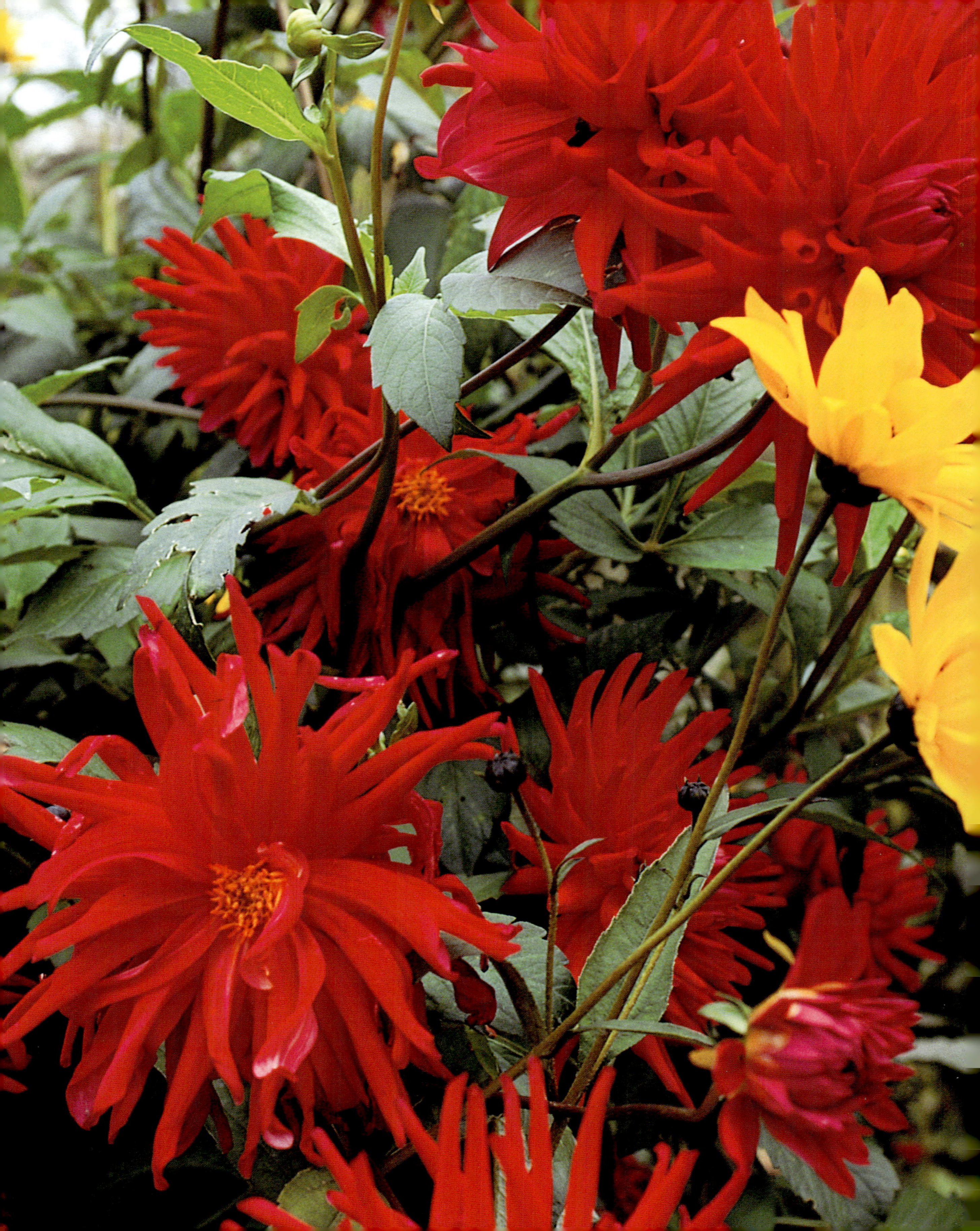

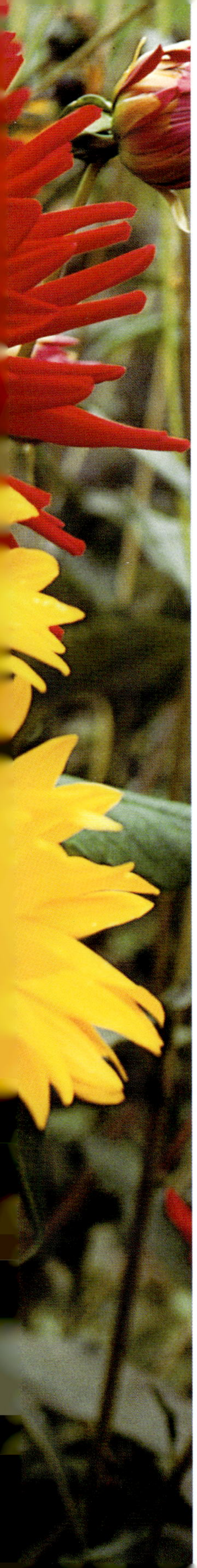

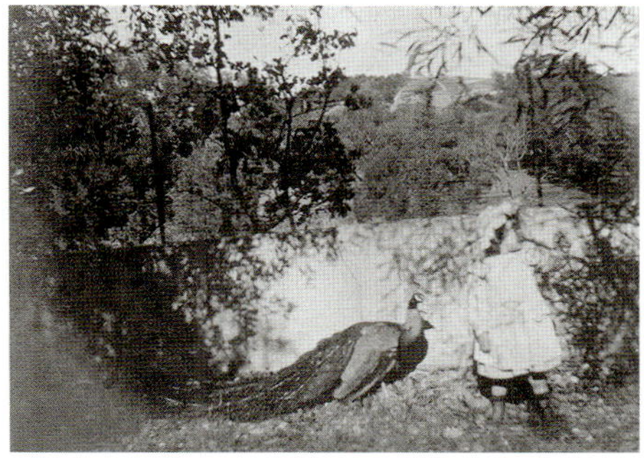

Geffroy, der jüngere der beiden Chronisten, schrieb: »Kaum hat man die Tür geöffnet…, betritt man ein Paradies. Ein Königreich prachtvoller Blumen. Jeder Monat wird mit einer Blütenfülle gefeiert – von Flieder und Iris bis hin zu Chrysanthemen und Kapuzinerkresse. Es mischen sich Azaleen, Hortensien, Fingerhut, Stockrosen, Vergissmeinnicht, Veilchen, spektakuläre und unspektakuläre Blumen, und gedeihen in der gut bestellten Erde unter der Pflege talentierter und ambitionierter Gärtner und unter dem unfehlbaren Auge des Meisters. Zur Rosensaison bezaubern die Gewächse mit den herrlichen Namen durch ihre Farben und Düfte. Es gibt hier Rosenhochstämme, Rosensträucher, Rosen in Form von Hecken, an Spalieren und Mauern, Rosen, die an Säulen emporklettern und die Bogen der zentralen Allée beranken. Es gibt hier sehr seltene Rosen ebenso wie gewöhnliche, aber nicht minder schöne Sorten, Solitäre und Hundsrosen, Rosen in den sattesten und den zartesten Schattierungen.«

Oben: Monets Stiefenkelin Sizi Salerou mit einem der Pfaue im Garten. Die Geräusche – insbesondere das Gezwitscher der zahmen und wilden Vögel – waren ein wichtiger Stimulus für Monets Sinne.

Links: Monet und sein Freund Caillebotte begeisterten sich beide für Dahlien. Die Kreuzungen, die Monet in Giverny mit seiner Lieblingssorte *Dahlia* ›Etoile de Digoin‹ gelangen, versetzten sogar den Gärtner und Züchter Georges Truffaut in Erstaunen.

Am 1. September 1926, also zwei Monate vor seinem Tod, schrieb Monet den letzten Brief an seinen Freund Clemenceau. Er hatte wieder mehr Appetit, schlief gut und war zuversichtlich, was seine Malerei und die Arbeit im Garten anging. Doch schon wenig später, am 6. Dezember 1926, verstarb er in Giverny, mit Clemenceau, Blanche und Michel an seiner Seite. Seine Gärtner trugen den Sarg zu Grabe. Es gab weder eine Grabrede noch einen Gottesdienst – der schlafende Garten bezeugte Leben und Sterben seines Schöpfers.

Eines der elegischsten Portäts des Wassergartens – beinahe ein Epitaph – verfasste Stephen Gwynn 1933 für die britische Zeitschrift *Country Life*: »Die Blumen des ländlichen Gartens ziehen die Besucher in ihren Bann; doch hier wachsen sie in einem Medium, das auf subtile Weise mit Farben bis in die untersten Tiefen durchdrungen ist und das dem Pinsel des Malers mit dem Problem verwirrender Kompliziertheit konfrontiert und dem Auge des Betrachters ein Gewirr köstlicher Genüsse bietet.«

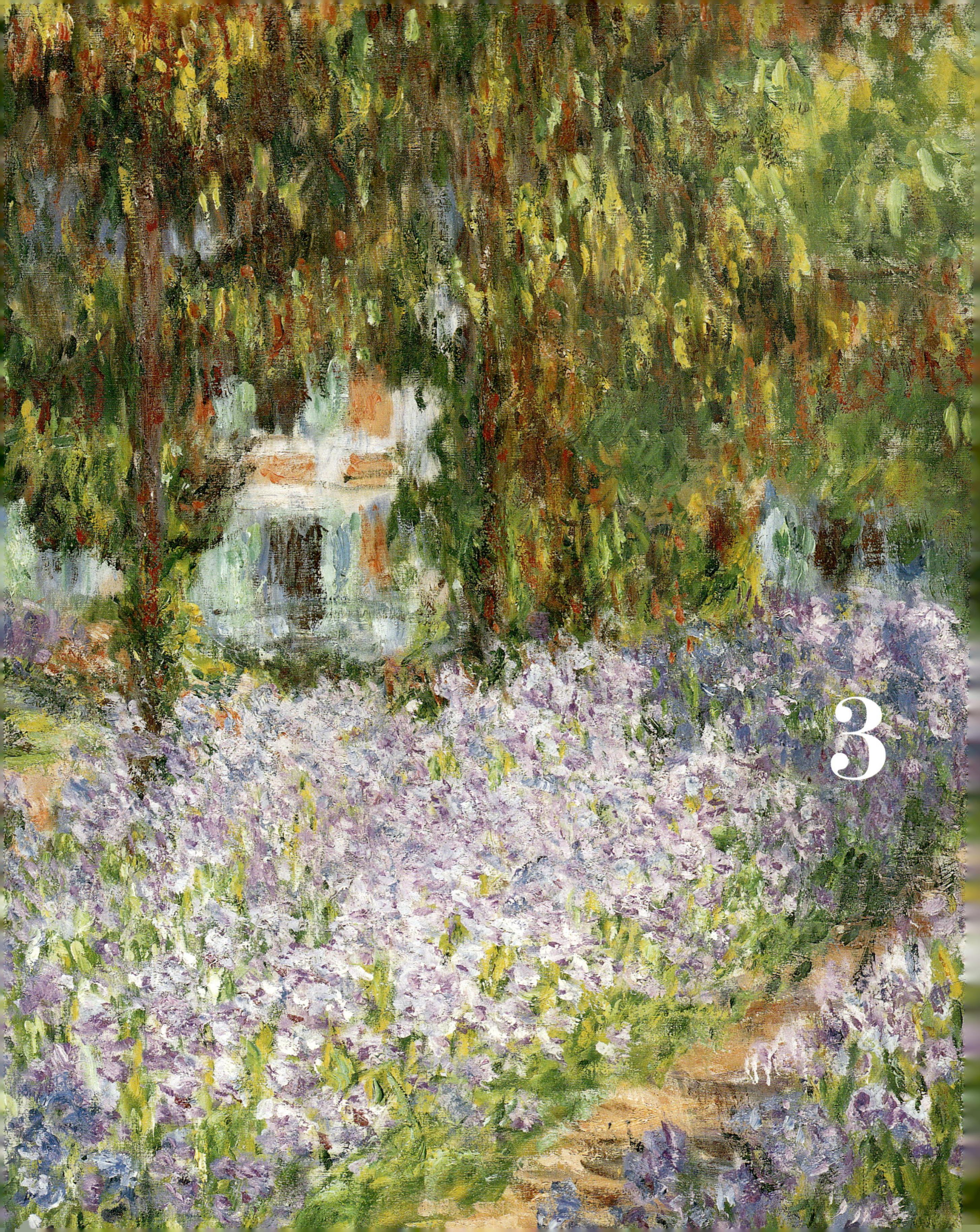

3

Die Gemälde

Eine Vision einfangen

DIE SEINE SCHLÄNGELT SICH SYMBOLISCH durch Monets Leben, angefangen bei seiner Geburt am 14. November 1840 in Paris – damals noch geprägt von engen Gassen, denn der Einfluss Haussmanns, der die prachtvollen Boulevards plante, machte sich erst später bemerkbar – bis zu seinem Tod in Giverny 86 Jahre später.

1845 zog die Familie an die Mündung der Seine in den Atlantik, nach Le Havre. Diese Hafenstadt war einer von zahlreichen Orten am Unterlauf, der das Schaffen des Malers prägen sollte. Schon in Jugendjahren trat Claudes künstlerisches Talent zutage: Mit seinen Karikaturen verdiente er sich ein erkleckliches Taschengeld. Ohne es zu wissen, legte M. Louis François Nicolaie um 1855 mit dem Motiv eines Rosenstrauchs im Kübel den Grundstock für Monets zukünftige Gartenleidenschaft. Noch in diesem Jahr ermutigte ihn der Landschaftsmaler Eugène Boudin, ein Freilichtmaler zu werden. Die Einführung von Ölfarben in Tuben hatte übrigens maßgeblich dazu beigetragen, dass diese Form der Malerei technisch möglich wurde. Boudins Technik, Licht durch dominante helle Schattierungen, die *peinture claire*, auszudrücken, war für die Entwicklung von Monets eigenem Umgang mit Farben von zentraler Bedeutung. Jahrzehnte später, am 22. August 1892, schrieb ihm Monet aus Giverny: »Ich habe nicht vergessen, dass du mich als Erster das Sehen und Verstehen

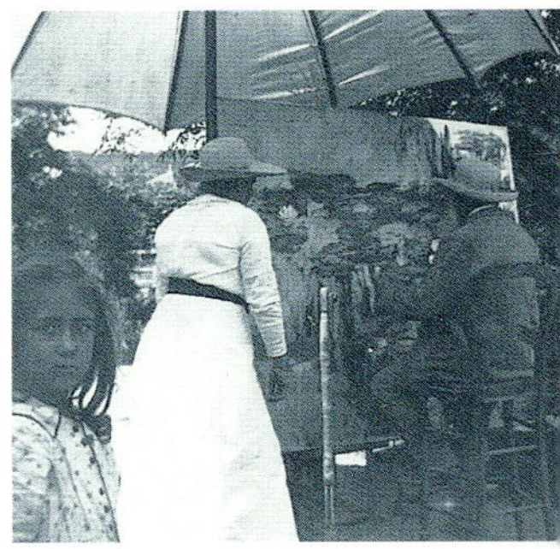

Oben: Nach dem Tod ihrer Mutter Alice und ihres Mannes Jean kümmerte sich Blanche Hoschedé ausschließlich um das Wohlergehen Monets. Die kleine Nitia Salerou erinnert sich daran, dass Giverny trotz aller traurigen Ereignisse das Zentrum der Familie blieb.

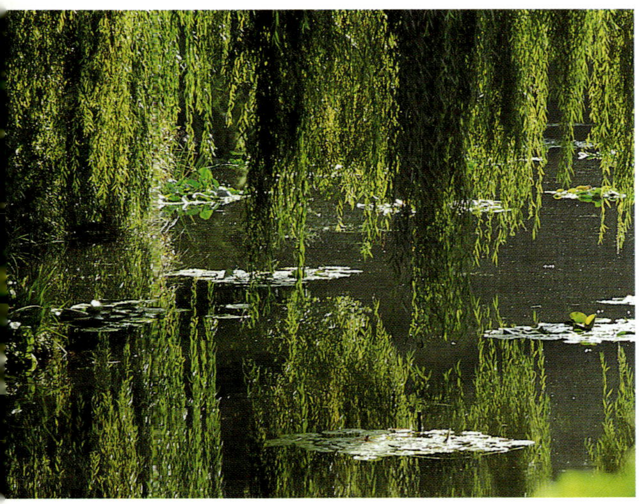

Unten: Das Laub der Weiden bildet im Hochsommer einen grünen Baldachin, der sich auf der stillen Oberfläche des Teiches spiegelt. Das Wetter war allerdings nicht immer so mild. Monet war zu Tode betrübt, als im August 1910 schwere Stürme die schönsten Weiden ihrer Blätter beraubten.

Rechts: Die Wandlungsfähigkeit des Seerosenteichs war für Monet eine unerschöpfliche Quelle der Faszination. Der Ausschnitt aus ***Seerosen, Morgenstimmung***, um 1925, zeigt die Blüte bei Sonnenaufgang kurz vor dem Öffnen.

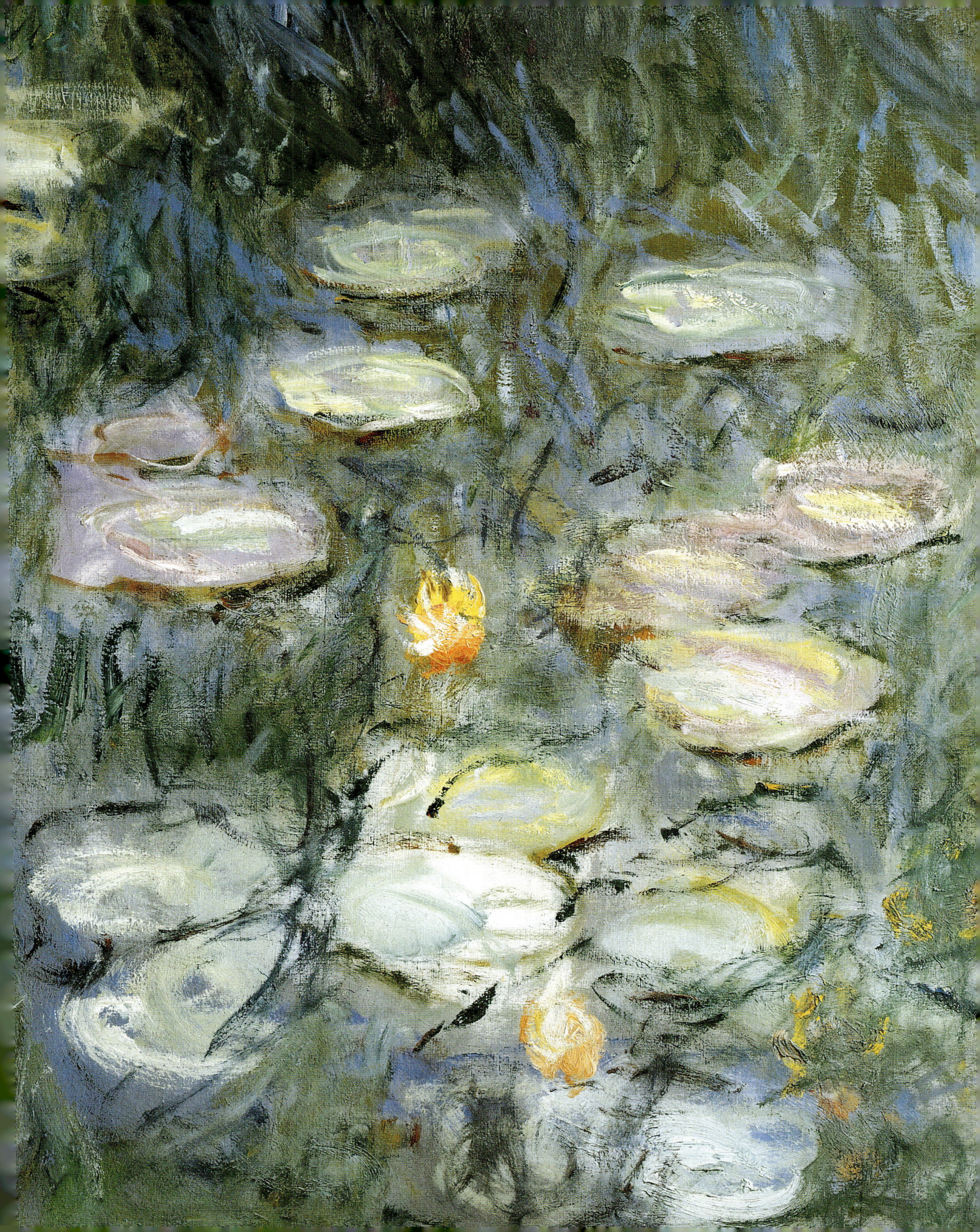

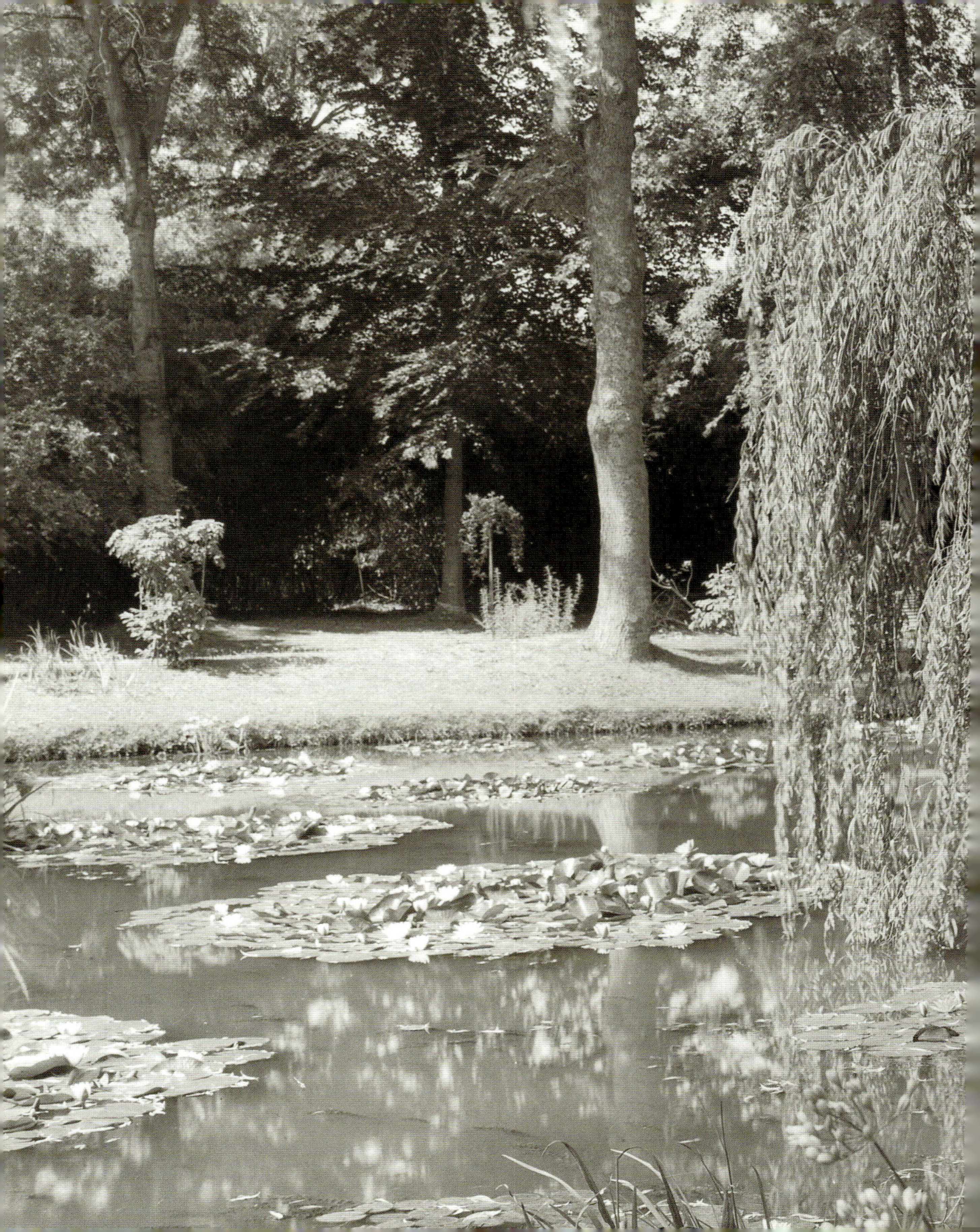

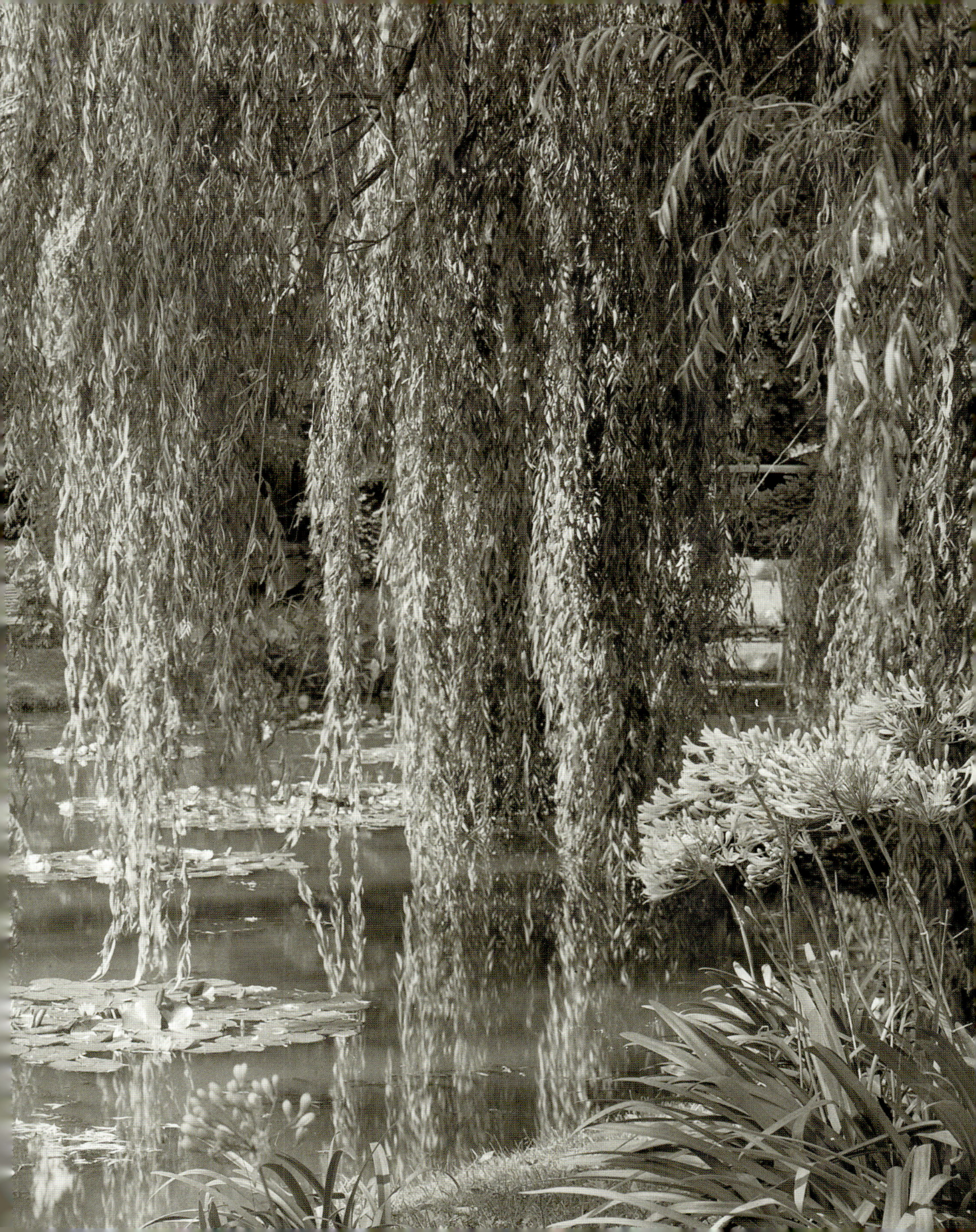

Vorhergehende Seite: Zur Illustration seines sieben Jahre nach dem Tode Monets in der Zeitschrift *Country Life* erschienen Artikels über Giverny veröffentlichte Stephen Gwynn diese Schwarzweißfotografie. Das Bild mit dem Untertitel ›Blaue Schmucklilie vor silbriger Trauerweide und flaschengrünem Wasser‹ zeigt, dass der Verfasser ein sehr gutes Auge für die subtile Komposition von Farbe und Textur hatte.

Rechts: Das auf den Wasserpflanzen glitzernde Sonnenlicht auf der Epte bei Giverny verleiht dem Bild ***Die Barke***, 1887, Struktur und Dynamik. Das von Weiden und Pappeln gesäumte Ufer der Epte inspirierte Monet zu mehreren Gemälden. Auch die Pappeln waren vor der Entstehung des Seerosenteiches ein immer wiederkehrendes Sujet des Malers.

gelehrt hast.« Zu Beginn seiner Laufbahn war Monet auch in Paris tätig, wo heute im Musée Marmottan, dem früheren Privathaus der reichen gleichnamigen Familie, unter anderem die berühmte Stadtszene *Impression, Sonnenaufgang* zu bewundern ist. Dieses Bild wurde mit anderen Gemälden der gleichen Stilrichtung bereits 1874 gezeigt und damals von dem Kritiker Louis Leroy bissig als »Exposition des impressionistes« abqualifiziert, von Malern, die nicht in der Lage seien, ein Bild zu vollenden. Die unabhängigen Künstler beschlossen, diese Schmähung zum Namen ihrer Bewegung zu machen – und wurden damit berühmt.

Während seiner ganzen Laufbahn malte Monet meist in der Nähe seines Hauses (und des Wassers); eine Ausnahme stellen die Jahre unmittelbar nach seinem Umzug nach Giverny (1883) dar. Auf seinen Reisen lernte er unterschiedliche Landschaften und Lichtverhältnisse kennen – vom warmen, mediterranen Licht auf seinen Bordighera-Bildern bis hin zu den Wellen, die sich unaufhörlich an den Felsen von Belle-Île brechen. Bereits 1867 zeigt sich in dem Bild *Die Terrasse von Saint-Adresse*, auf dem er seinen eleganten Vater und seine Tante, Mme. Lecadre, porträtierte, die ganze Brillanz seines Frühwerks. Hier wird schon seine außerordentliche Fähigkeit deutlich, flüchtige Momente und Reflexionen einzufangen, was er als *instantaneité*, »Momentanheit«, bezeichnete. Als für ihn später die figürliche Darstellung immer mehr an Bedeutung verlor, war er von dem Gedanken beseelt, das *enveloppe*, das sich schnell verändernde Spiel des Lichts im Freien, die flimmernden Eindrücke von Licht und Farbe einzufangen.

Monets neue Sichtweise

Unsere Sinne sind subjektiv. Wir können nachvollziehen, wenn Monet sagt, er habe sich in das Licht und die Reflexionen verliebt, und wahrscheinlich auch schon selbst spannungsreiche Lichteffekte erlebt – Sonnenstrahlen, die durch dunkle Wolken stechen, tanzende Staubpartikel, die von durchs Fenster einfallende Lichtstrahlen sichtbar werden. Allerdings können wir uns der eigenen unmittelbaren

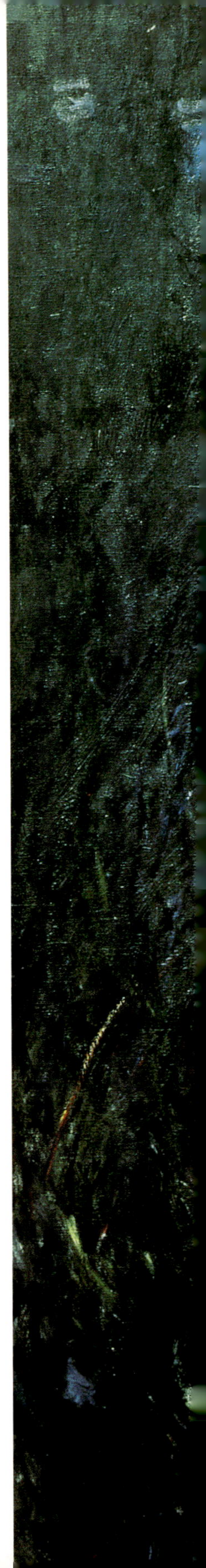

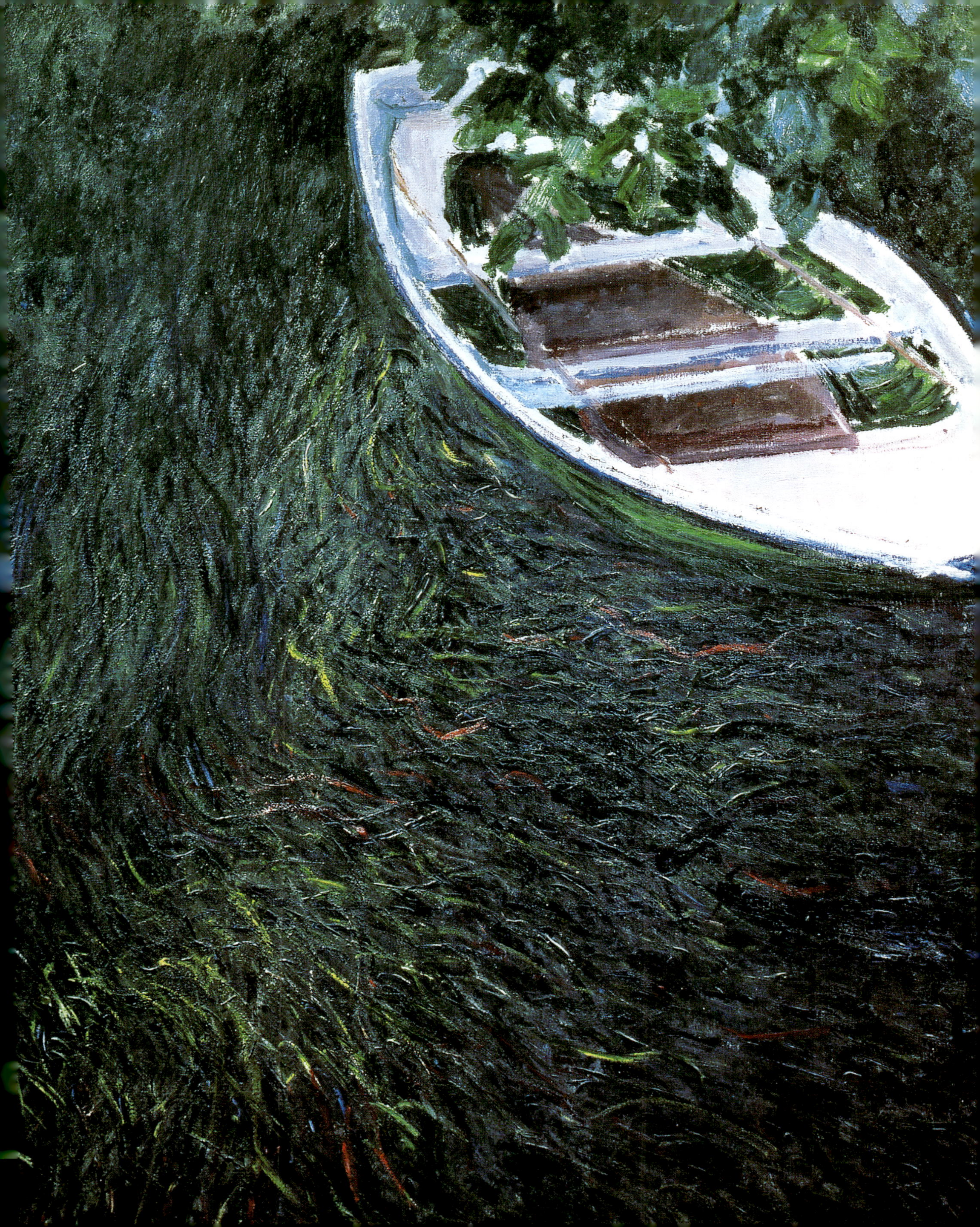

Rechts: Die Ru, ein Nebenfluss der Epte, wurde angezapft und angestaut – so entstand auf dem Stück Land, das Monet jenseits der Straße hinzugekauft hatte, im Jahr 1893 der Wassergarten. Am westlichen Ende des Gartens erweckt die etwas naturbelassenere Gestaltung den Eindruck, das Flüsschen sei immer hier entlang geflossen.

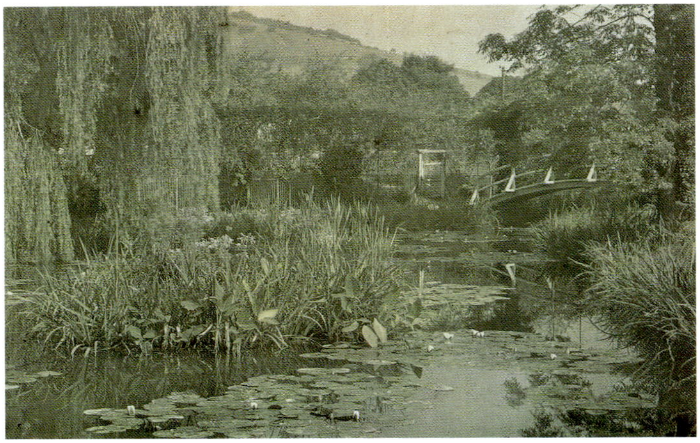

Wahrnehmungen niemals sicher sein. Immer wieder zeigten sich Monets Zeitgenossen angesichts seiner Sensibilität in Bezug auf Licht zutiefst beeindruckt. Wenngleich seine heftigen Stimmungsumschwünge – oft ausgelöst durch wetterbedingte künstlerische Enttäuschung – das familiäre Leben belasteten, finden diese in den szenischen Gefühlsnuancen keinen Niederschlag. Mit dem Umzug nach Giverny nahm Monets Obsession für derartige atmosphärische Nuancen ihren Anfang. Er fing sie mit Pinselstrichen ein, die vom Stil Delacroix' und – ebenso wie bei Manet – durch Strichführung und Verwendung leuchtender Farben in japanischer Manier inspiriert waren. Interessant ist auch die Tatsache, dass Monet nach seinem Umzug nach Giverny seine Signatur veränderte – nun führte er sie in Abstimmung mit dem Farbschema des jeweiligen Bildes aus.

Die charakteristischen Pappeln, die bäuerlichen Arbeitsabläufe, die in den Getreideschobern der örtlichen Bauern deutlich wurden, die Blüte der Obstbäume und die wogenden Mohnfelder zogen Monet zum Malen in die nähere Umgebung von Giverny. Dieses Ambiente war es auch, das ihn zur Schaffung eines Teiches inspi-

Rechts: Das Bild ***Seerosenteich, Die Brücke*** ist eine ungewöhnliche und womöglich unvollendete Interpretation. Im Vordergrund steht hier das Spiel der Laubreflexionen auf dem Wasser. Rosa Seerosen ergänzen das gelbliche Licht.

»Für mich ist das Motiv selbst unwichtig; **ich will**

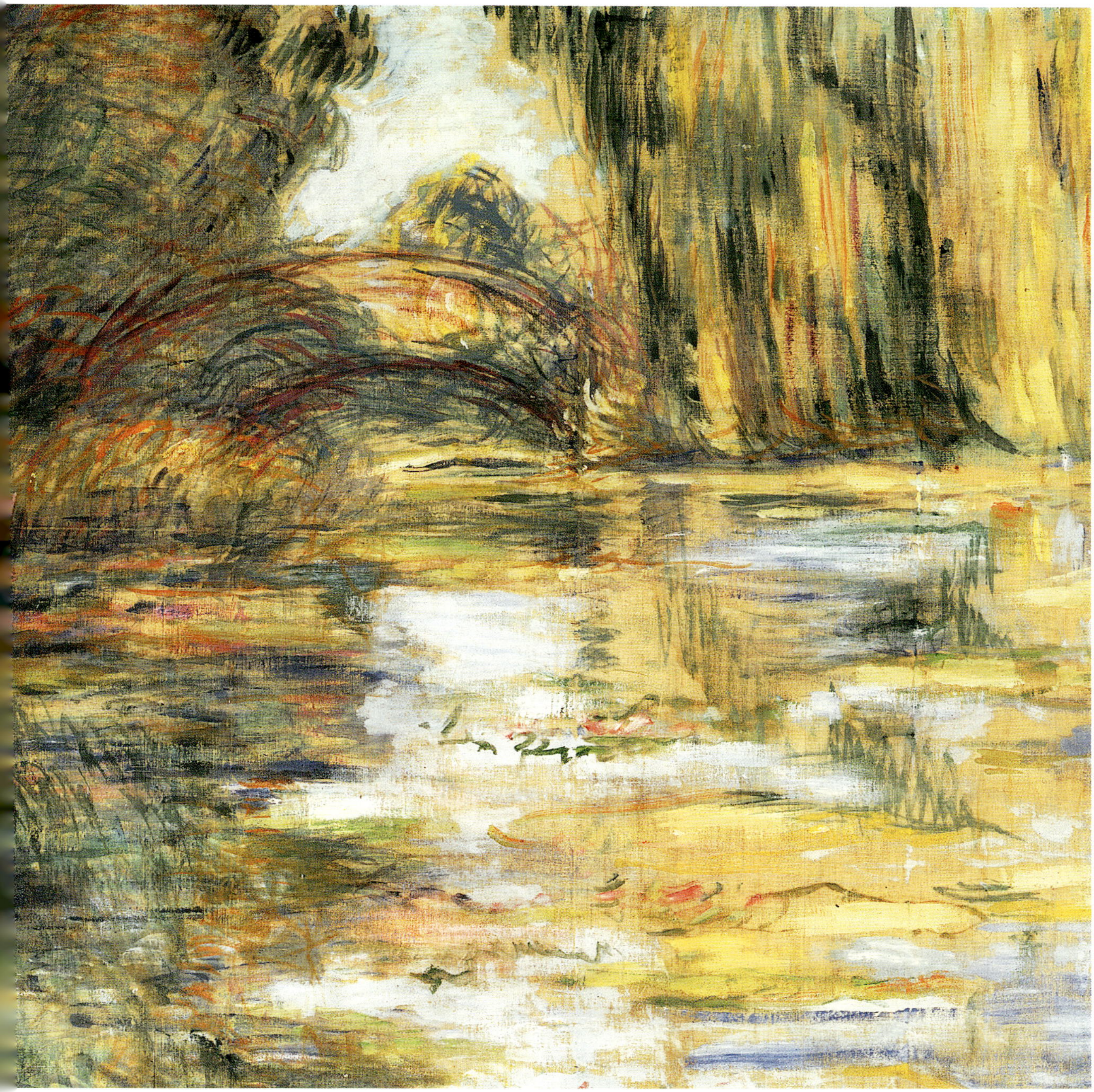

wiedergeben, was sich zwischen mir und dem Motiv befindet.«

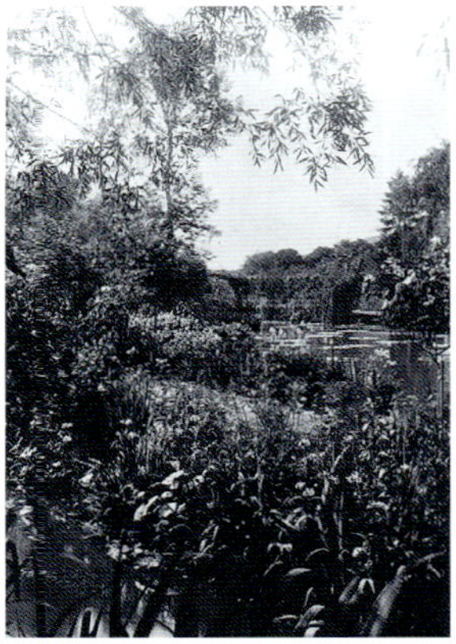

rierte, dessen Seerosen den jahrhundertealten Zauber von Wassernymphen symbolisieren sollten. Die vielen hundert Bilder, die er nach dem Umzug nach Giverny malte, zeugen von einer langen, komplizierten Reise in die Gartenseele. Während der ganzen Zeit war Monet besessen von der Wirkung des Lichts in einem bestimmten Augenblick – er nannte es Momentanheit –, was sicher auf den Einfluss von Malern wie Corot und Turner zurückzuführen ist. Immer mehr wandte er sich von urbanen Themen ab und strebte danach, Farben und Stimmungen der Natur wiederzugeben. Dennoch stand dem begeisterten *plein airiste* immer ein bzw. mehrere Ateliers zur Verfügung: Zunächst funktionierte er die Scheune zum Atelier um, 1897 kam ein weiteres Atelier hinzu und 1916 ließ er das dritte und größte Atelier erbauen.

Monets erste Jahre in Giverny zeugen von seiner zunehmenden Geschäftstüchtigkeit; so heizte er beispielsweise die Konkurrenz zwischen verschiedenen Kunsthändlern an und bestand auf höheren Preisen für seine Bilder. Zwischen 1886 und 1890 kam es zu einem temporären Bruch in der langjährigen Beziehung zu Durand-Ruel, danach gewann Monet die Oberhand. Er kooperierte inzwischen auch mit anderen Händlern – 1888 beauftragte Monet Boussod & Valadon mit der Ausstellung seiner Antibesbilder; das Unternehmen wurde von Théo van Gogh, dem Bruder Vincent van Goghs, vertreten. Eines der Irisbilder van Goghs kommentierte Monet wie folgt: »Wie kann ein Mensch, der das Licht und die Blumen so sehr liebte und beides so ausgezeichnet wiedergab, so unglücklich gewesen sein?«

Figuren in der Landschaft

Die acht Kinder der Familie Hoschedé-Monet – darunter vier Mädchen im Teenageralter – standen stets als Modelle für Figurendarstellungen zur Verfügung, doch nur wenige dieser Bilder waren da-

Links: Monet bepflanzte den Teichrand mit Ufergewächsen und Büschen, durch die man wie durch ein Spitzengewebe auf die glitzernde Wasseroberfläche blickt. Die Reflexionen der ins Wasser hängenden Pflanzen trugen besonders zur heiteren Ruhe der Szene bei.

Rechts: 1886, also drei Jahre nach dem Umzug nach Giverny, malte Monet das Bild ***Frühling***, ein Porträt seines Sohnes Jean mit Suzanne Hoschedé unter einem Schirm aus Apfelblüten. Die hier angedeutete junge Romanze war allerdings nur ein Wunschdenken des Künstlers.

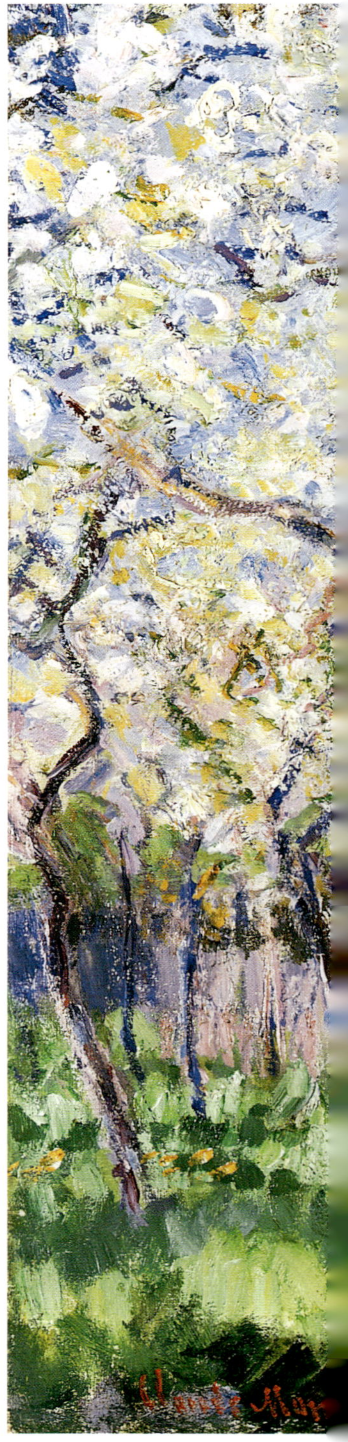

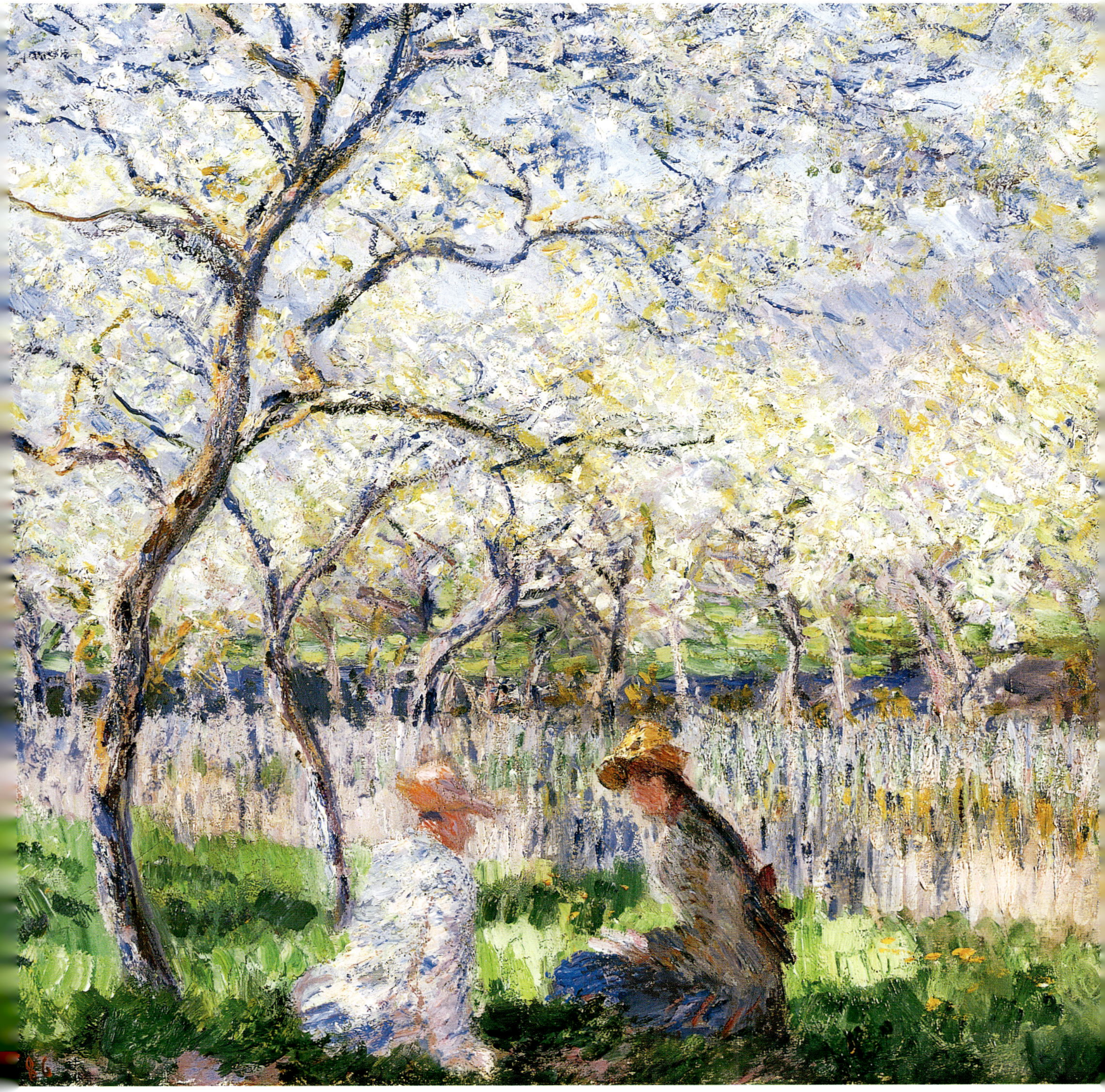

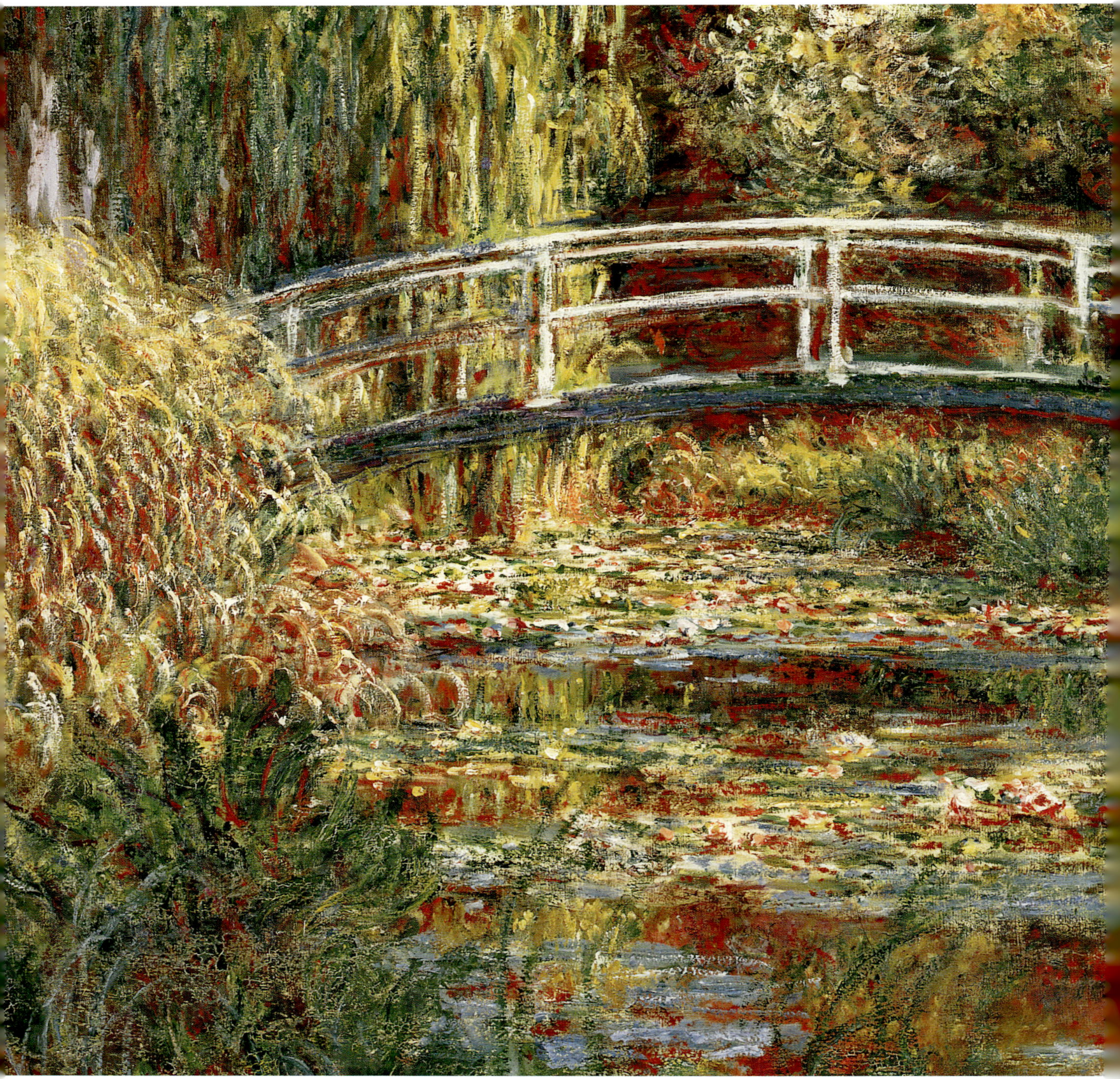

tiert und signiert – dies legt den Schluss nahe, dass sie nicht zum Verkauf bestimmt waren oder Monet nicht zufrieden mit ihnen war. Im Gemälde *Mohnfeld bei Giverny* aus dem Jahr 1885 stechen die unterschiedlichen Gras- und Laubtexturen ins Auge; in *Frühling in Giverny* aus dem Jahr 1886 wird die Fülle von Blüten und Geäst in den Vordergrund gerückt. Eine ähnliche Emphase findet sich in einem Bild, das Monet bei seinem Londonaufenthalt im Juli 1887 in der Royal Academy bewunderte: *Carnation, Lily, Lily, Rose* (*Nelke, Lilie, Lilie, Rose*) von John Singer Sargent. Es zeigt zwei junge Mädchen, um-

Links: Die Originalbrücke war ein einfaches Bauwerk, das gut zu dem ursprünglich kleineren See passte. Beide Elemente sind in ***Seerosenteich (Symphonie in Rosa)***, 1900, zu sehen: Die sanft dahintreibenden Seerosenblätter und die zartrosa Blüten lassen eine harmonische Szene entstehen. Später wurde der See auf die dreifache Größe erweitert und die Brücke erhielt eine zusätzliche Überwölbung.

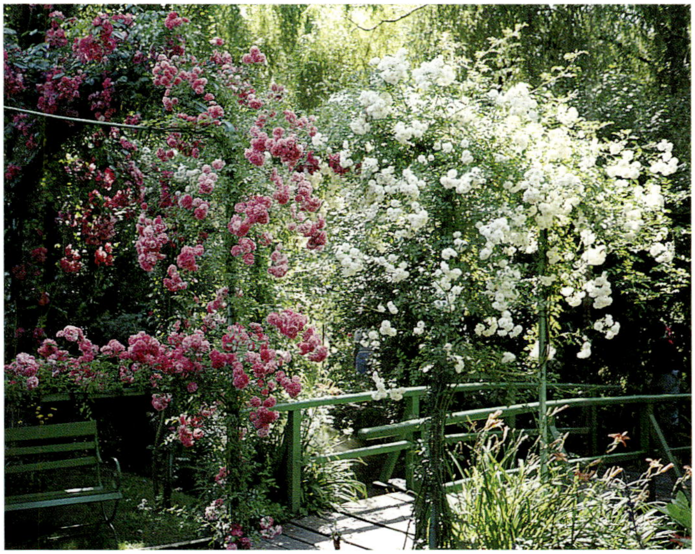

Links: Die üppigen Rosenbögen am Teich bilden eine hübsche Laube. Diese Elemente werden mehrmals in Monets Bildern thematisiert, manchmal in kühnen, leuchtenden Farben.

rahmt von Lilien, Nelken und wogenden Gräsern, beim Anzünden chinesischer Lampions. Im folgenden Monat beschrieb Monet in einem Brief an den Kritiker Théodore Duret, dass er selbst damit experimentiere, Menschen im Freien quasi wie Landschaften darzustellen. Die Mitglieder seiner Familie treten in dieser Zeit oft auf Bildern in Erscheinung, doch niemals als zentrales Thema.

Glaubt man dem damaligen Klatsch, so wurde der Typus der üppigen Nackten, wie sie Renoir bevorzugte, von Alice Hoschedé rundweg abgelehnt und auch Monet hatte Vorbehalte. Renoirs *Badende* (1892), die über Monets Bett hing, provozierte nachgewiesenermaßen seinen Kommentar: »Ja, die Nackte ist schön, aber welch traurig

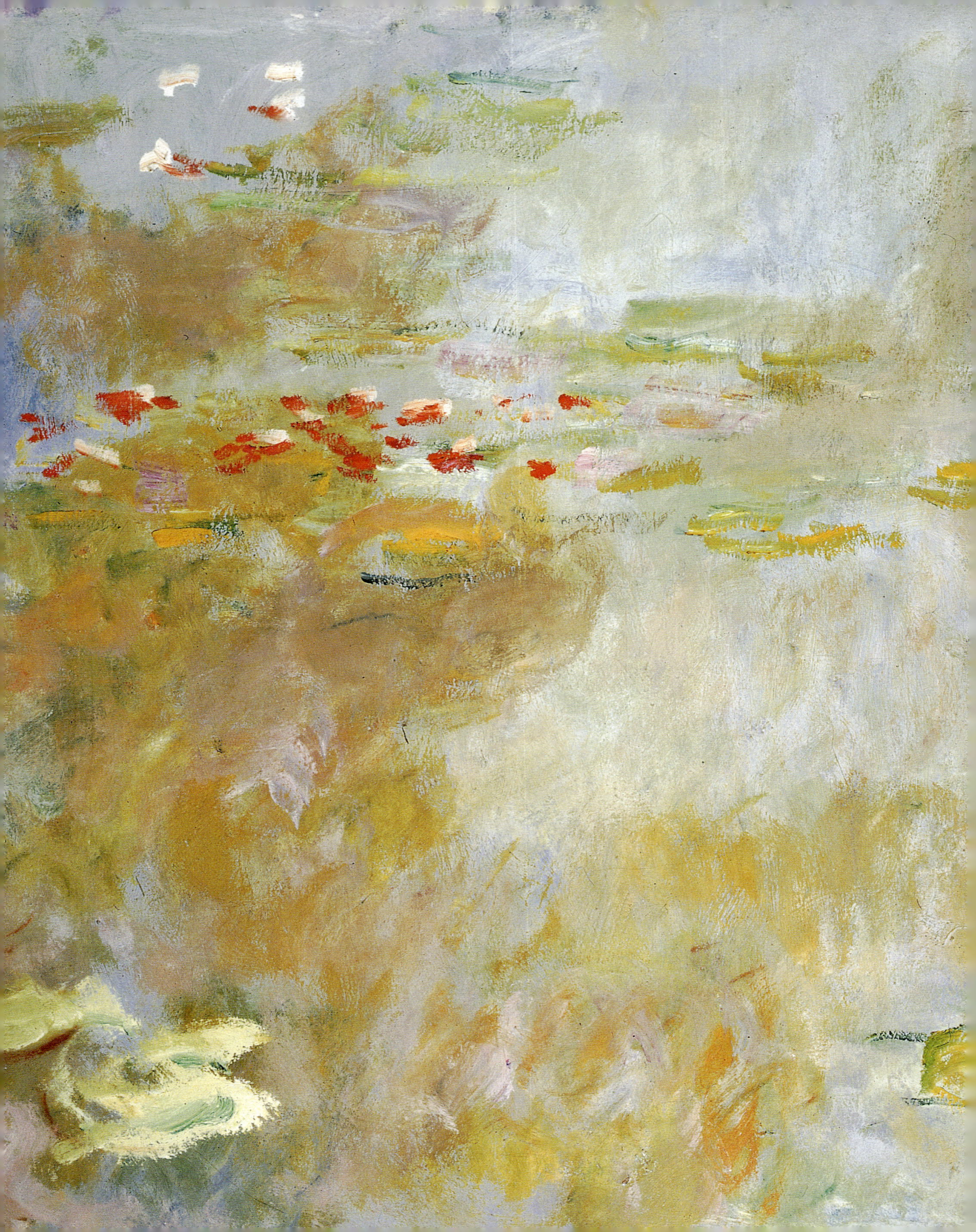

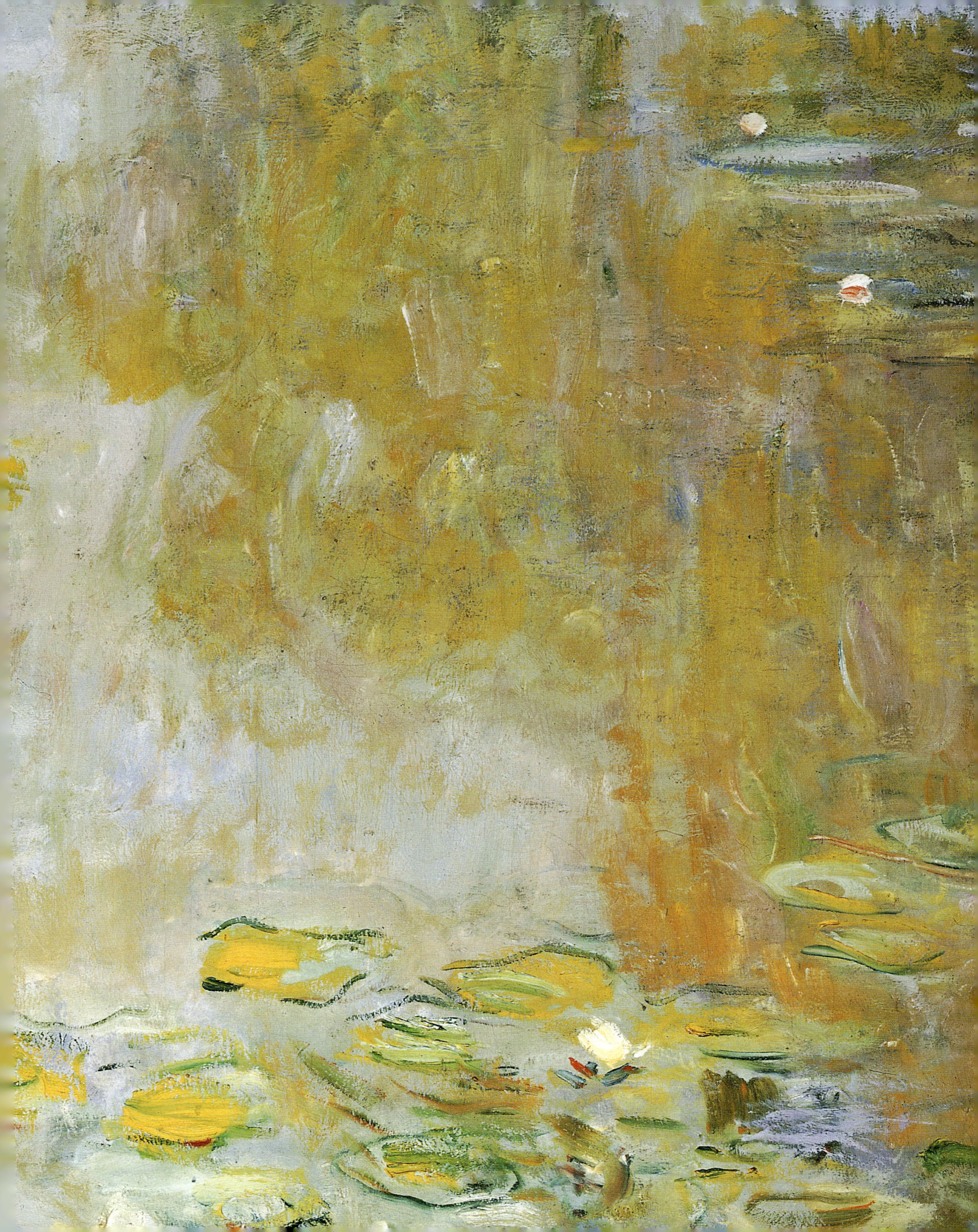

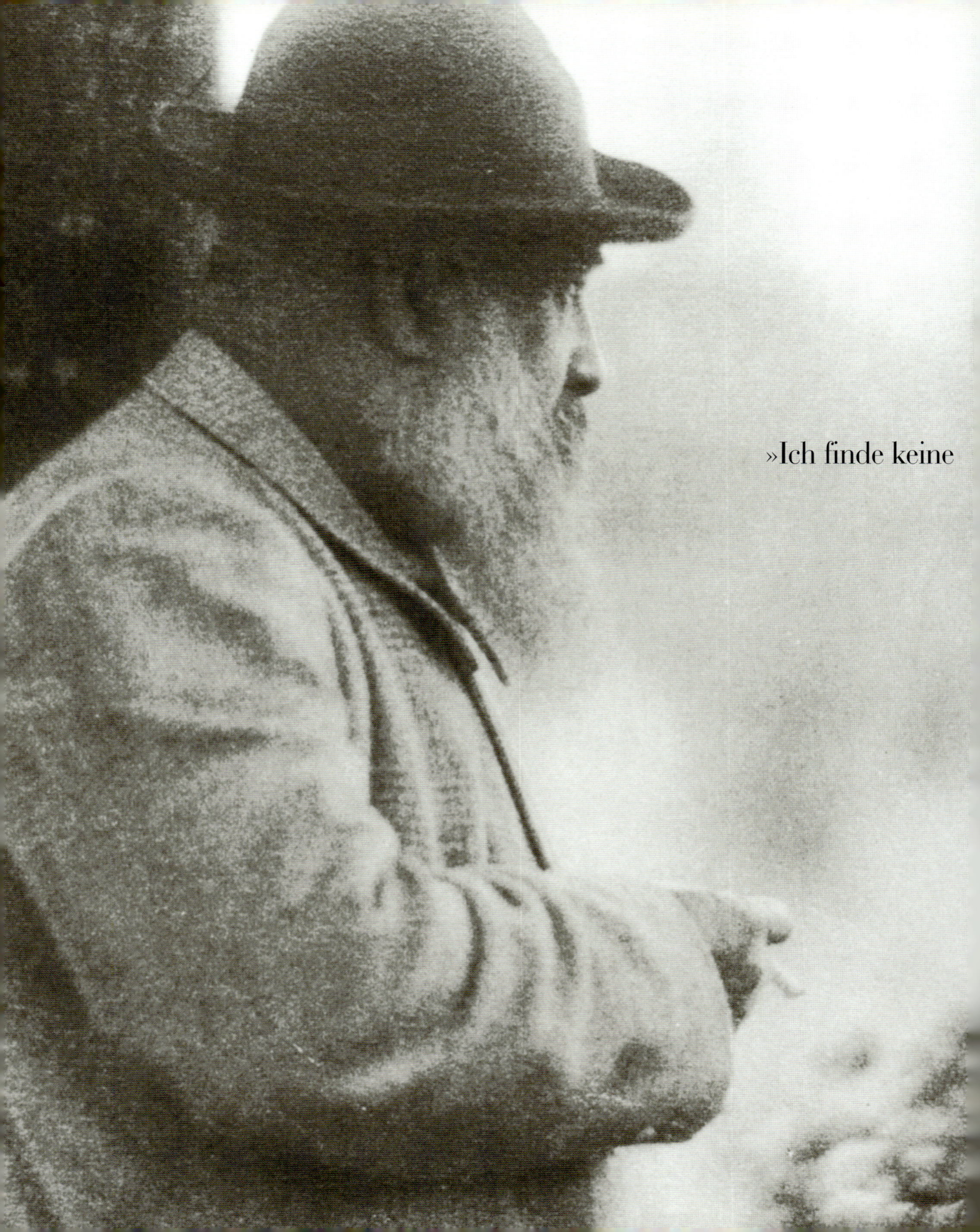

»Ich finde keine

konventionelle Landschaftsdarstellung …« 1889 wurde von Georges Petit von Petit Bros. im Pariser Hotel Buron eine große Monet-Rodin-Ausstellung organisiert. Dieses Ereignis fand zeitgleich mit der Weltausstellung statt und bedeutete für Monet den lange ersehnten kommerziellen Durchbruch. In vier der ausgestellten Bilder – von ihm selbst *Essais de figures en plein air* benannt – deutete sich bereits seine malerischeWeiterentwicklung an – fortan gab er der Landschaft gegenüber figürlichen Darstellungen den Vorzug. Die Menschen, allesamt Familienangehörige Monets, scheinen asymmetrisch

Vorhergehende Doppelseite: Monets späte Seerosenbilder werden zunehmend abstrakt. In ***Seerosenteich***, 1918–22, sind Blätter und Blüten als rote und grüne Farbwirbel den Rosé- und Blautönen des Himmels gegenübergestellt.

Ruhe mehr; die Farben verfolgen mich ständig … bis in den Schlaf.«

in Wiesen, Gärten oder am Fluss dahinzutreiben – gemalt in der selben Technik wie die Landschaft. Die Boote ähneln denen auf japanischen Farbholzschnitten, während der Blick des Betrachters von dem Gewirr der Wasserpflanzen, die er unterhalb des Wasserspiegels treiben sieht, magnetisch angezogen wird. In der Einführung des Ausstellungskatalogs schreibt Octave Mirbeau: »Zwischen unserem Auge und den Darstellungen der Figuren, des Wassers, der Blumen und der Felder ist die Luft in einem realen Sinne greifbar. Die Luft umgibt sichtbar jedes einzelne Objekt, verleiht ihm einen geheimnisvollen Schleier, umhüllt es mit all den zarten oder kräftigen Farben, die ihm zu eigen werden, bevor es unser Auge erreicht.«

Links: In die Lichtmuster seines Garten versunken, lehnt Monet an einem Baumstamm. In seinen letzten Jahren betrauerte er den Tod mehrerer Angehöriger und litt neben Augenbeschwerden auch unter der nationalen Katastrophe des Ersten Weltkriegs – dennoch führte er sein künstlerisches Schaffen fort.

Zur selben Zeit verwendete Monet zunehmend weiß grundierte Leinwände, die dem Bild eine sanfte Leuchtkraft verleihen und geeignet waren, »meine Werteskala zu etablieren«, wie er selbst kommentierte. Nach 1890 kommt es nicht mehr zu Figurendarstellungen auf seinen Bildern, dunkel grundierte Leinwand verschwindet fast vollständig. Monet konzentrierte seine Aufmerksamkeit zunächst auf zwei Motive: auf Getreideschober und Pappeln – beide typisch für die Landschaft um Giverny. Geffroy bemerkte in seinem Geleitwort für die Ausstellung vom Mai 1891, dass Monets Bestreben, alle Lichtnuancen und jahreszeitlichen Effekte an den Getreideschobern zu erfassen, seiner Reisetätigkeit ein Ende setzten.

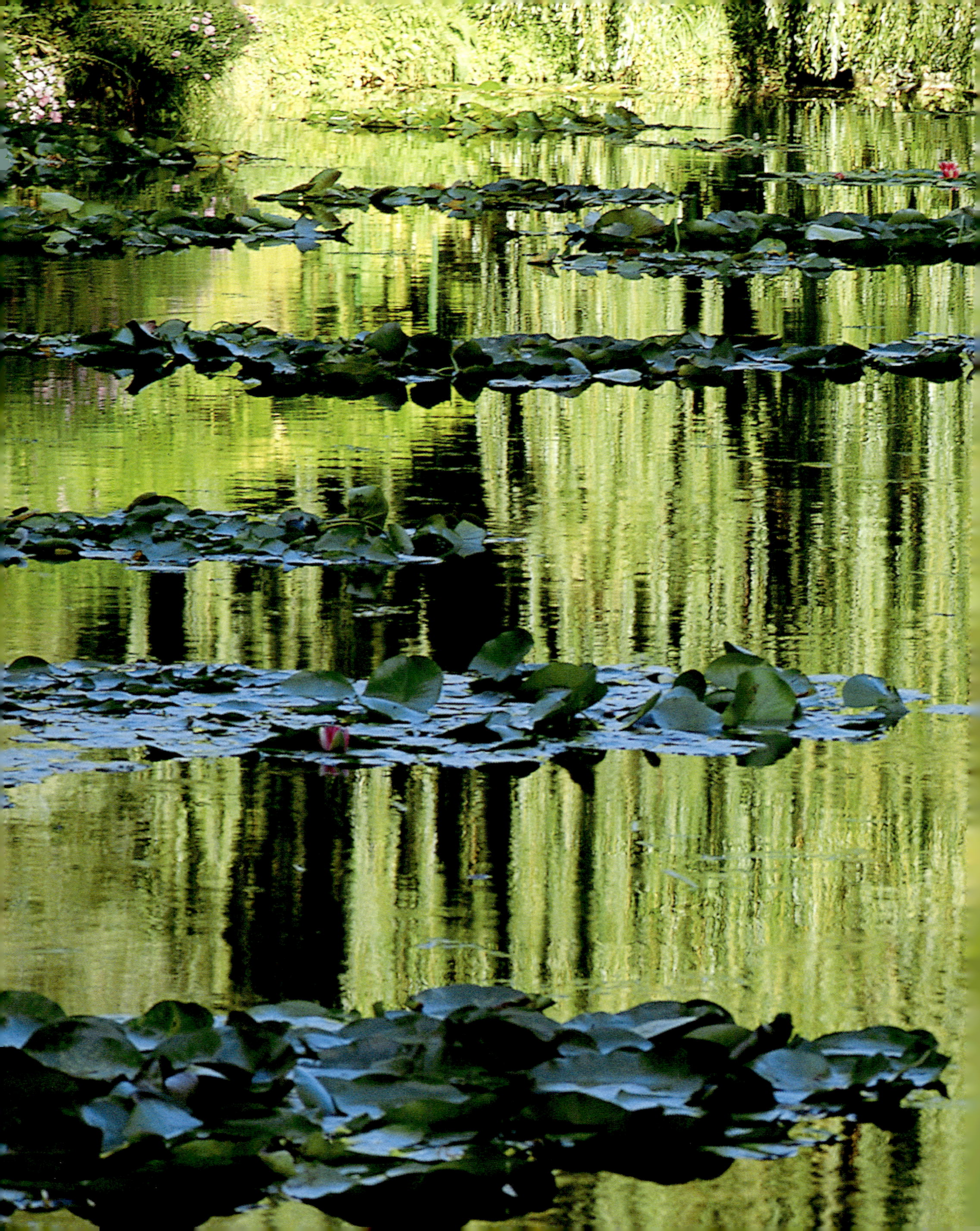

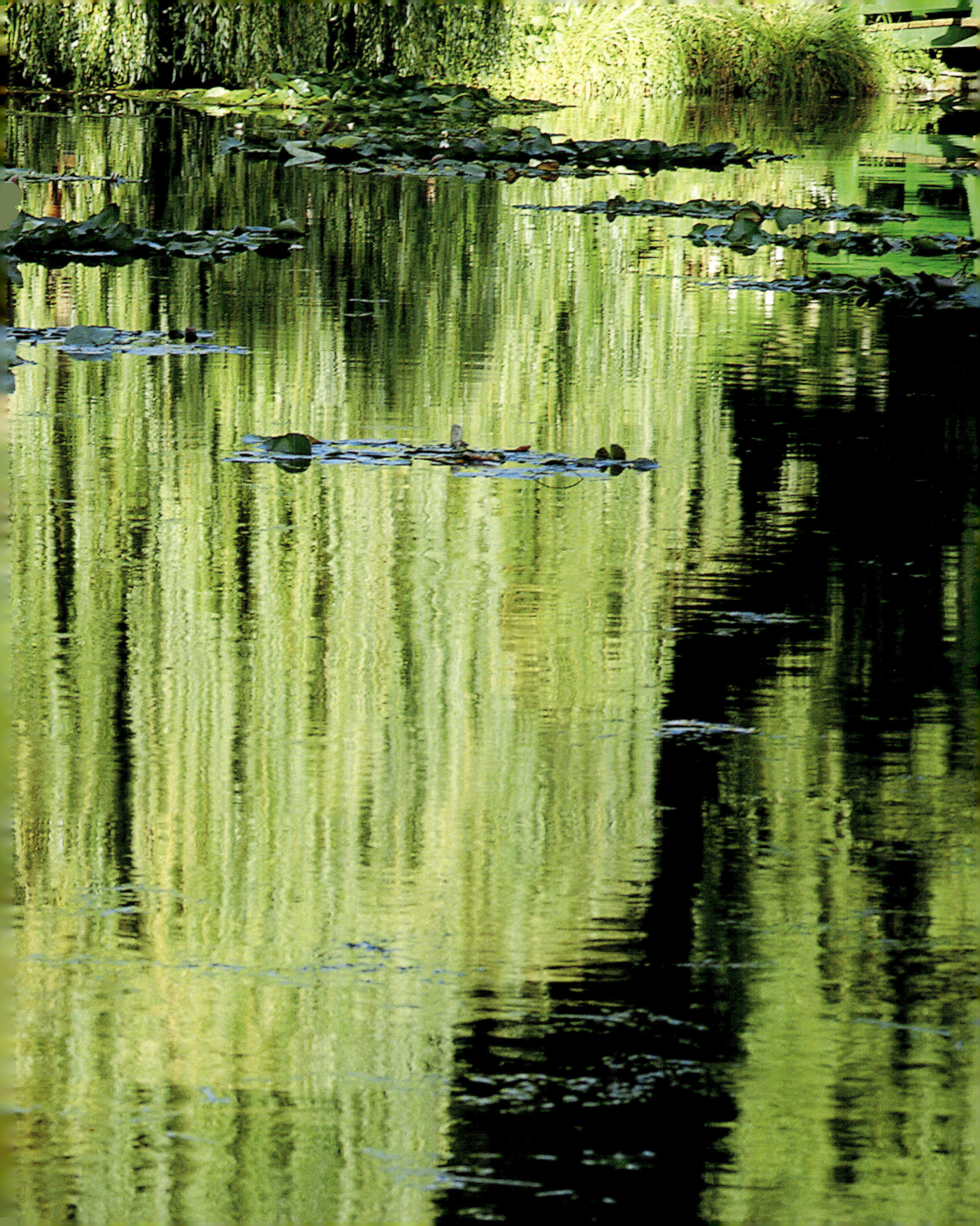

Vorhergehende Doppelseite: Inseln aus blauen Seerosen akzentuieren das schimmernde Grün der Laubreflexionen. Das strahlende Licht verleiht der Szene eine spannungsreiche, ätherische Qualität.

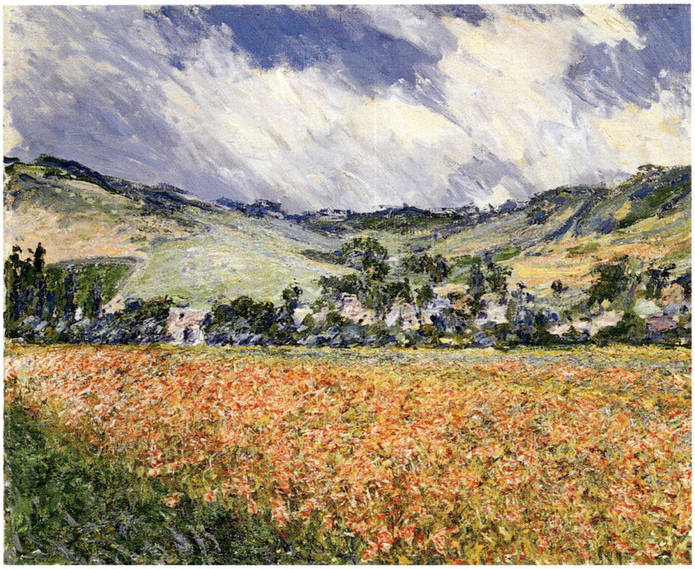

Oben und rechts: Die wogenden Gräser und Wildblumen auf den Wiesen rund um Giverny halfen Monet, sein Auge auf die Farbeffekte der Pflanzen in seinem Garten einzustimmen. Auf ***Mohnfeld bei Giverny***, 1885, werden die prächtigen Farben der Wiese und die steilen Hügel der Region thematisiert.

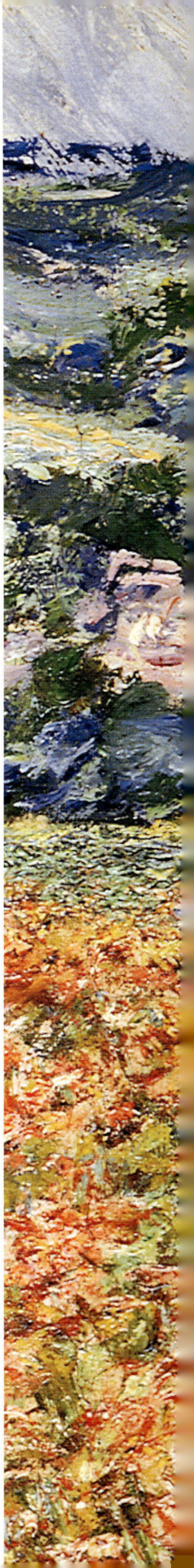

Blumenbilder in Giverny

Unmittelbar nach dem Einzug in Giverny mussten sämtliche Familienmitglieder im Garten arbeiten. Zum einen brauchte man in der Küche des Hauses Obst, Gemüse und Kräuter, zum anderen wünschte sich Monet Blumen, um sie bei schlechtem Wetter malen zu können. Die Funktion seines ersten Ateliers, der dem Haus angefügten Scheune, beschrieb Geffroy wie folgt: »Hier verbessert, komplettiert und hamonisiert er seine Bilder.« Zunächst tauchen die Erzeugnisse des Gartens von Giverny in einer für Monet eher uncharakteristischen Form auf: Der Künstler verwendete sie als Motiv für die Stillleben, mit denen er sechs Paneele der Speisezimmertüren im Hause Durand-Ruel dekorierte. 1893 hatte Caillebotte das Bild *Chrysanthemen* gemalt, Monet kaufte das Gemälde nach dem Tod des Malers 1894. Monets eigene vier Chrysanthemenbilder entstanden 1896/97. Sie zeigen prächtige, dem Licht zugewandte Blüten; die Strichführung fängt die gestreifte Textur und die Farbabstufungen der Blütenblätter ein. Im Vergleich zu den Arbeiten des japanischen Meisters Hokusai oder denen Caillebottes, dessen Blüten solide und erdverbunden wirken, scheinen Monets Chrysanthemen regelrecht auf der Leinwand zu schweben.

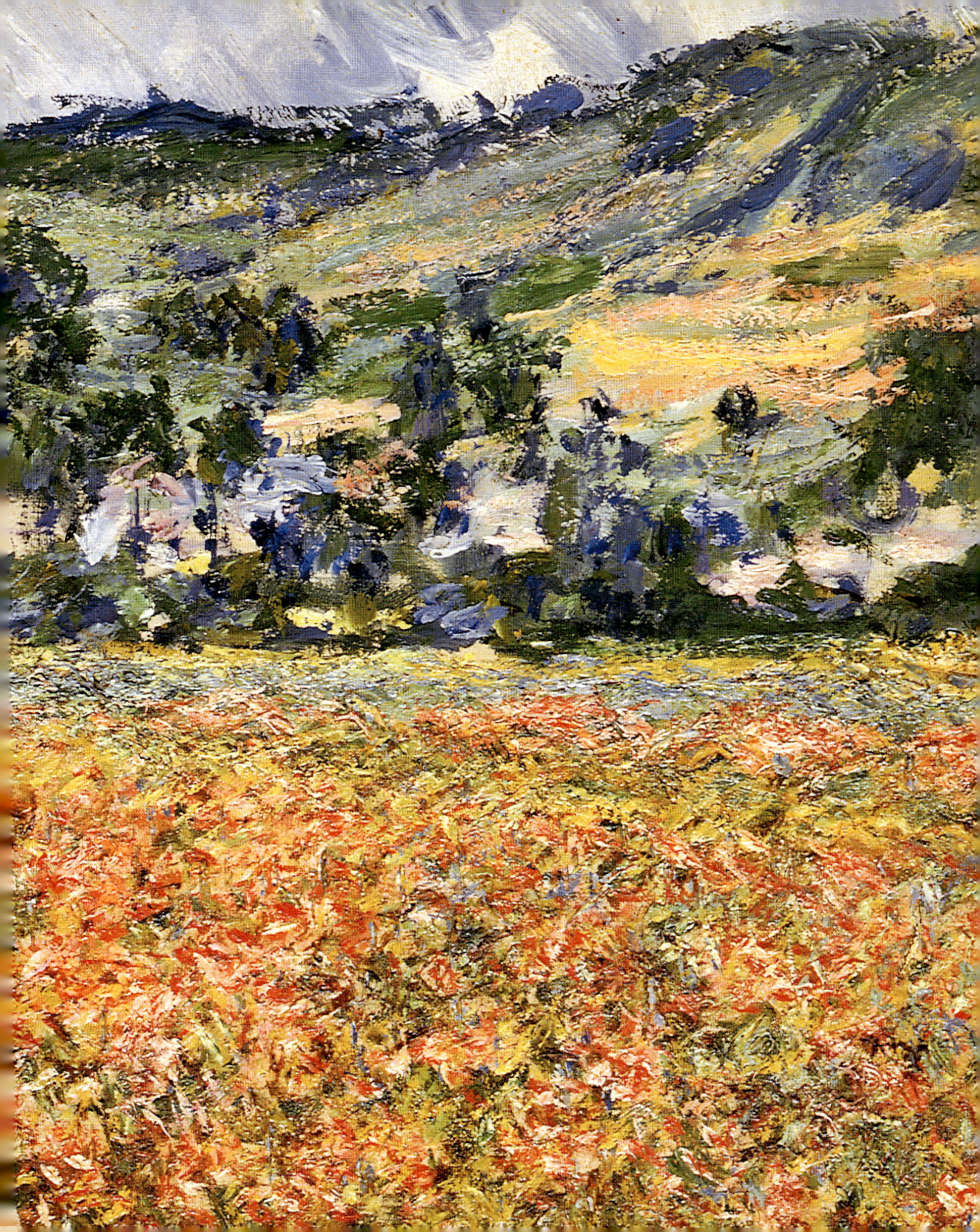

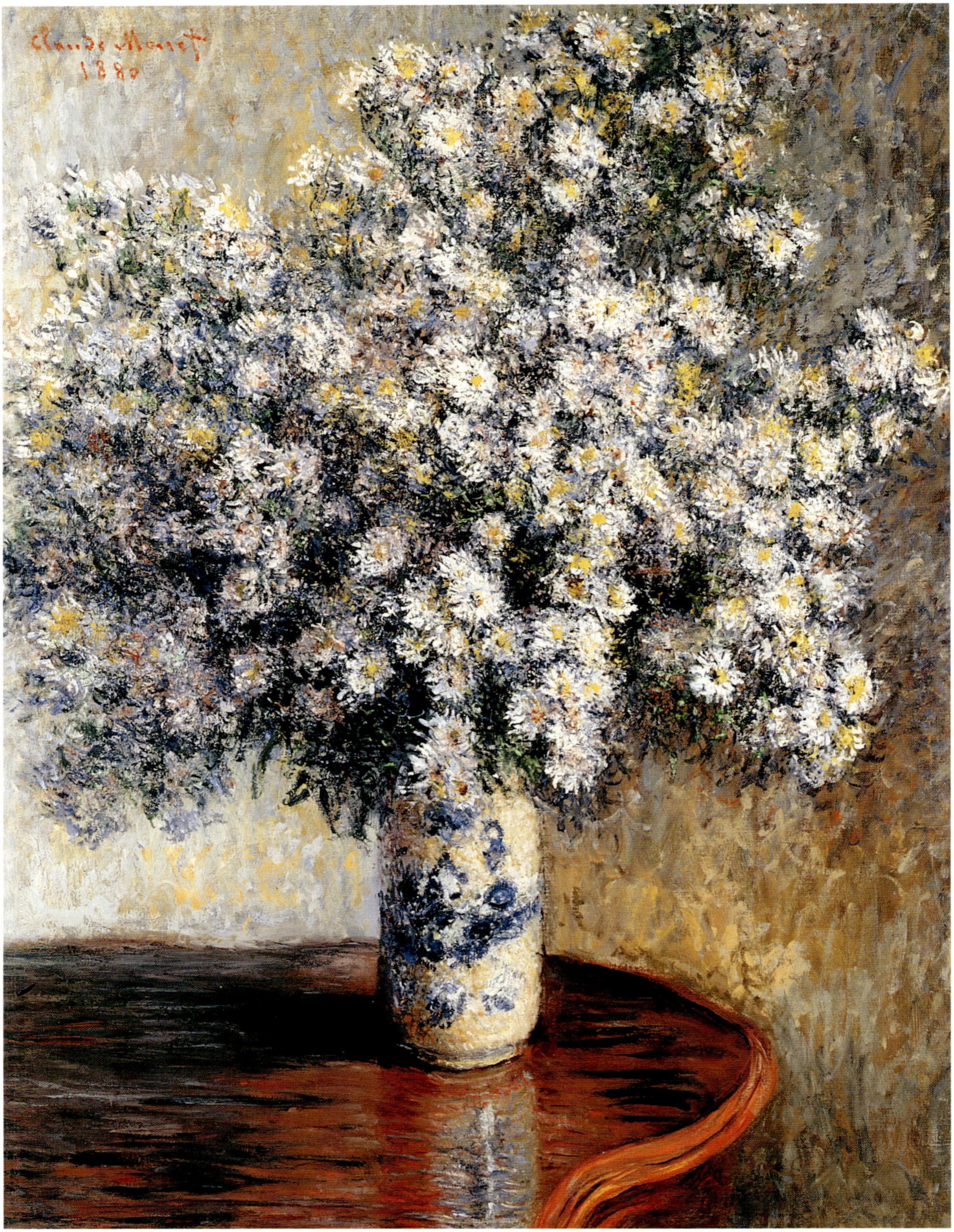

Die Impressionisten und die französische Gesellschaft

Nicht nur altruistische Motive veranlassten Monet im Jahr nach der Weltausstellung von 1889 dazu, das von Manet im Jahr 1863 geschaffene Werk *Olympia* für die französische Nation bewahren zu wollen. Indem der französische Staat dieses umstrittenene Gemälde anerkannte und akzeptierte, revidierte er gleichzeitig die Ablehnungen früherer Jahre und unternahm einen weiteren Schritt in Richtung der Anerkennung der Impressionisten und ihres Schaffens.

»Allein in seiner Einsamkeit und Abgeschiedenheit **wahrt er die Integrität seiner Persönlichkeit.«**

Durch diese Initiative wurde außerdem die in Vergessenheit geratene Tradition, Avantgardekünstler – zu denen auch Monet zählte – zu unterstützen, neu belebt. Indem dieser die Subskription organisierte und mit den Behörden verhandelte, sicherte er dem Staat das Werk eines französischen Künstlers von Weltruf.

Kurz nach der Weltausstellung machte er die Bekanntschaft von Lilla Cabot Perry, die in Giverny seine Nachbarin wurde. 1927 beschrieb sie die Unterhaltungen, die sie mit Monet über Maltechniken geführt hatte: »Der Mensch selbst, seine ruppige Aufrichtigkeit, seine entwaffnende Ehrlichkeit, seine sensible und warmherzige Natur beeindruckten uns ebenso wie seine Gemälde. Schon das erste Zusammentreffen mit ihm war der Beginn unserer Freundschaft, die uns zehn Sommer nach Giverny führte.« Monet sagte ihr, dass die Platzierung jedes Blattes auf der Leinwand ebenso wichtig sei wie die Position der Augen und des Mundes in einem Gesicht. Sie amüsierte sich über den Vergleich, beherzigte aber seinen Rat: »Wenn Sie malen, versuchen Sie zu vergessen, welches Objekt Sie vor sich haben – einen Baum, ein Haus, ein Feld oder was auch immer es sein mag. Denken Sie nur, hier ist ein kleines Fleckchen Blau, hier ein hellrotes Rechteck, und hier ein gelber Streifen. Malen Sie es so, wie Sie es sehen, genau in der Form und Farbe, bis das Bild Ihrem eigenen unbefangenen Eindruck von der Szene vor Ihnen entspricht.«

Links: Seit Monets frühen Jahren in Paris malte er immer wieder Stillleben. Zu Beginn seiner Karriere boten sie sich an, weil der Künstler kein Geld für Modelle hatte; und später, in Giverny, malte er sie bei schlechtem Wetter, weil sie ihm die Möglichkeit boten, einzelne Blumen unabhängig von ihrer Umgebung zu studieren. ***Chrysanthemen***, 1880, antizipiert die faszinierende Textur und Farbgebung von Blütenblättern in den vier Stillleben aus dem Jahr 1897.

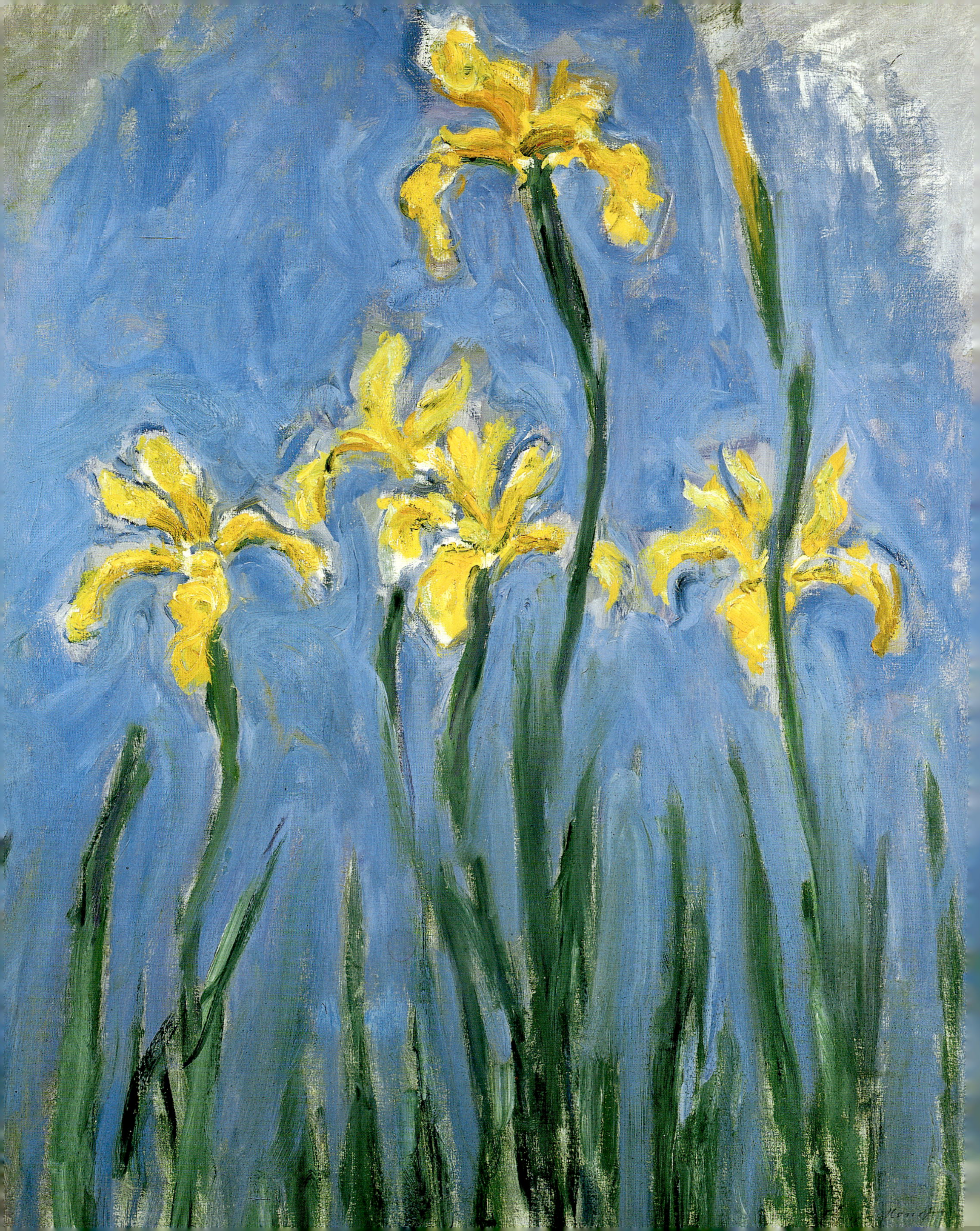

Links: Interessant geformte Blüten auf hohen, aufrechten Stängeln beherrschen die Komposition von ***Gelbe Iris***, 1924–25. Die Lichteffekte auf dem bewegten Motiv erinnern an die Darstellungen der Pappeln rund um Giverny. Dieser Baum symbolisiert in Frankreich den ländlichen Wohlstand und ist bei Monet ein häufig wiederkehrendes Motiv.

Das in den frühen 70er Jahren des 19. Jahrhunderts entstandene Bild *Sonnenaufgang in Vétheuil*, das in seinem ersten Atelier, dem späteren Salon der Familie, hängt, erinnert daran, dass Monet vorübergehende Modeströmungen entschieden ablehnte. 1873 hatte er versucht, das Bild für 50 Francs einem seiner frühen Gönner, dem gefeierten Bariton Jean-Baptiste Faure, zu verkaufen. Faure kommentierte das Bild folgendermaßen: »... ja, die Seine, und dann der Nebel, der in den ersten Sonnenstrahlen den Blick verschleiert. Man kann nicht viel erkennen. Aber das liegt wahrscheinlich am Nebel. Wie auch immer – was man sieht, reicht für ein Bild nicht aus. Malen Sie etwas mehr auf das Bild, dann kaufe ich es.« Auf solche Forderungen ließ sich Monet niemals ein. 1879, also sechs Jahre später, stand eben jenes Bild auf Monets Staffelei, als Faure ihm einen Besuch abstattete. Der Sänger war begeistert und bot dem Maler 600 Francs für diesen »Schleier der Klarheit«. Monet, der wechselnde Publikumslaunen zutiefst verachtete, behielt das Bild für sich selbst.

Die Komposition von Mustern

Entwurf und Anordnung waren für Monet beim Malen von größter Bedeutung. Anstelle des herkömmlichen Bildaufbaus – stark betonter Vordergrund, der sich nach hinten verliert – vertrat er die Idee der *instantaneité*, nach der ein kurzer Augenblick des Erkennens einer Landschaft auf die Leinwand gebannt wird. Er suchte nach Mustern – so erinnerte sich Theodore Robinson 1892 –, nach Mustern »von Laub vor dem Hintergrund des Himmels« und »Spiegelungen«, also Mustern aus Motiven, die ihm sein Garten lieferte. Diese Intention wird in den Kletterrosen vor dem blauen Himmel in dem Bild *Rosen* deutlich, ebenso wie in seinen Irisgemälden, auf denen ein Spiel von Licht und Schatten über den Blüten liegt.

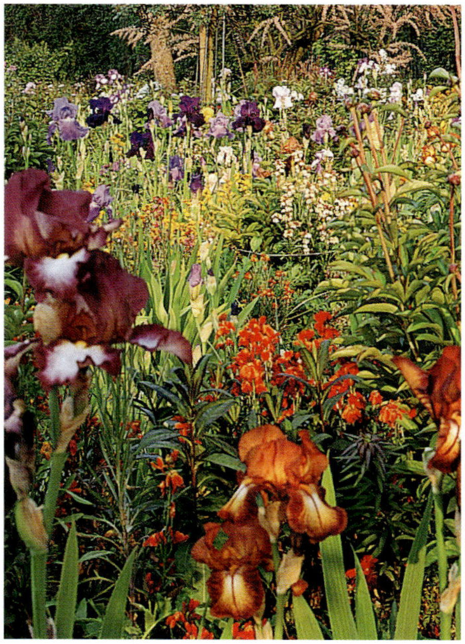

Rechts: Monet faszinierte die esoterische Ausstrahlung von Iris und Orchideen. Dank seiner großen Sensibilität war er in der Lage, trotz seines schwindenden Sehvermögens auf hundert Schritte eine verwelkte Blüte in der Rabatte zu entdecken.

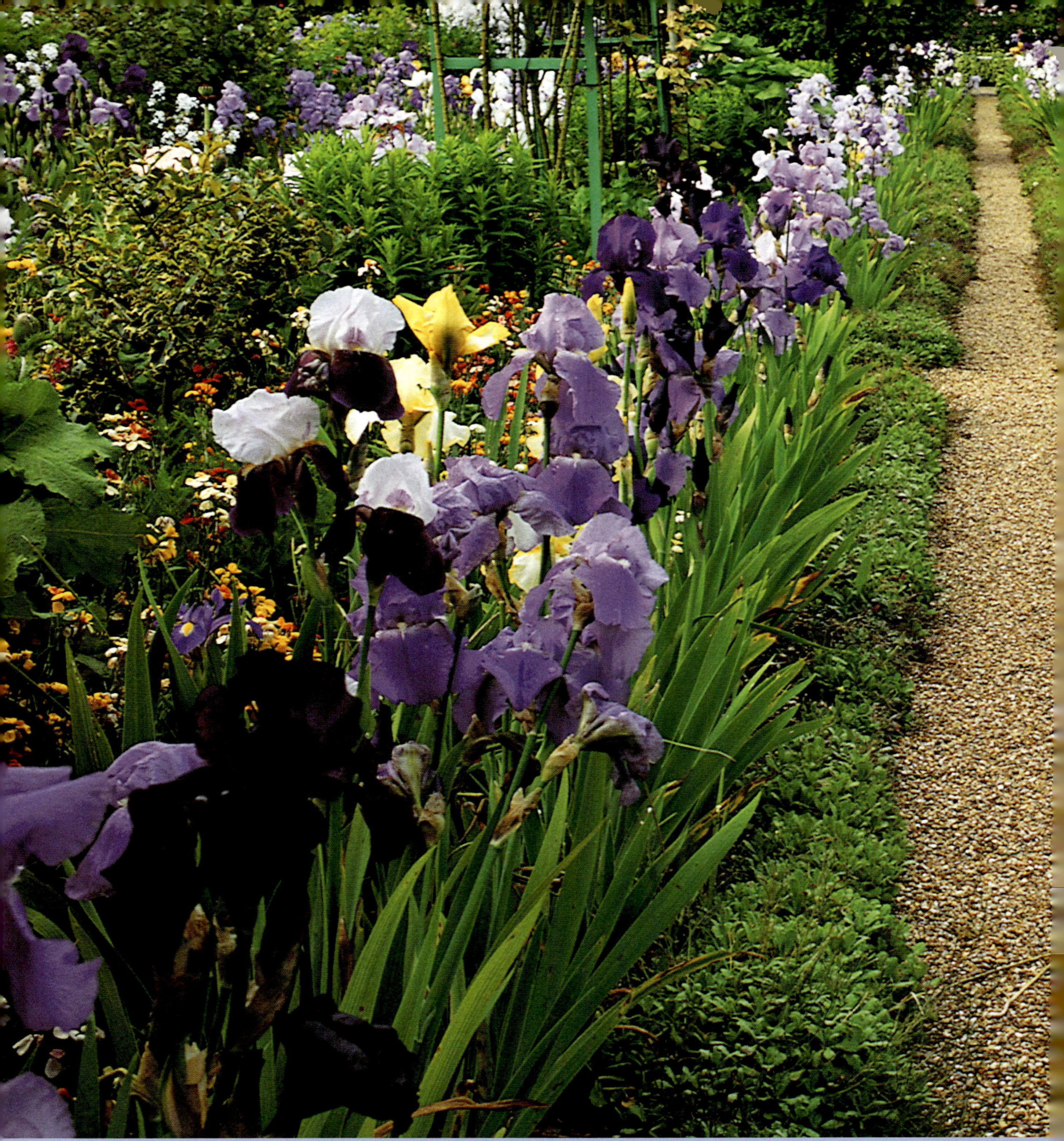

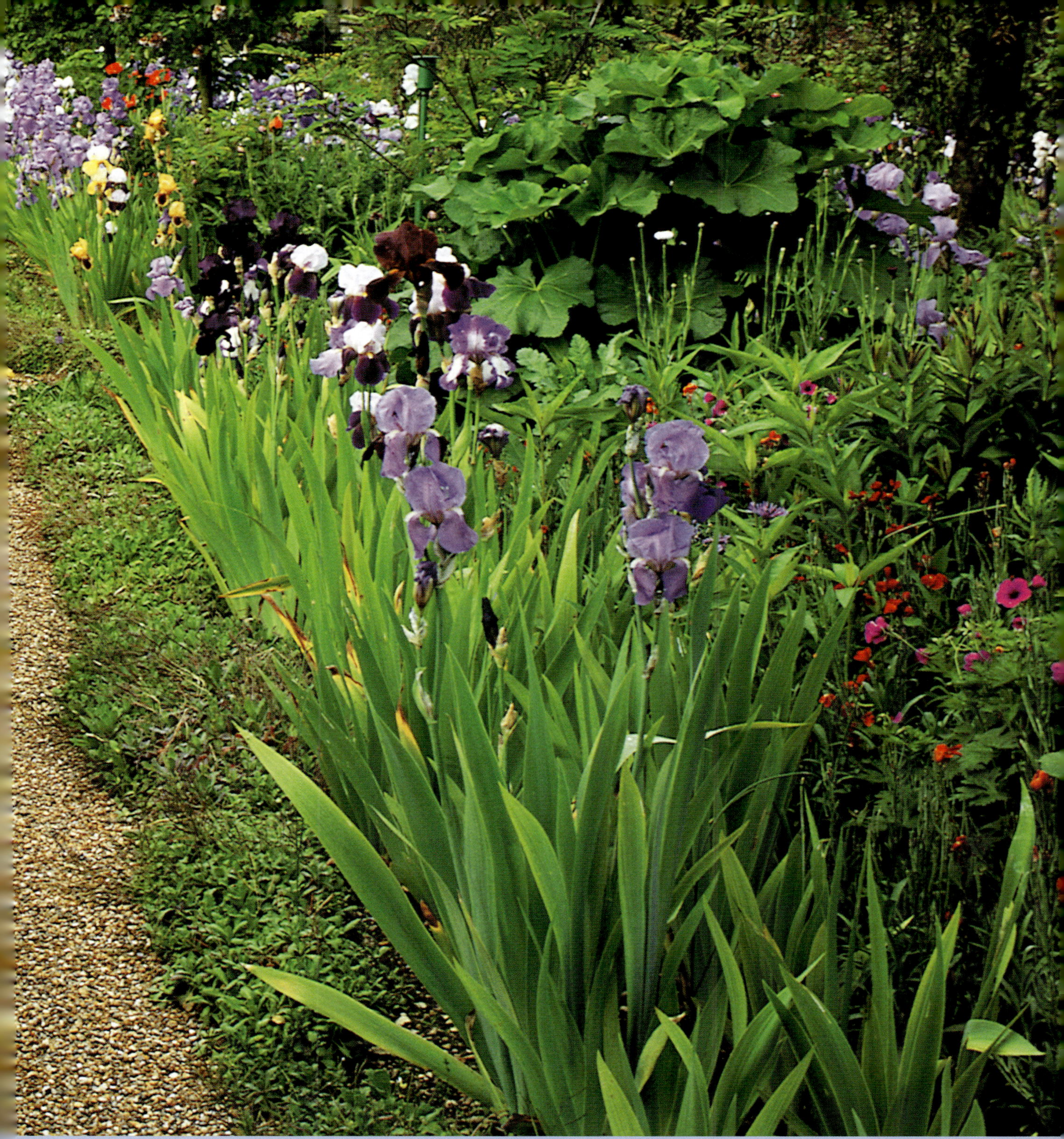

»Ein Garten mit Blumen – das ist alles, was er sich wünscht.«

Vorhergehende Doppelseite: Eine je nach Jahreszeit wechselnde Blütenpracht säumt die kiesbestreuten Seitenpfade im oberen Garten. Die unterschiedlichen Formen und Farben der Pflanzen dienten dem Künstler und Gärtner als ästhetischer Stimulus.

Seine Sammlung von japanischen Farbholzschnitten hatte einen starken Einfluss auf Monets künstlerische Entwicklung. Allerdings kopierte er sie nie, sondern ließ sich lediglich von ihnen inspirieren. 1893 schrieb Pissarro: »Herrlich, diese japanische Sammlung. Hiroshige ist ein wunderbarer Impressionist. Monet, Rodin und ich sind begeistert von ihm … Diese japanischen Künstler bestätigen uns in unserem eigenen visuellen Standpunkt.«

Die deutlichsten Parallelen zwischen den Werken japanischer Künstler und Monet zeigen sich in den »Brücke«- und »Seerosen«-

»… der obere Garten ist unvergleichlich, **weil er nur aus den einfachsten Blumen besteht,** die unglaubliche Höhen erreichen.«

Serien, deren Motive Hiroshiges *Glyzine* bzw. Hokusais *Frau beim Pflücken von Seerosen* reflektieren, die zu Monets Sammlung gehören. Die in Monets Serienbildern typische stark horizontale Anordnung der Seerosen, zusätzlich betont durch die Trauerweiden, steht in der Tradition der japanischen Wandschirmmalerei, bei der sich eine einzige Szene über mehrere Paneele hinzieht, manchmal aufgelockert durch Bäume. 1897 dachte Monet zum ersten Mal über ein durchgängiges horizontales Bild zur Dekoration einer Rotunde oder eines runden Speisezimmers nach.

Die Aufgabe des Horizonts

Abgesehen von der Grande Allée lehnte Monet in seinem Garten herkömmliche lineare Perspektiven ab – und diese Haltung galt auch für seine Bilder, mit Ausnahme der frühen Gemälde seiner »Brücke«-Serien. In seinen Arbeiten manifestieren sich Tiefe und Raum in Form einander überlappender, sukzessiver Ebenen und nicht durch die Fokussierung entfernter Objekte bzw. das Spiel mit dem Horizont. Man sagt, Monet habe den Raum niemals einem Muster geopfert, doch immer in seinen Kompositionen experimentiert, um beides zu erreichen. Zahlreiche Bilder, die er als unbefriedigend be-

Rechts: Die Höhe des von Monet geschaffenen Blütenteppichs stach seinen Zeitgenossen häufig ins Auge. Hier mischen sich Margeriten und der Goldlack ›Fire King‹ mit den prächtigen Iris, die in Giverny allgegenwärtig sind und architektonische Akzente setzen.

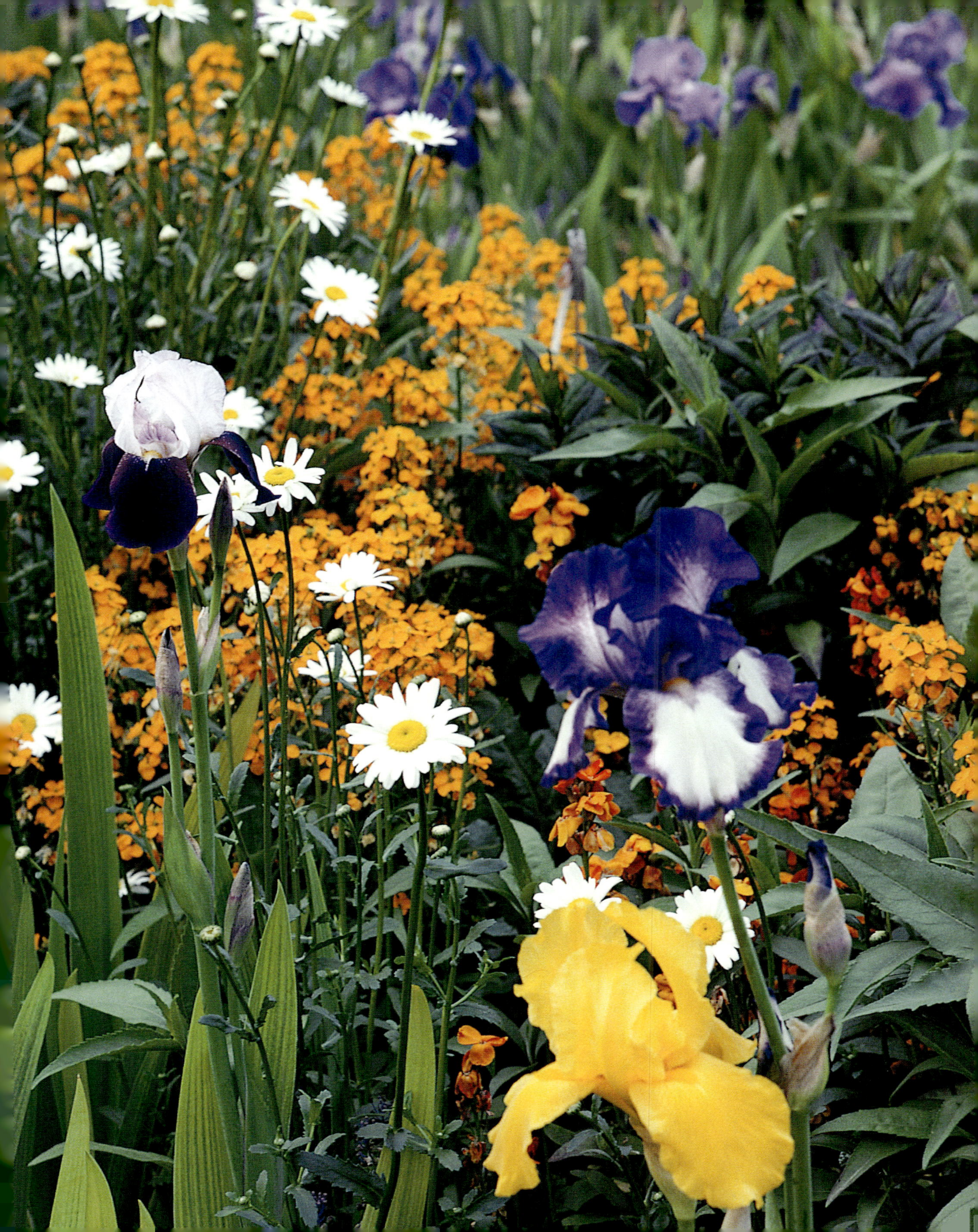

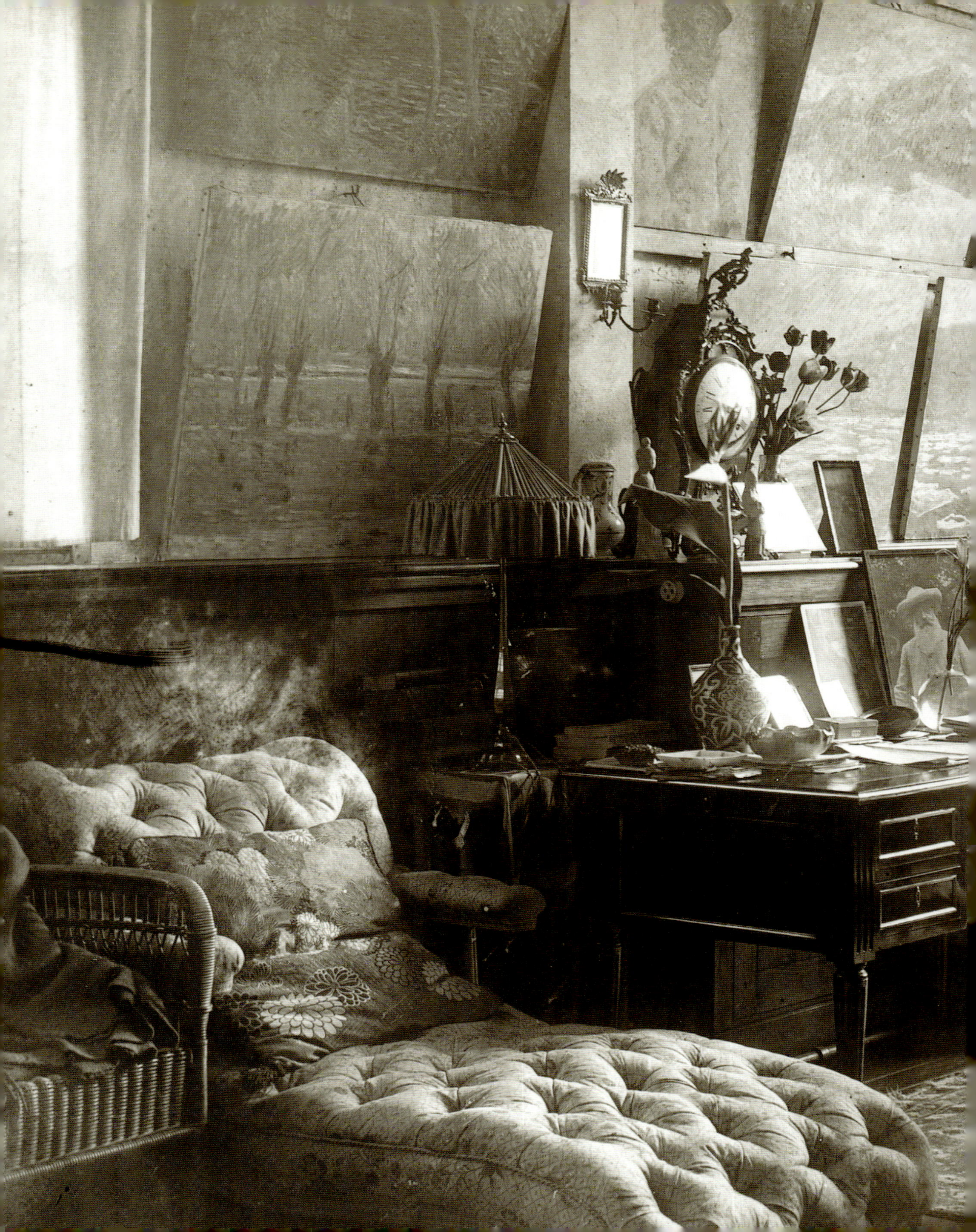

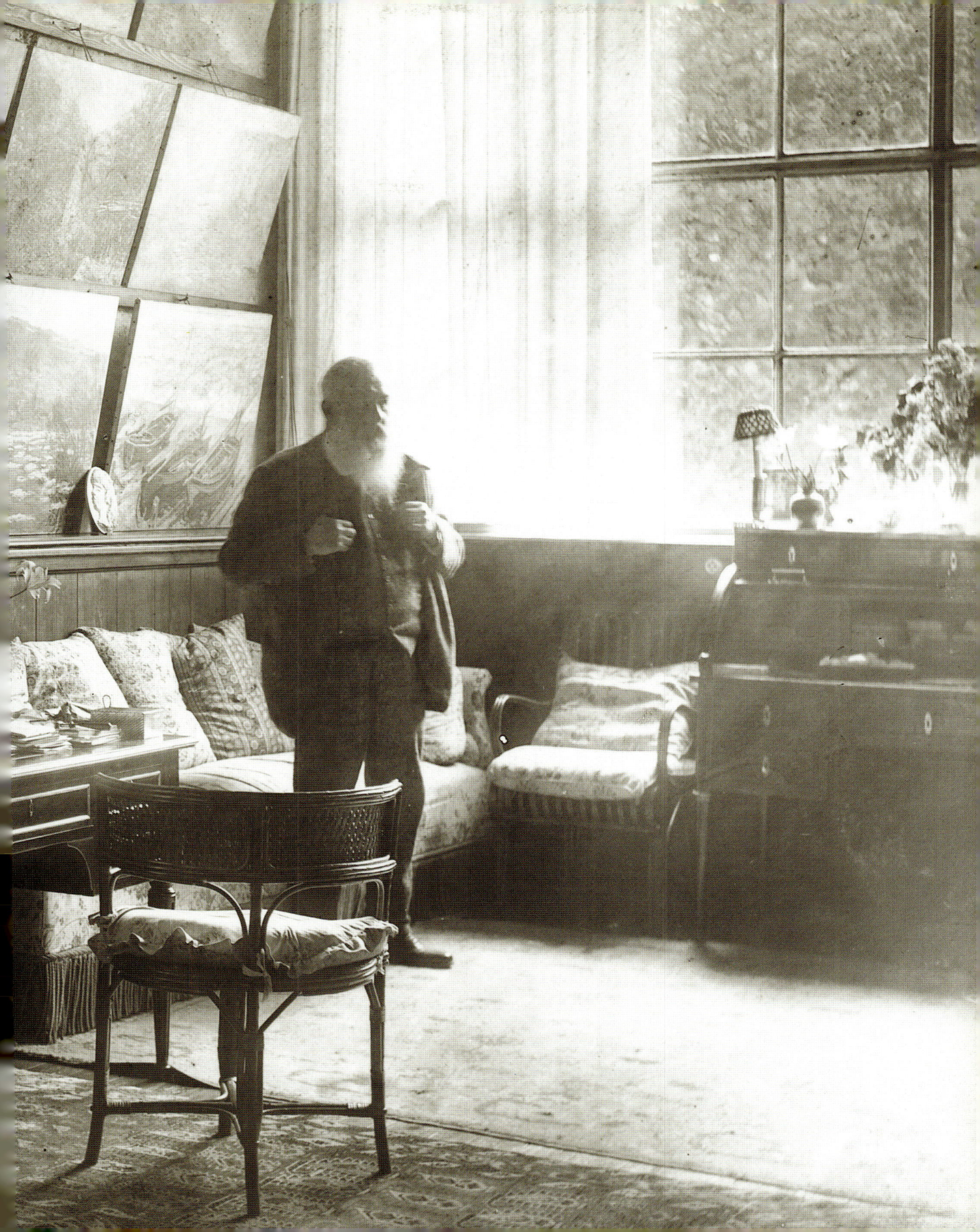

Vorhergehende Doppelseite: Monet in der Pose des stolzen Besitzers in seinem zweiten Atelier, um 1922. Die Blumen auf dem Schreibtisch holen den Garten ins Haus; im ganzen Raum stehen, sorgfältig platziert, weitere Sträuße und Töpfe.

trachtete, verbrannte er kurzerhand, doch in seinem Garten beschränkte er sich glücklicherweise auf einen Pflegeschnitt.

Ist die Beziehung zwischen seinem Garten und seinen Bildern – botanisch ausgedrückt – osmotisch oder symbiotisch? Einerseits kann man die Ansicht vertreten, dass Monet die stärkere Substanz darstellte, die den Garten, also die schwächere, durch die Membran seiner Bilder zu sich zog. Andererseits ist es jedoch auch möglich, dass sein Garten und seine Bilder in einem symbiotischen Verhältnis, also in gegenseitiger Abhängigkeit, zueinander standen. In jedem Fall aber wurde mit Monets Garten ein außergewöhnlicher Ort geschaffen, dessen Farben und Muster Verwandte und Freunde magisch anzogen – ein Ort, an dem die Natur als Quelle alles Guten und der Weisheit schlechthin erschien.

Rechts: 17 Jahre nach Monets Einzug wuchsen im Obstgarten von Giverny sowohl Holzäpfel als auch japanische Zierkirschen. In ***Frühling***, 1900, hat der Meister ihre spektakuläre Blüte festgehalten; der opulente Effekt wird durch die darunter gepflanzten Irisgruppen zusätzlich verstärkt.

Die ersten Seerosenbilder

Am 15. Januar 1900 kündigte Monet Paul Durand-Ruel schriftlich die Sendung zweier Kisten voller Bilder im Wert von 45.000 Francs an, die im Rahmen der Pariser Weltausstellung gezeigt werden sollten. Eine Kiste enthielt sechs Seerosenbilder aus der gleichnamigen Serie; in der zweiten Kiste befanden sich zwei weitere Seerosenbilder – eines für die Ausstellung und eines für Geffroy. Diese ersten Gemälde von Monets Wassergarten waren zwischen 1897 und 1900 entstanden und spiegelten natürliche Texturen und Farben wider; die Seerosen werden in derselben Manier dargestellt wie die frühen, in Giverny entstandenen Bilder von der Baumblüte. Über den Seerosen, deren leuchtende Farben den Teich bedecken, erhebt sich die japanische Brücke. Dennoch vernachlässigte Monet eine Weile den Wassergarten als Motiv – er war erheblich vergrößert worden und musste erst einwachsen – und wandte sich 1901 dem oberen Garten zu.

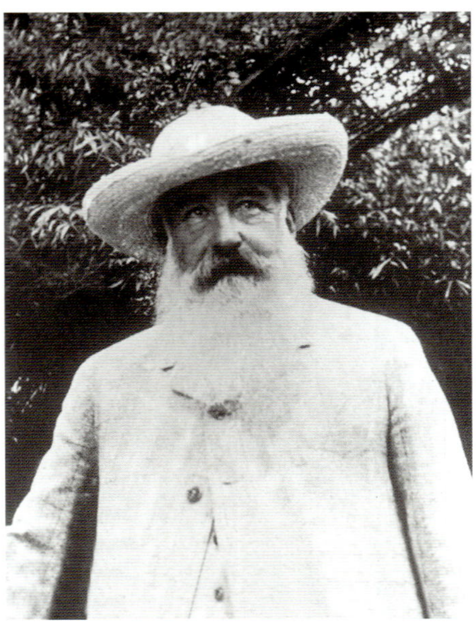

Links: Dieses Foto, das um 1913 aufgenommen wurde, zierte den Schreibtisch Monets. Es entstand in Giverny ungefähr zu dem Zeitpunkt, als er begann, zum Schutz seiner Augen vor dem Sonnenlicht die berühmten breitkrempigen Strohhüte zu tragen. Deutlich sichtbar wird hier sein rastloser, stets hinterfragender Geist.

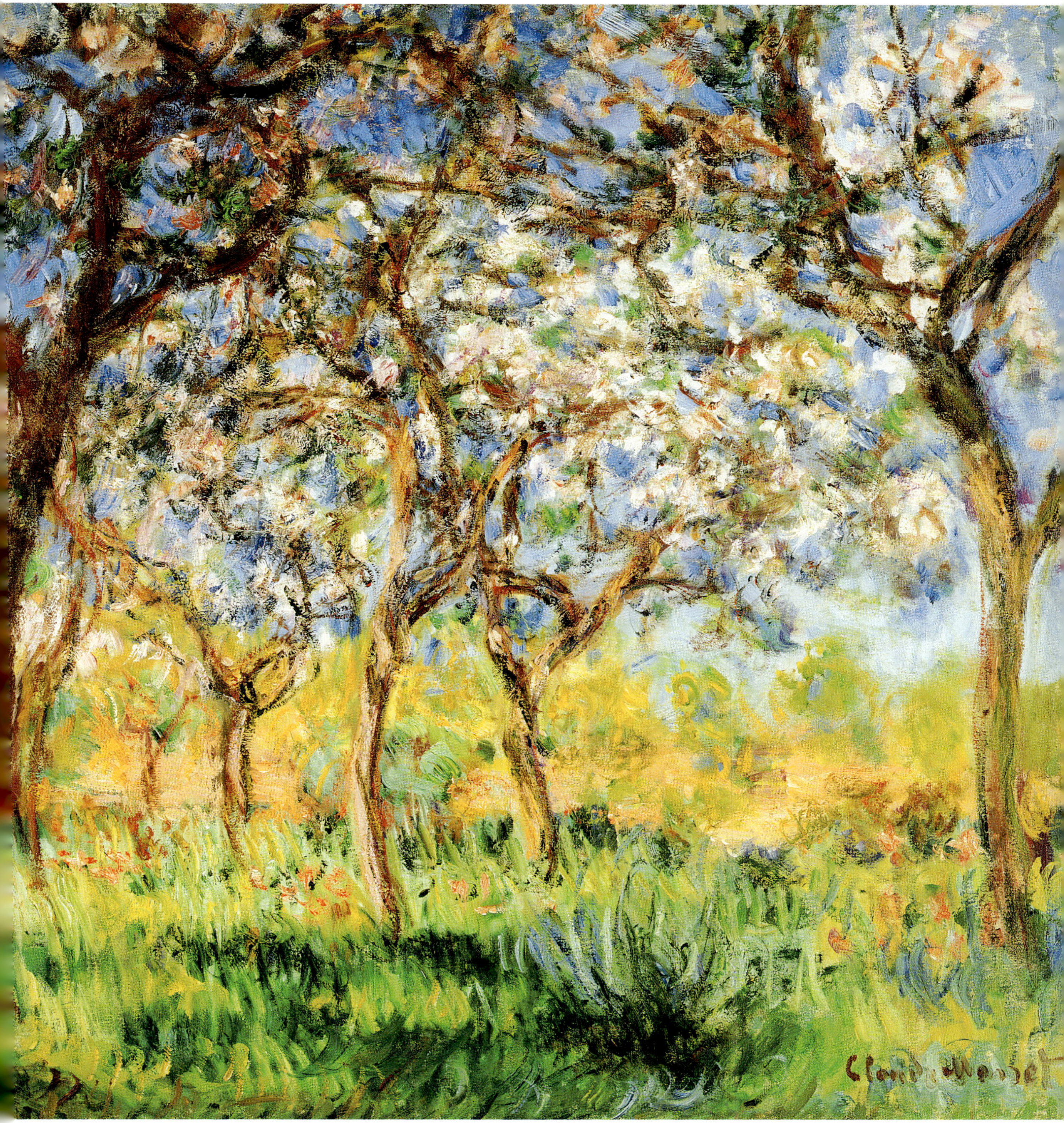

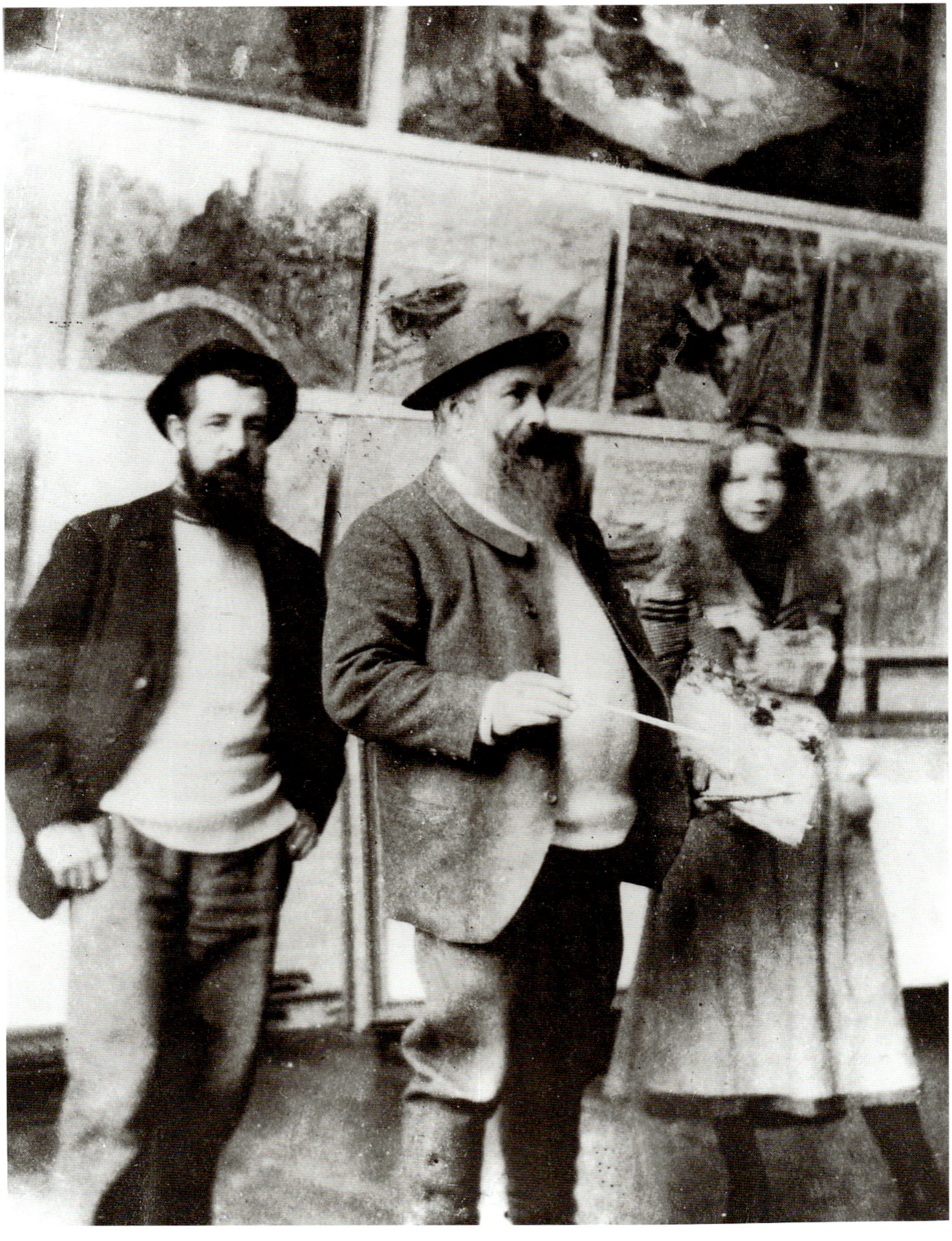

Links: Ein Bild aus einer Reihe zwangloser Familienfotografien, die im zweiten Atelier entstanden. Zu sehen sind Monet, Jacques Hoschedé sowie dessen Stieftochter Anna Bergman während ihres Besuchs 1902.

Die Farben des gedruckten Wortes

Die Affäre Dreyfus spaltete die französische Nation und viele Freunde Monets zeigten sich ebenso wie die breite Öffentlichkeit angewidert angesichts der Korruption und des Zynismus der französischen Regierung. Kurz darauf, im Jahr 1899, veröffentlichte Mirbeau *Jardin de supplices*, eine gotische Horrorgeschichte, die in einem Garten ähnlich dem von Giverny spielte – allerdings handelte es sich nicht um eine Szene mit blumenumrankten Lauben, sondern um ihre apokalyptische Variante. In Mirbeaus Erzählung sind die Bäume der zentralen Allee ausgehöhlt, um Körper aufzunehmen und zu foltern. Ein großer Teich ist mit Iris gesäumt – diabolische Blumen in der Farbe des Blutes; und was zunächst wie Seerosen wirkt, sind die leichenblassen Köpfe von Enthaupteten. Monet las die Beschreibung dieses mit dem Blut ermordeter Gefangener getränkten Gartens, ausgeschmückt mit erotisierenden Blüten und Folterinstrumenten, und es scheint, als käme in den grellen Farben seiner Bilder, die 1901/02 vom oberen Garten entstanden, ein Teil seines Zorns zum Ausdruck.

1921 stellte Geffroy eine Parallele zwischen den Gärten von Giverny und jenen in Shakespeares Stücken her. Manchem Betrachter mag Monet als Zauberer erscheinen, ähnlich wie Prospero, der in *Der Sturm* eine verzauberte Insel von böser Magie befreit, um Frieden und Versöhnung zu stiften. In der knorrigen Rinde und den herabhängenden Ästen der Trauerweiden erkennt man Caliban wieder, »ein Mensch oder ein Fisch ... mit Flossen wie Arme«, den »wilden und verunstalteten Sklaven«. Geffroy beschreibt auch Ariel, den Luftgeist, der wie ein Irrlicht über die Knospen der Seerosen hinwegtanzt. In Monets *Trauerweiden* aus dem Jahr 1918 werden die Schrecken des Krieges und die Bedrückung des Malers deutlich, wohingegen seine den Opfern des Ersten Weltkriegs gewidmeten Seerosendekorationen eine friedvolle, reine Atmosphäre verbreiten.

Wasserlandschaften

Die 1909 ausgestellte und aus 48 Bildern bestehende Seerosenserie umfasste die einzigen Tondi (kreisförmigen Gemälde), die Monet je-

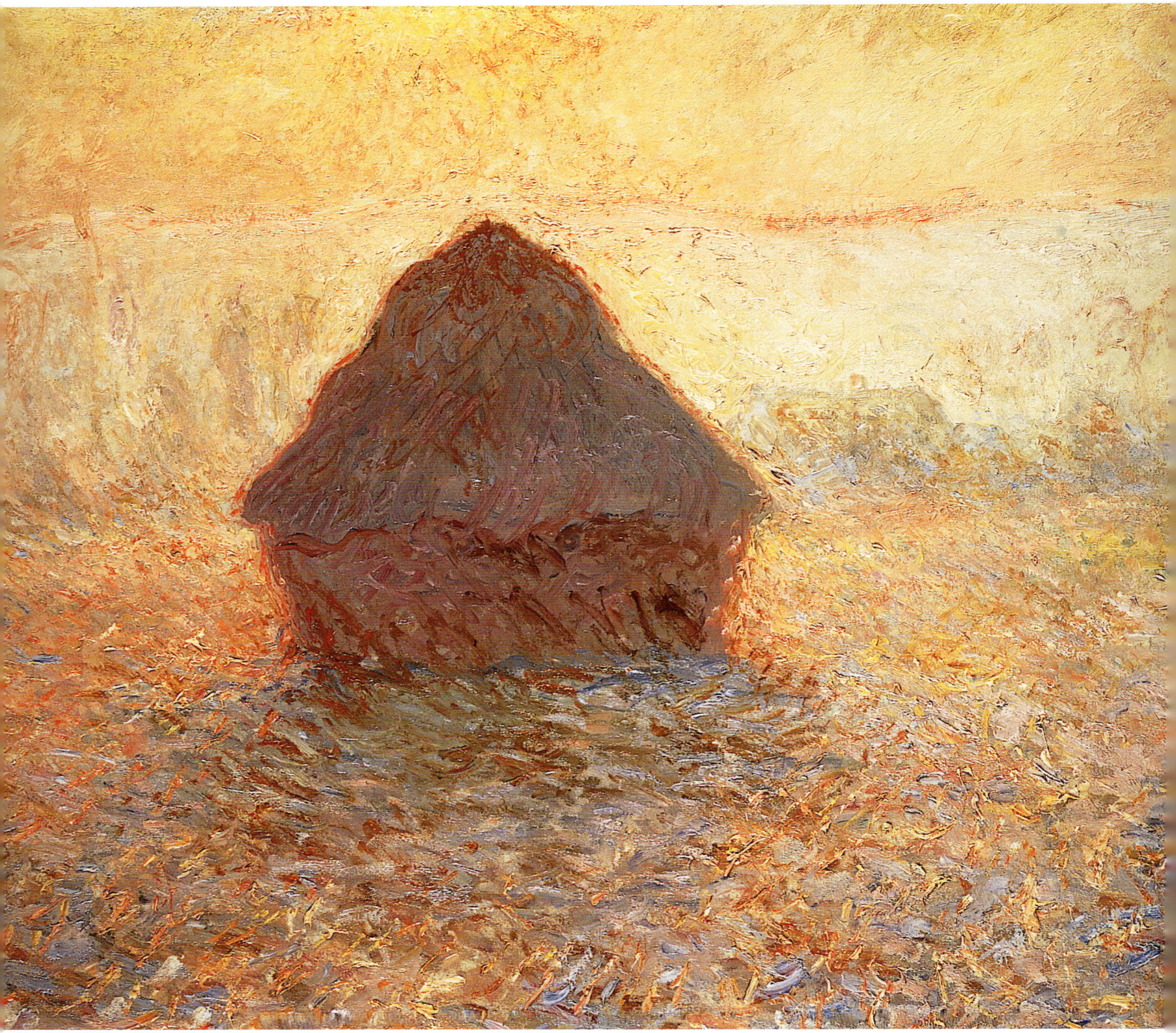

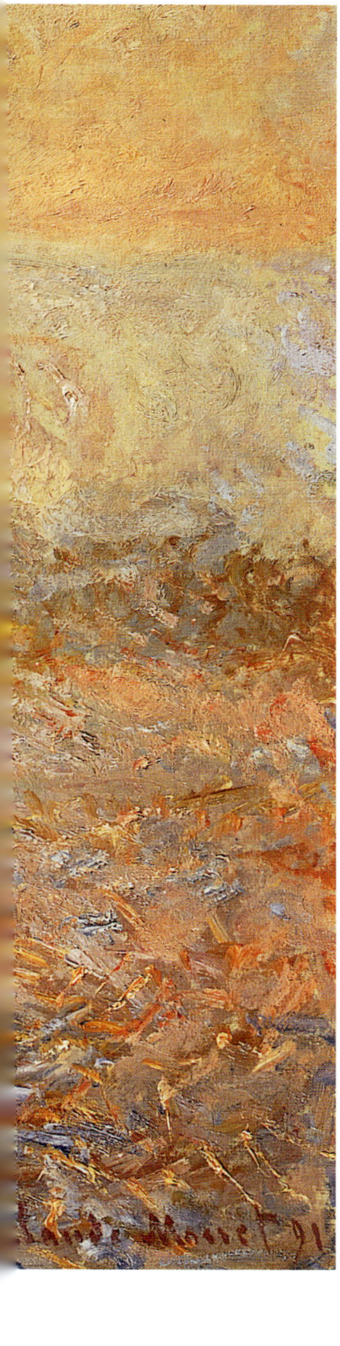

»Eines Tages sehe ich in Varengeville, gefolgt von einer Staubwolke, ein kleines Auto ankommen. **Monet steigt aus, blickt in die Sonne und dann auf seine Uhr:** ›Ich bin eine halbe Stunde zu spät‹, sagt er. ›Ich komme morgen wieder.‹«

Links: Die Getreideschober um Giverny lieferten in den 90er Jahren des 19. Jahrhunderts die Motive für erste Experimente mit Serienbildern. Das Motiv wird wie hier in ***Getreideschober in dunstigem Sonnenlicht***, 1891, Mittel zum Zweck – es dient der Erforschung der unterschiedlichen Lichteffekte in der Normandie. Aufgrund des sich verändernden Sonnenstandes arbeitete Monet im Lauf eines Nachmittags an mehreren Bildern mit jeweils unterschiedlichem Blickwinkel und Licht.

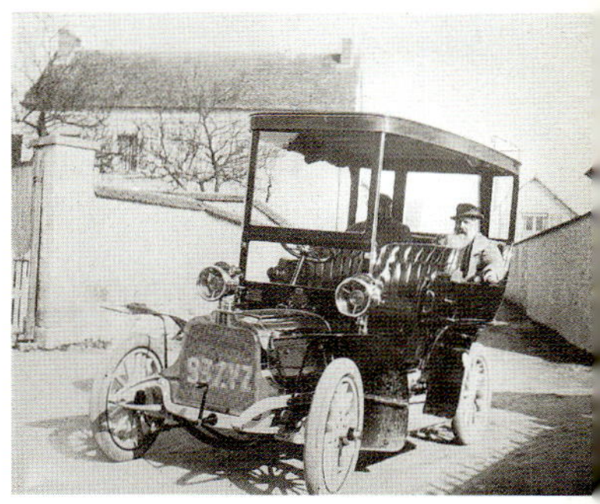

Rechts: Mit Clemenceau teilte Monet die Begeisterung für Automobile. Hier ist Monet um 1901 mit seinem Panhard-Levassor zu sehen.

mals schuf. Die überaus dekorativen, vornehmlich in Blau gehaltenen Bilder erwecken den Eindruck, durch ein Schlüsselloch in einen herrlichen Sommertag zu schauen. Bei der zweiten, zwischen 1904 und 1909 entstandenen Wassergartenserie konzentrierte sich Monet auf die Wasseroberfläche mit ihren Blau- und Grünharmonien, die darin reflektierten Bäume und Wolken. Der Maler vollendete ein Bild nicht, bis wieder dieselben Licht- und Farbeffekte vorlagen, die zu Beginn der Arbeit geherrscht hatten – auch wenn er ein Jahr darauf warten musste. Mit unbefriedigenden Bildern verfuhr er rigoros: 1907 teilte er Durand-Ruel mit, er habe zu seiner »großen Befriedigung mindestens 30 solcher Bilder« verbrannt.

In der Seerosenserie der Jahre 1904–09 betonte Monet die Blumengebilde zuweilen durch ausladende, intensive Farbkreise. Diese Technik entwickelte sich aus einem Pinselstrich, der flüssige Farbschichten über den Wasser darstellenden Flächen suggerierte, sodass die Seerosen auf der Bildoberfläche zu schweben scheinen. John House schrieb dazu: »Nun können wir die Macht des Pinselstrichs

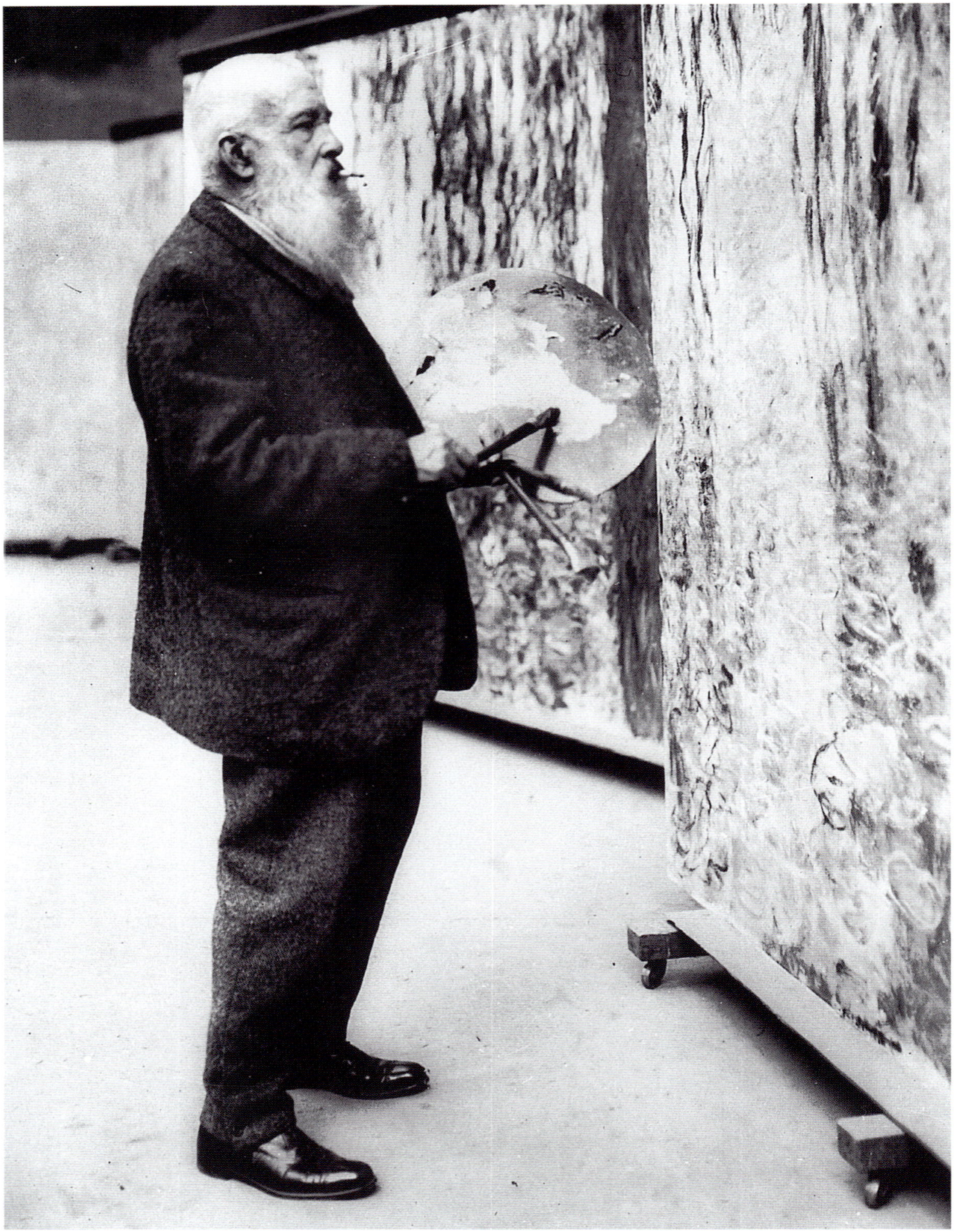

Links: Die Arbeit an den großformatigen Seerosenbildern der ***Grandes Décorations*** nahmen Monet in seinen zehn letzten Lebensjahren in Anspruch. Besonders intensiv arbeitete er – trotz seiner nachlassenden Gesundheit und seiner Sehbeschwerden – während des Ersten Weltkriegs daran. Wegen seiner Gemälde lehnte Monet auch eine Einladung des Kunsthändlers Bernheim-Jeune ab: »Mir bleiben nicht mehr viele Jahre und ich muss all meine Zeit der Malerei widmen, in der Hoffnung, etwas zu schaffen, das es am Ende wert sein wird.«

als lyrisches Ausdrucksmittel im großen Rahmen schätzen.« Ein solch poetisches Machwerk entstand indes nur nach sorgfältiger Beobachtung des vergrößerten Teiches, der mit neuen, noch farbenfroheren (und teureren) Seerosen bepflanzt worden war.

Nach 1912 malte Monet nur noch sommers in seinem Garten. Die Wintermonate verbrachte er in seinem Atelier, wo er die Bilder retuschierte und vollendete – oder sie zuweilen sogar vernichtete. Als er zwei Jahre später die *Grandes Décorations* in Angriff nahm, hatte er seit *Frauen im Garten*, das 50 Jahre zuvor in Ville d'Avray entstanden

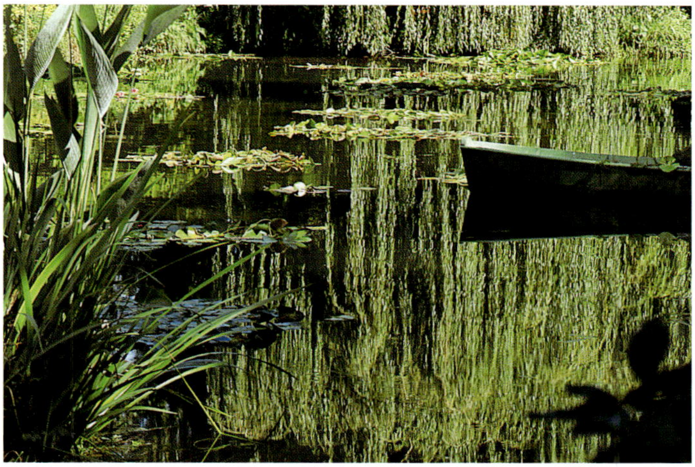

Links: Nicht nur Monets Gärtner arbeiteten vom Boot aus – in den frühen Jahren des Wassergartens malte Monet einige Bilder auf diesem »schwimmenden Atelier«. Bereits zu Beginn seiner künstlerischen Laufbahn – in Argenteuil und Vétheuil – besaß Monet ein »Atelier-Boot«. 1874 porträtierte Edouard Manet ihn beim Malen auf diesem Boot.

war, so gut wie kein großformatiges Bild mehr im Freien gemalt. Das 1916 erbaute dritte und mit Abstand größte Atelier ermöglichte es ihm, draußen am Teich angefertigte kleine Studien zu großen Gemälden auszuarbeiten.

Monets Augenlicht

Ende Juli 1912 bemerkte Monet, dass er auf seinem rechten Auge kaum noch sehen konnte. Ein in der nächstgrößeren Stadt Vernon ansässiger Augenarzt diagnostizierte ein frühes Stadium des grauen Stars und drängte auf eine Operation. Monet war jedoch nicht gewillt, auch nur das geringste Risiko für sein Augenlicht einzugehen, und wandte sich an einen Pariser Spezialisten, der eine besondere Behandlung empfahl. Das Leiden verschlimmerte sich nicht, im

April 1913 stellte sich auch tatsächlich eine leichte Besserung ein; Monet trug nun stets den breitkrempigen Strohhut, der seine Augen vor Sonnenlicht schützte. Im Juli begann er, die Rosenpergolen zu malen; dabei gab er der Zeitschrift *Je sais tout* die seltene Erlaubnis, ihn beim Malen zu fotografieren. Während des Ersten Weltkriegs malte Monet. Michel Monet, Jean-Pierre Hoschedé und Albert Salerou zogen aufs Schlachtfeld, Monets Unterstützung beschränkte sich auf Obst und Gemüse für die Feldlazarette und das Malen.

Der Freude über den Waffenstillstand und über die Annahme seines Angebots, der Nation zwei Wandpaneele zu stiften, folgte 1919 die Enttäuschung angesichts des sich verschlimmernden grauen Stars. Clemenceau, der selbst Arzt gewesen war, riet Monet zur Operation, doch dieser fürchtete eine weitere Beeinträchtigung seines Sehvermögens. Im Lauf des Jahres teilte er Geffroy mit, er könne nicht mehr im Freien malen, und 1921 gestand er einem Journalisten, dass er seine Farbtuben und Pinsel sorgfältig platzieren müsse, um ein unbeabsichtigtes Vertauschen der Farben zu vermeiden. Bis Mai 1922 war er so gut wie blind.

Schließlich gelang es Clemenceau, Monet zum Besuch des Spezialisten Dr. Charles Coutela zu überreden. Die erste von drei Operationen wurde für November geplant, aber auf Mitte Januar verschoben, der letzte Eingriff fand im Juli statt. Zwischen den Operationen pflegte Blanche den Patienten in Giverny. Monets Sorge, sein Farbsinn könnte sich verändern, schien sich zu bestätigen; seine Bilder wurden entweder von starken Rot- und Gelbtönen oder aber von kühlem Blau und Grün beherrscht. Dr. Coutela passte dem Patienten mehrere Brillen mit unterschiedlich getönten Gläsern an, die Monet jedoch allesamt ablehnte. Erst eine Ende 1924 von der Firma Meyrowitz angefertigte Brille entsprach seinen Vorstellungen. Im Oktober 1923 war er erstmals wieder in der Lage, die Farben zu sei-

Die gewaltigen Dimensionen und die patriotische Intention der ***Grandes Décorations*** waren für Monet in seinen letzten Lebensjahren noch einmal eine gewaltige kreative Herausforderung. Der Ausschnitt aus ***Seerosen, Morgenstimmung mit Weiden***, 1919–26, zeigt eine radikale Abstraktion des Seerosenthemas, bei der Farbe und Licht größere Bedeutung als der Form zukommt. Der Plein-air-Effekt wird durch den sparsamen Einsatz der Farbe verstärkt, der Monets späte Werke fast wie auf Seide gemalt erscheinen lässt.

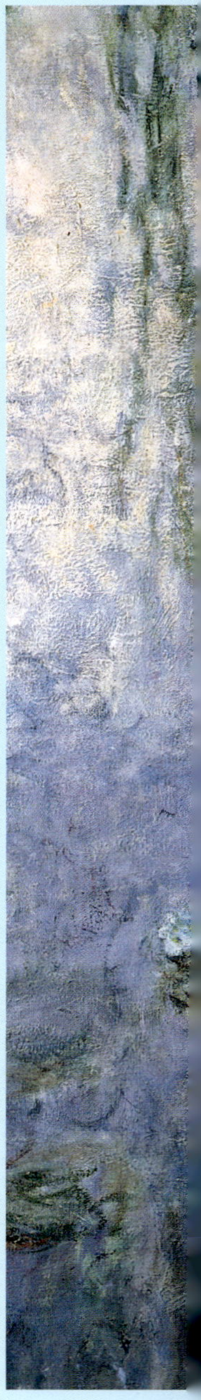

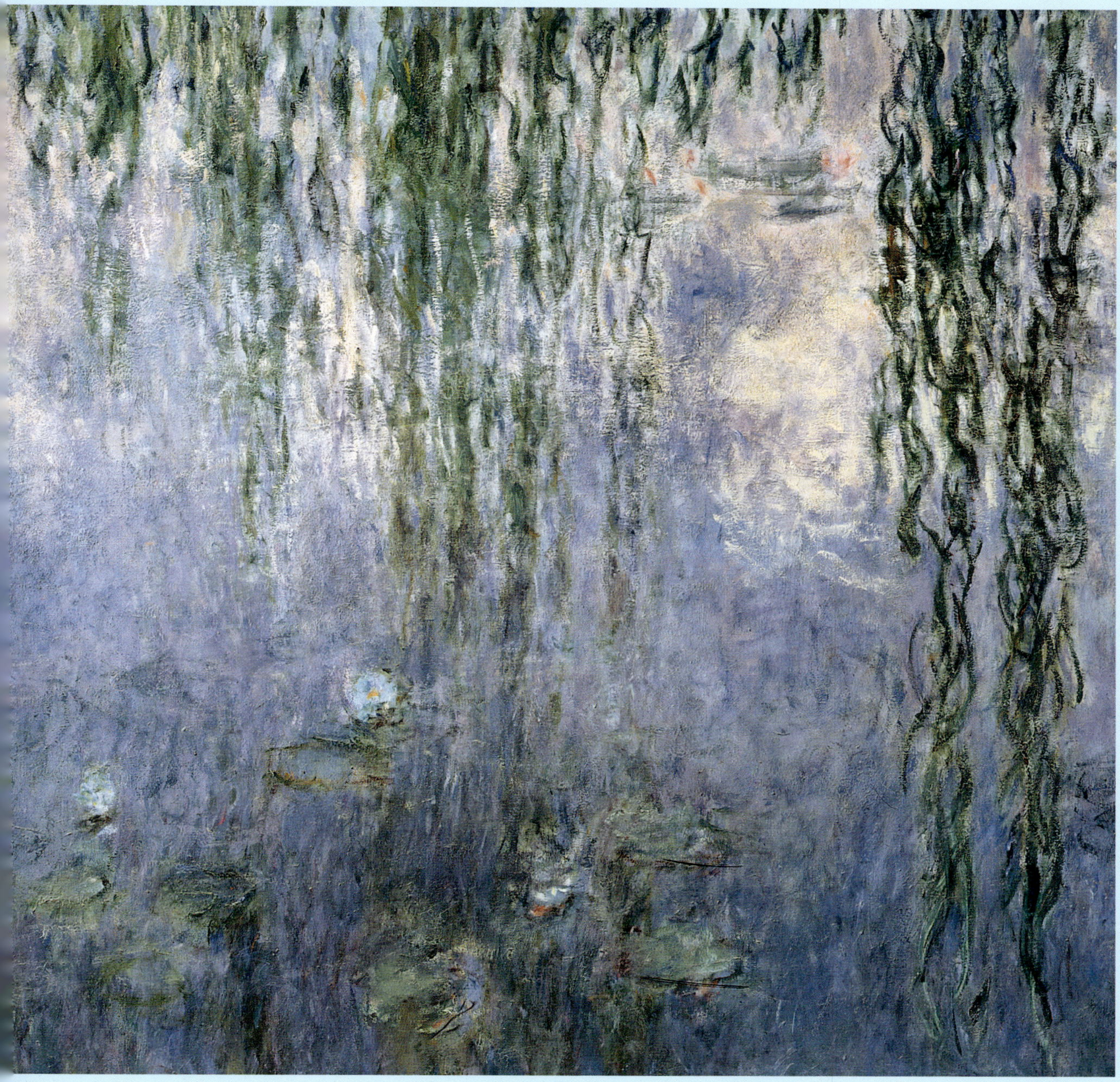

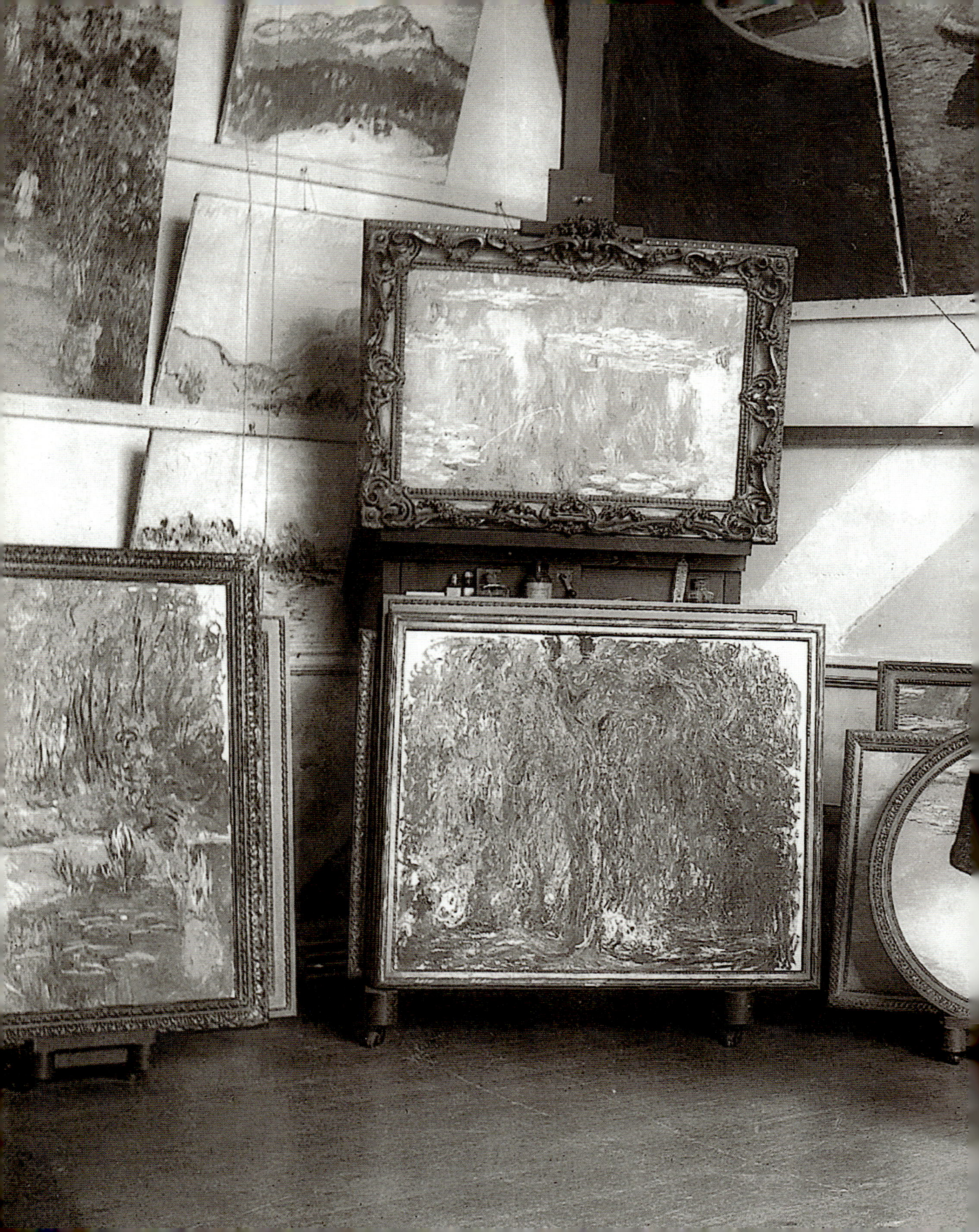

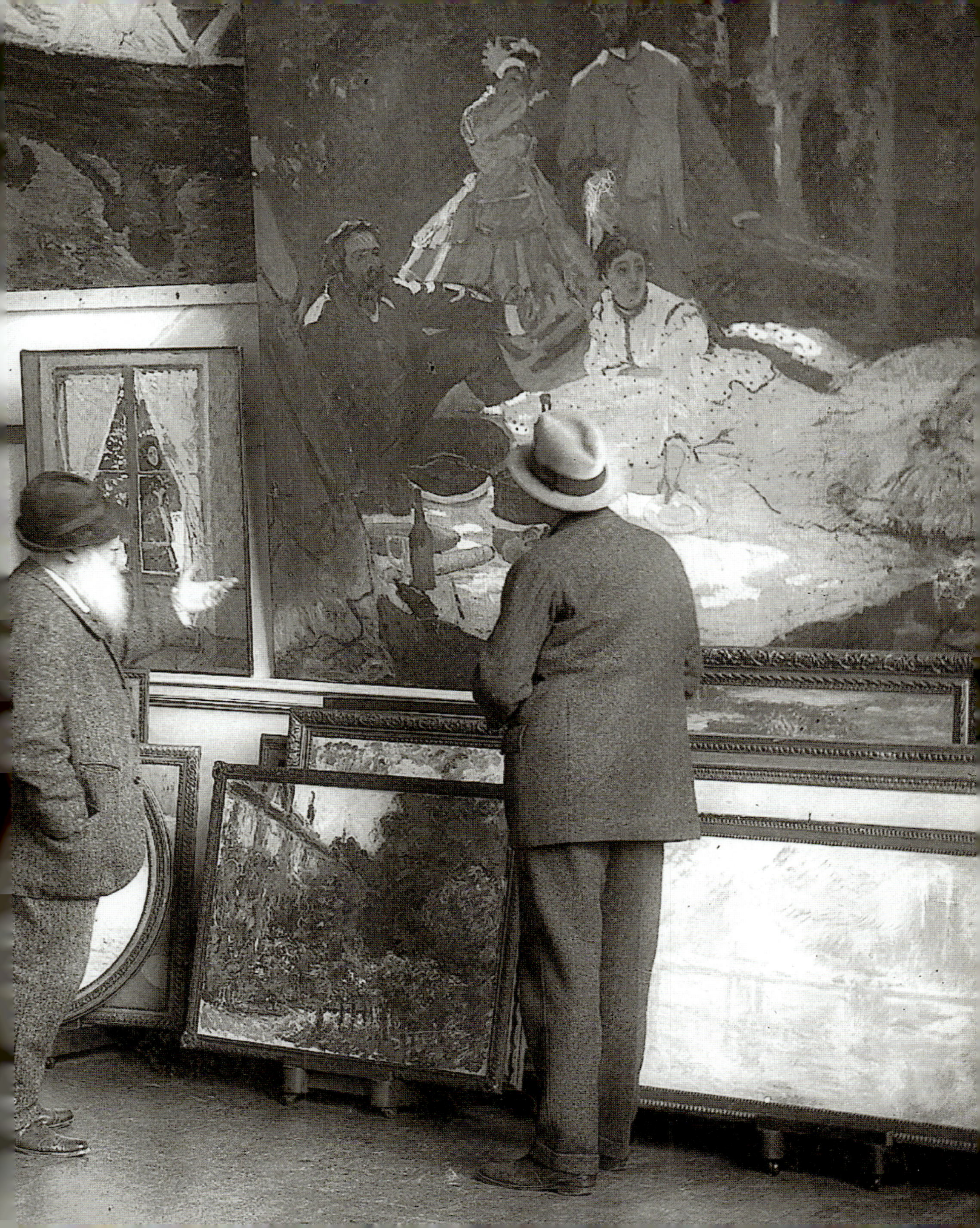

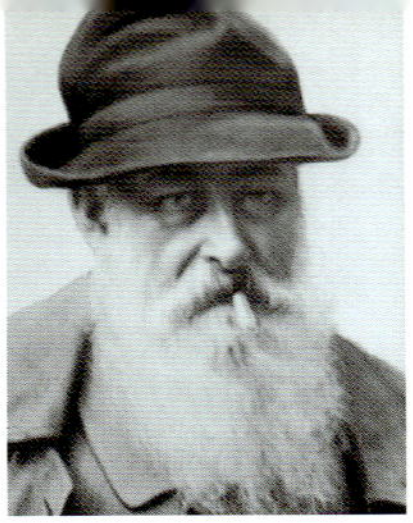

»Ich sehe Blau. Rot und Gelb sehe ich nicht mehr. Das irritiert mich unendlich, weil ich weiß, dass diese Farben existieren. Ich weiß, dass es auf meiner Palette Rot und Gelb, ein spezielles Grün und ein bestimmtes Violett gibt. Ich kann die Farben nicht mehr so wie früher sehen, aber ich weiß, wie ich sie früher verwendete.«

Vorhergehende Doppelseite: Monet 1920 in seinem Atelier. Der Duc de Trévise (rechts im Bild) begutachtet das Bild ***Frühstück im Grünen***, 1865–66. Die anderen Gemälde zeigen jene Seerosen-, Blumen- und Laubmotive, die in Monets Spätwerk dominieren.

Oben: Monet im Juni 1921. Der Hut schützt seine Augen vor dem Sonnenlicht. Trotz seiner Sehbeschwerden hat er sein Schaffen niemals in Frage gestellt.

ner Zufriedenheit zu unterscheiden, und von November bis zum folgenden Frühling malte er wie besessen. Im Sommer hatte er erneut Schwierigkeiten, die Farben zu unterscheiden. Den Rest des Jahres 1924 und das Jahr 1925 verbrachte er in tiefer Depression, bis eine weitere Brille seine Probleme behob. Seine Sehbeschwerden schlugen sich in vielen Interviews, die er damals gab, nieder – er berichtete über das, was er fühlte, aber selten über das, was er sah.

Die »Grandes Décorations«

In den Jahren nach dem Ersten Weltkrieg begrüßten zwei alte Männer freudig jede neue Jahreszeit im Garten von Giverny: Clemenceau, der einst radikale Student, der Frankreich zum Sieg und Waffenstillstand geführt hatte, und der avantgardistische Maler Monet, der sich in künstlerischer Hinsicht stets treu geblieben war – von der spiegelnden Teichoberfläche in *Landschaft bei Ruelles* (1858) bis hin

Rechts: Textur und Form der am Teichufer verwilderten Schmucklilien bilden einen interessanten Kontrast zu den Seerosen und den herabhängenden Ästen der Trauerweide. Die hellblauen Blüten auf den schlanken Stängeln stellen in ***Seerosen und Schmucklilien***, 1914–17, ein farbliches Bindeglied zwischen Himmel und Wasser dar.

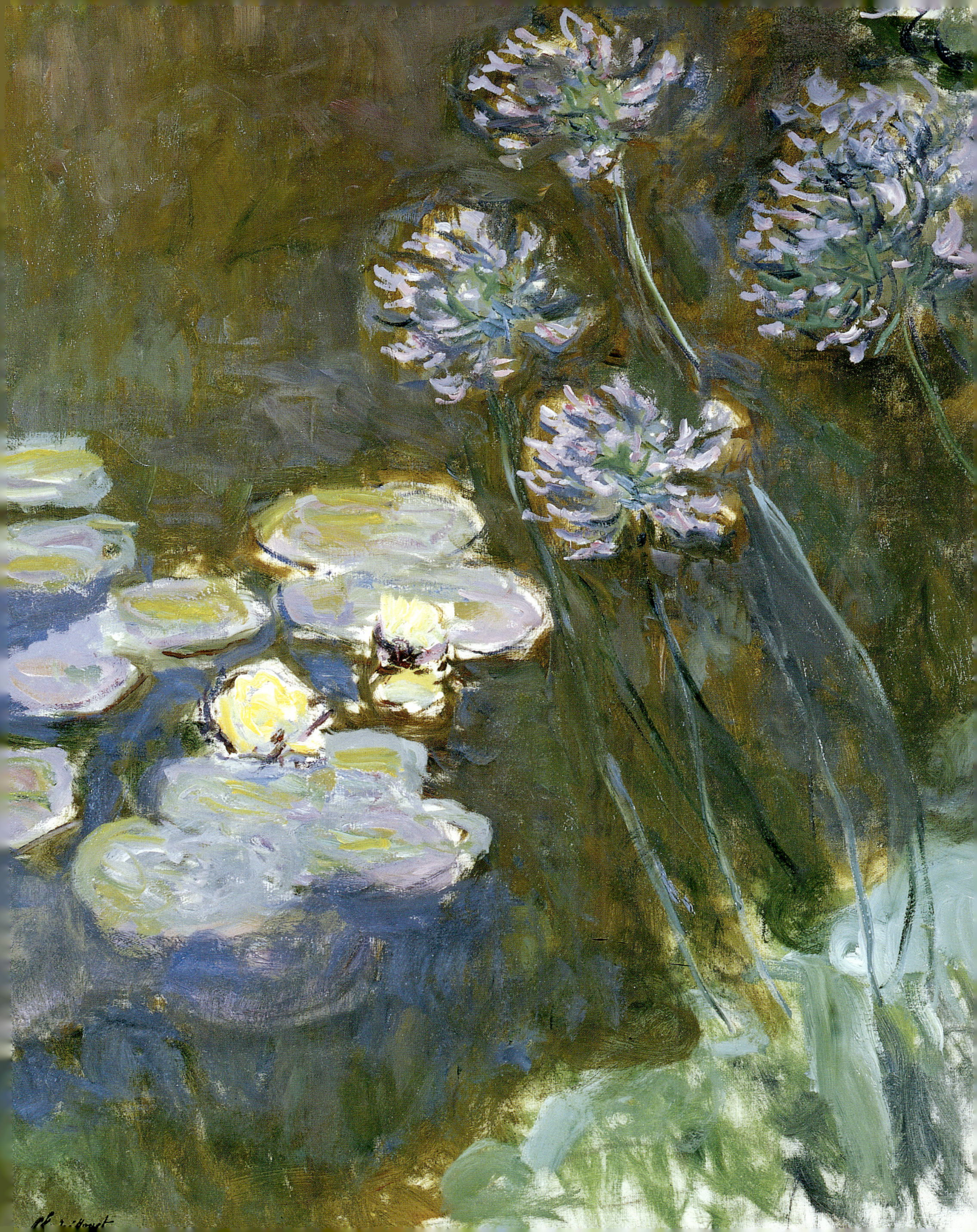

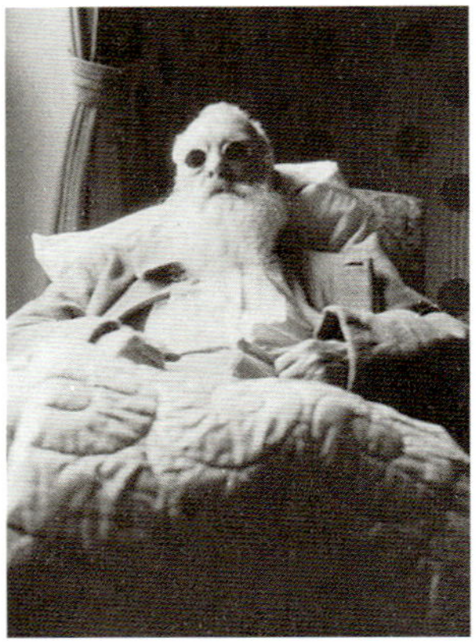

Rechts: Monet, der sich in Giverny von seiner ersten, erfolglosen Staroperation erholt. Im selben Jahr folgten zwei weitere Eingriffe, die – in Verbindung mit getönten Brillengläsern – seine Sehkraft sowie seine Farbwahrnehmung entscheidend verbesserten. Monet war ein ausgesprochen ungeduldiger, eigensinniger Patient, der es Ärzten und Pflegern nicht leicht machte.

Ganz rechts: Monets nachlassendes Sehvermögen schwächte während seiner letzten Lebensjahre insbesondere seine Farbwahrnehmung. Die ***Japanische Brücke***, 1919–24, konfrontiert den Betrachter mit intensiven, fast aggressiven Farben und groben Texturen. Die Rosenallee und die Brücke waren in Monets letzten Jahren häufige Motive des Künstlers.

zur stillen Tiefe seiner Gemälde, die den Frieden von 1918 würdigen. Die beiden von ihm gestifteten Seerosengemälde nahmen unterdessen beachtliche Ausmaße an. Sie erstreckten sich über mehrere Leinwände und bedeckten mit Leichtigkeit die Wände der beiden elliptischen Räume der Pariser Orangerie. 1918 hatte Monet Clemenceau geschrieben, dass die Vollendung kurz bevorstehe und der nationale Feiertag des Waffenstillstands ein geeignetes Datum sei, die Kunstwerke zu signieren. Tatsächlich aber arbeitete er noch Jahre an den riesigen Leinwänden, besonders intensiv von 1921 bis zu seinem Tod – gänzlich unbeeindruckt von der sich rasant verändernden Welt jenseits der Mauern seines Paradieses. Die enorme Aufgabe nahm ihn stark in Anspruch; hinzu kamen künstlerische Zweifel und seine Sehbeschwerden. Doch Clemenceau ließ nicht zu, dass er die von Krieg desillusionierte Nation enttäuschte. Bis zuletzt stand er mit Monet ebenso wie mit der ihn aufopferungsvoll pflegenden Blanche in regem Briefwechsel. Ende Dezember 1926, nur wenige Wochen nach dem Tode Monets, wurde das monumentale Kunstwerk, die so genannten *Grandes Décorations*, in die Pariser Orangerie gebracht. Im Mai 1927 fand die öffentliche Präsentation statt.

Clemenceaus Engagement in dieser Sache entsprang zum einen dem Bedürfnis, etwas Bleibendes für die vom Krieg schwer gezeichnete Nation zu gewährleisten, und zum anderen dem Verlangen, seinem geschätzten Freund zu huldigen. Die Pariser Wohnung des einstigen »Tigers«, die heute das Musée Clemenceau beherbergt, legt ein beredtes Zeugnis von der Freundschaft zwischen beiden Männern ab. Zu sehen sind von Nadar aufgenommene Fotografien der beiden; auch mit dem Fotografen verband Monet eine langjährige freundschaftliche Beziehung. Außerdem ausgestellt sind drei Gemälde von Blanche Hoschedé, die den Blumengarten und das Haus

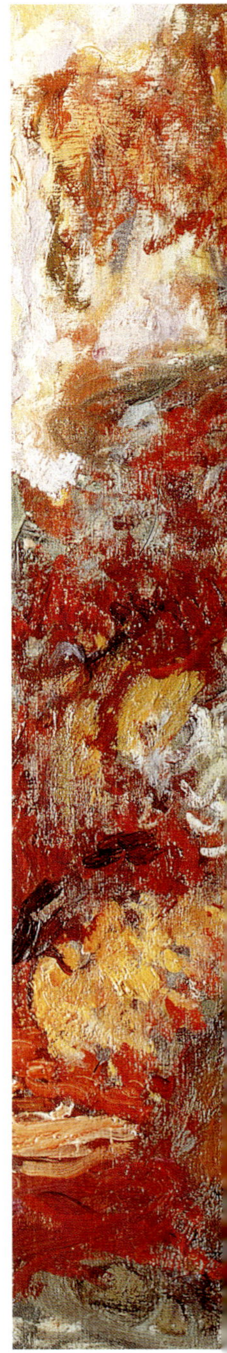

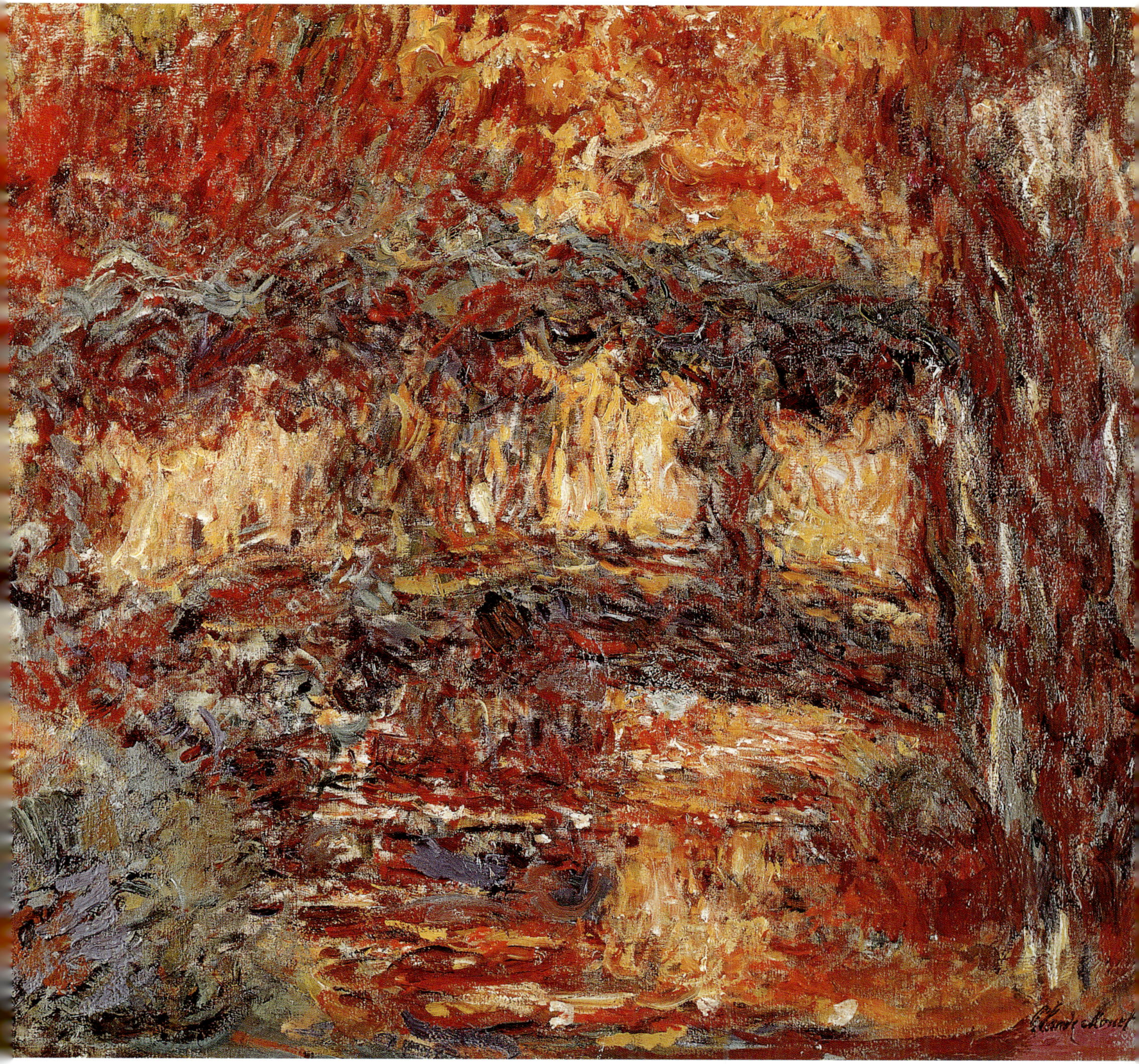

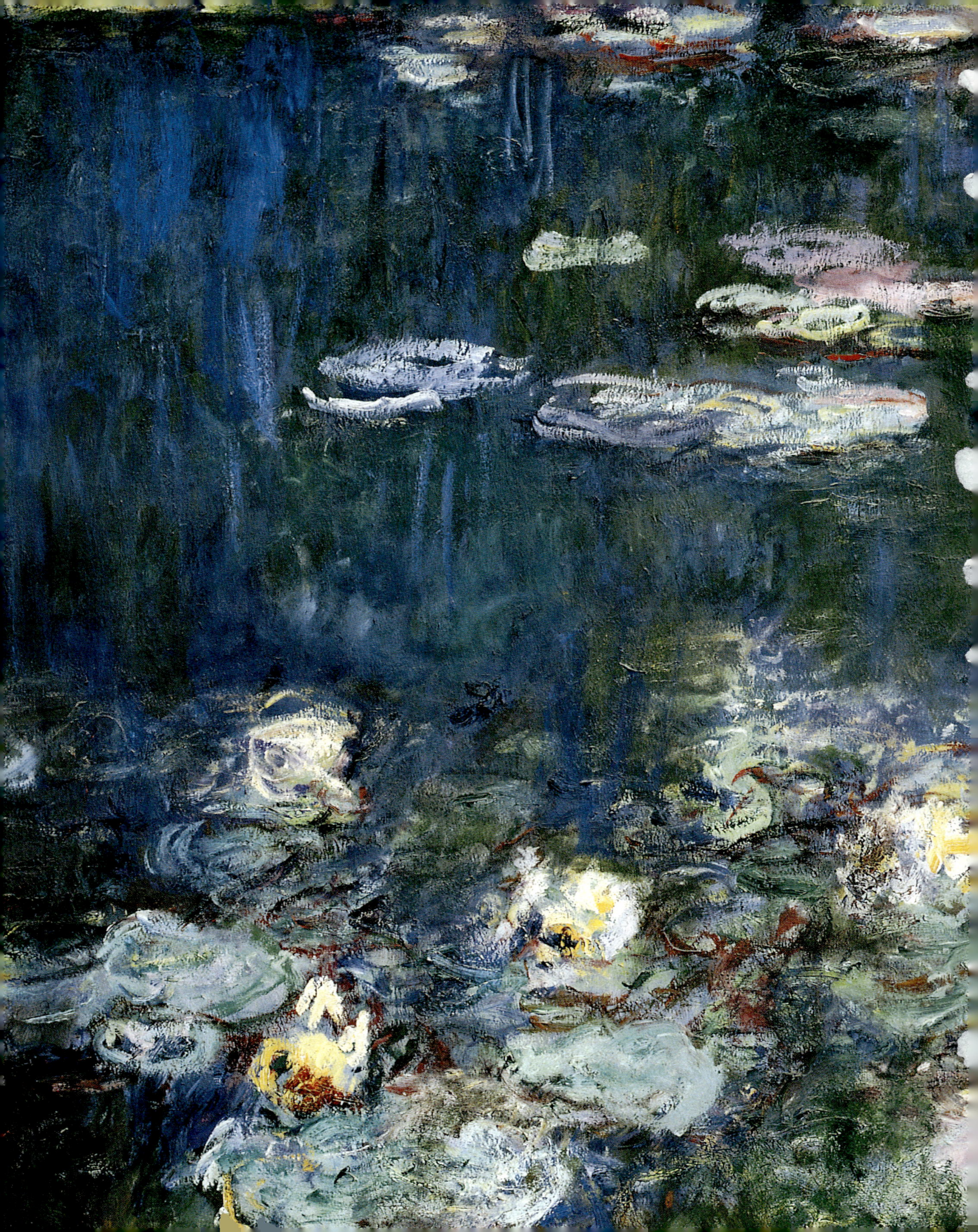

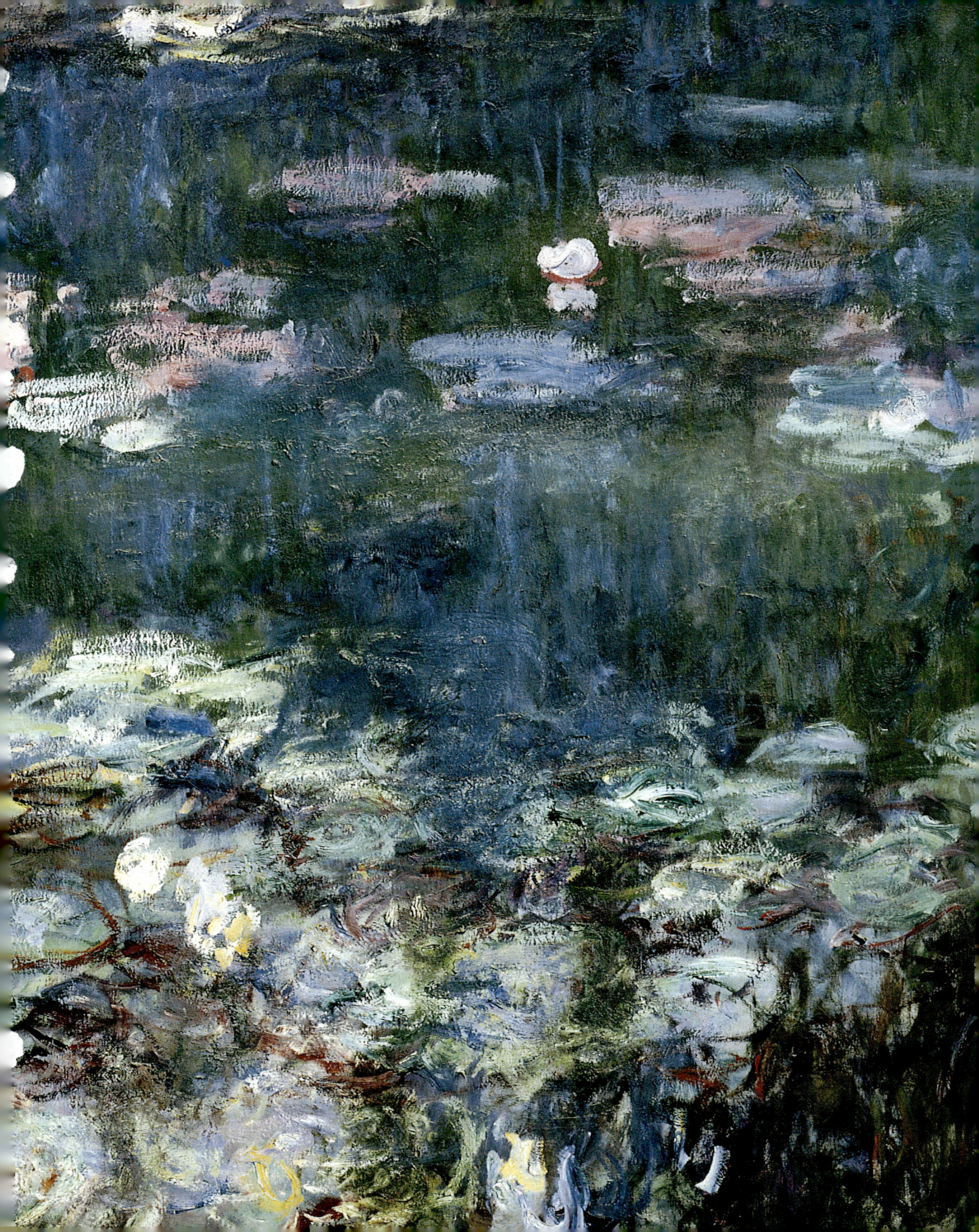

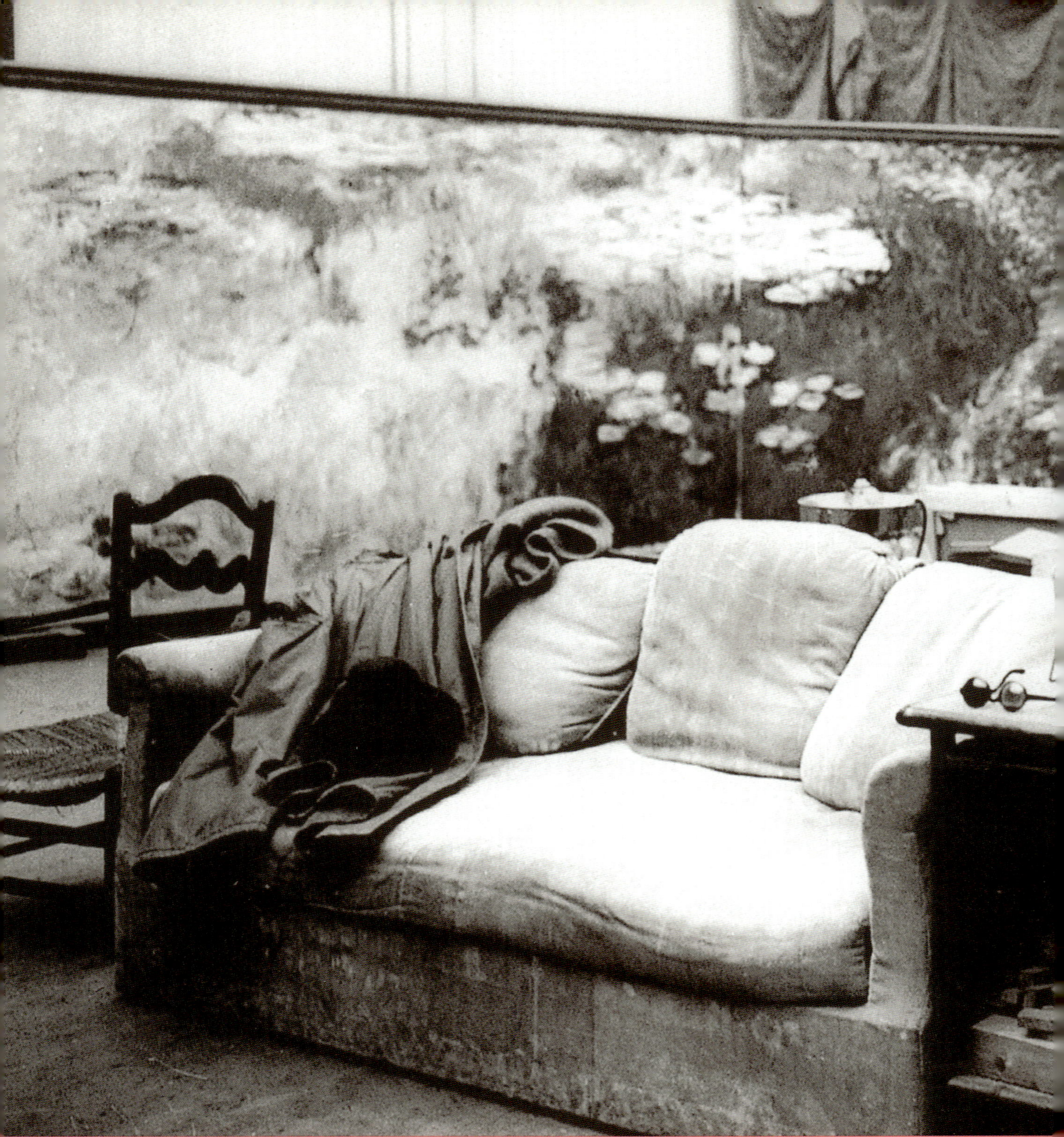

»Es ist viel besser, allein zu sein – und

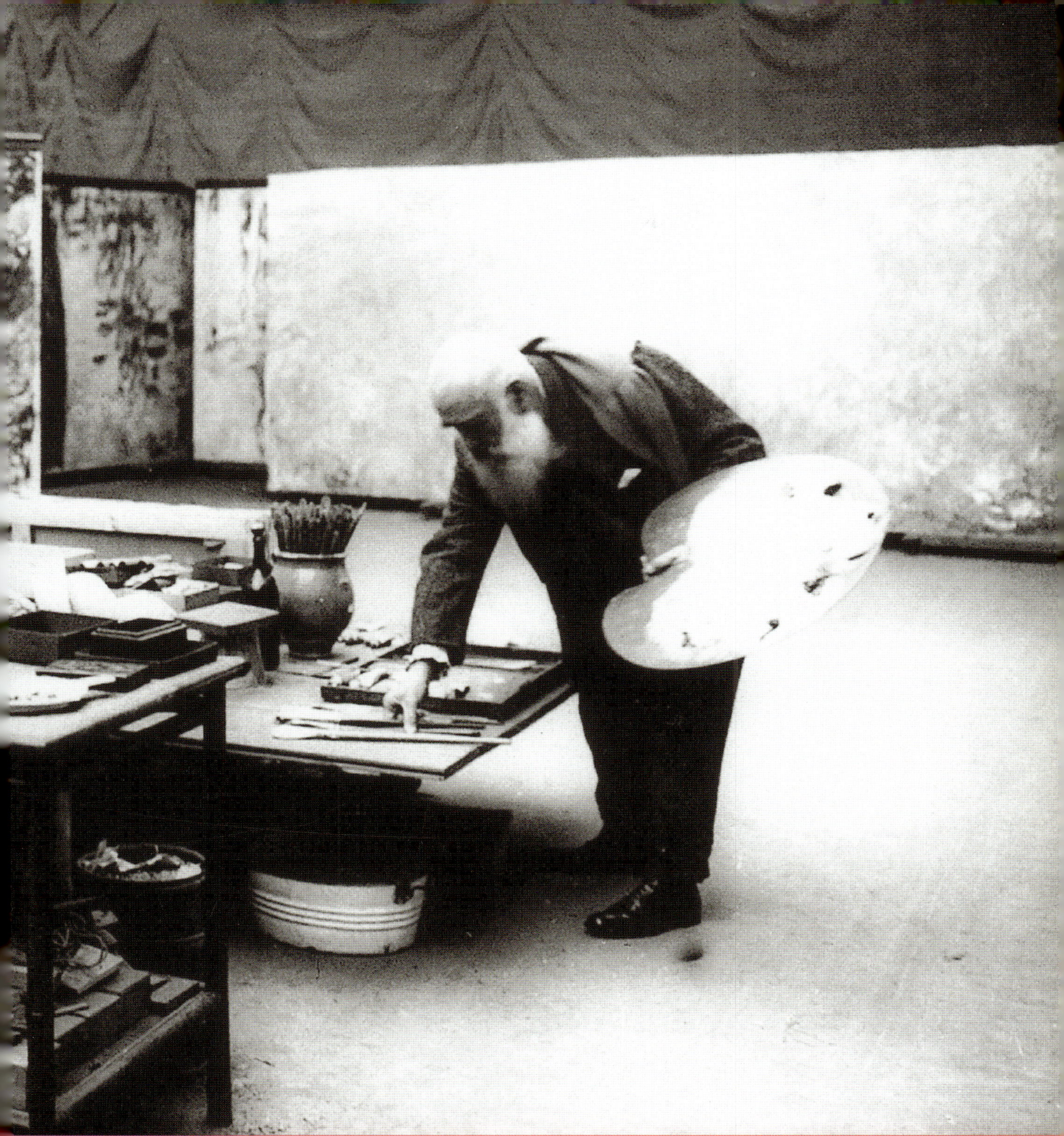

noch besser, ganz allein zu sein.«

Seiten 176/177: Monets letzte Gemälde sind sowohl in Bezug auf Textur als auch auf Farbe und Form radikal. In ***Seerosen*, *Grüne Spiegelungen***, 1919–26, versucht er, die flüchtigen Effekte des Sonnenlichts auf dem Wasser einzufangen und antizipiert mit seinen Arrangements in gewisser Weise schon den Expressionismus, der Mitte des 20. Jahrhunderts aufkam.

Vorhergehende Doppelseite: Die großformatigen, elliptischen Bilder der ***Grandes Décorations*** beherrschen das große Atelier. Die beachtlichen Dimensionen dieser Leinwände ermöglichten es Monet, trotz seiner zunehmenden Sehschwäche zu malen. In späteren Jahren experimentierte er mit verschiedenen getönten Brillen, wie etwa jener, die auf dem Tisch zu sehen ist.

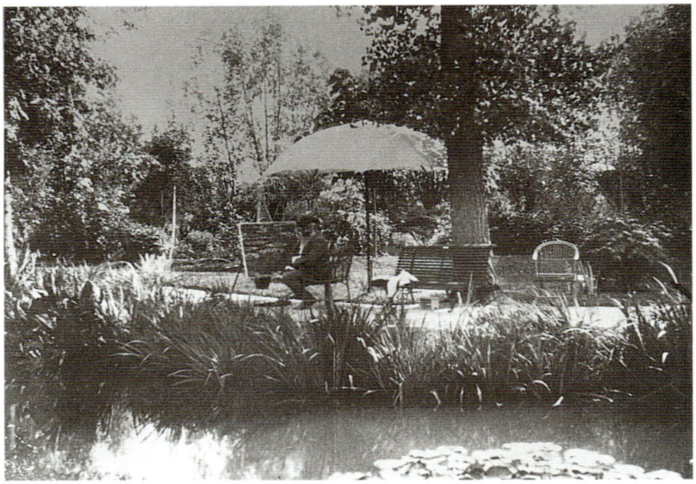

Links: Monet beim Malen, aufgenommen um 1920 am Seerosenteich. Gegen Ende seines Lebens malte er nur noch im Sommer draußen. In den Wintermonaten retuschierte und vollendete er seine Bilder im Atelier. Wie bereits bei den Bildern der Getreideschoberserien, arbeitete Monet auch hier je nach Lichtverhältnissen an mehreren Bildern gleichzeitig.

von Giverny zeigen. Trotz der Exponate wirkt das Haus so, als hätte es Clemenceau nur für einen Augenblick verlassen.

Monets Vermächtnis findet man heute sowohl in den großen Kunstsammlungen rund um die Welt als auch in seinem Haus in Giverny. Um dem Geist dieses beispiellosen Künstlers und großartigen Mannes, der die Natur formte und sie neu interpretierte, näher zu kommen, muss man einfach nur auf seinen Spuren durch das wunderbar restaurierte Haus, seine Ateliers und den Garten gehen. Schlendern Sie in aller Ruhe die Wege entlang, blicken Sie in die unergründlichen Tiefen des Teiches; er ist die einzigartige Inspirationsquelle für die nur kurze Momente andauernden Lichtreflexe, die Monet in seinen Bildern auf so geniale Weise einzufangen vermochte. Nachdem Sie den Garten und seine faszinierende Atmosphäre auf sich haben wirken lassen, wird Ihnen auch das bekannteste von Monets Werken auf eine ganz neue Art begegnen und vertrauter als je zuvor erscheinen.

Rechts: Während seines letzten Jahrzehnts in Giverny experimentierte Monet mit dem Seerosen-Motiv. Die bewegte Wasseroberfläche in harmonischen Blau- und Grüntönen wird von Schatten in dunkleren Grünnuancen ergänzt, die den Blick des Betrachters in die unergründlichen Tiefen lenken.

Nachfolgende Doppelseite: Die zunehmende Abstraktion kommt in den dunklen Blütentrauben und den spiralig gewundenen Blüten von ***Glyzine,*** 1920–25, zum Ausdruck.

»Ich arbeite so viel wie nie zuvor … **und bin zufrieden mit**
habe ich nur einen einzigen Wunsch:

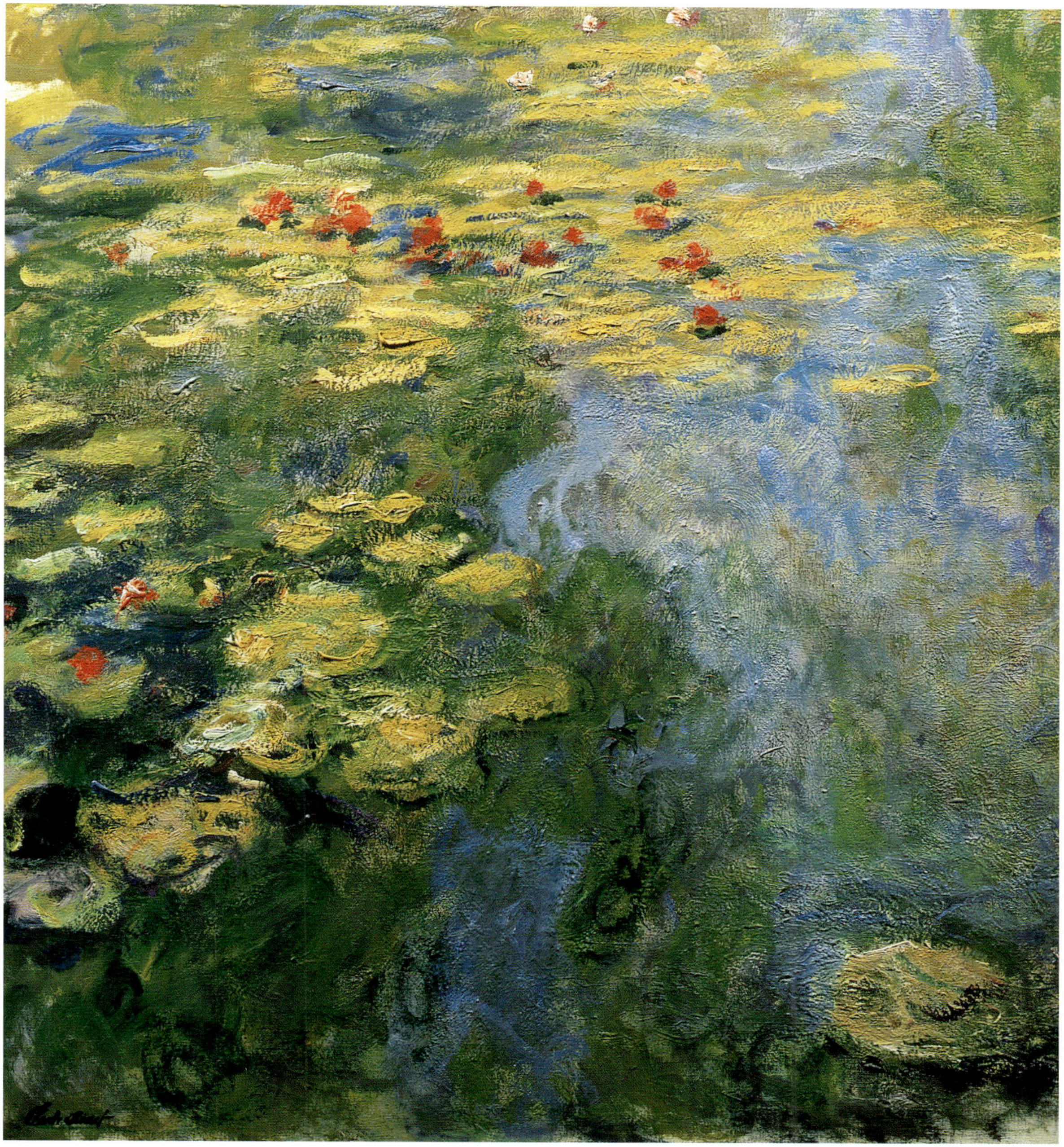

dem, was ich tue. Falls die neue Brille noch besser ist, hundert zu werden.«

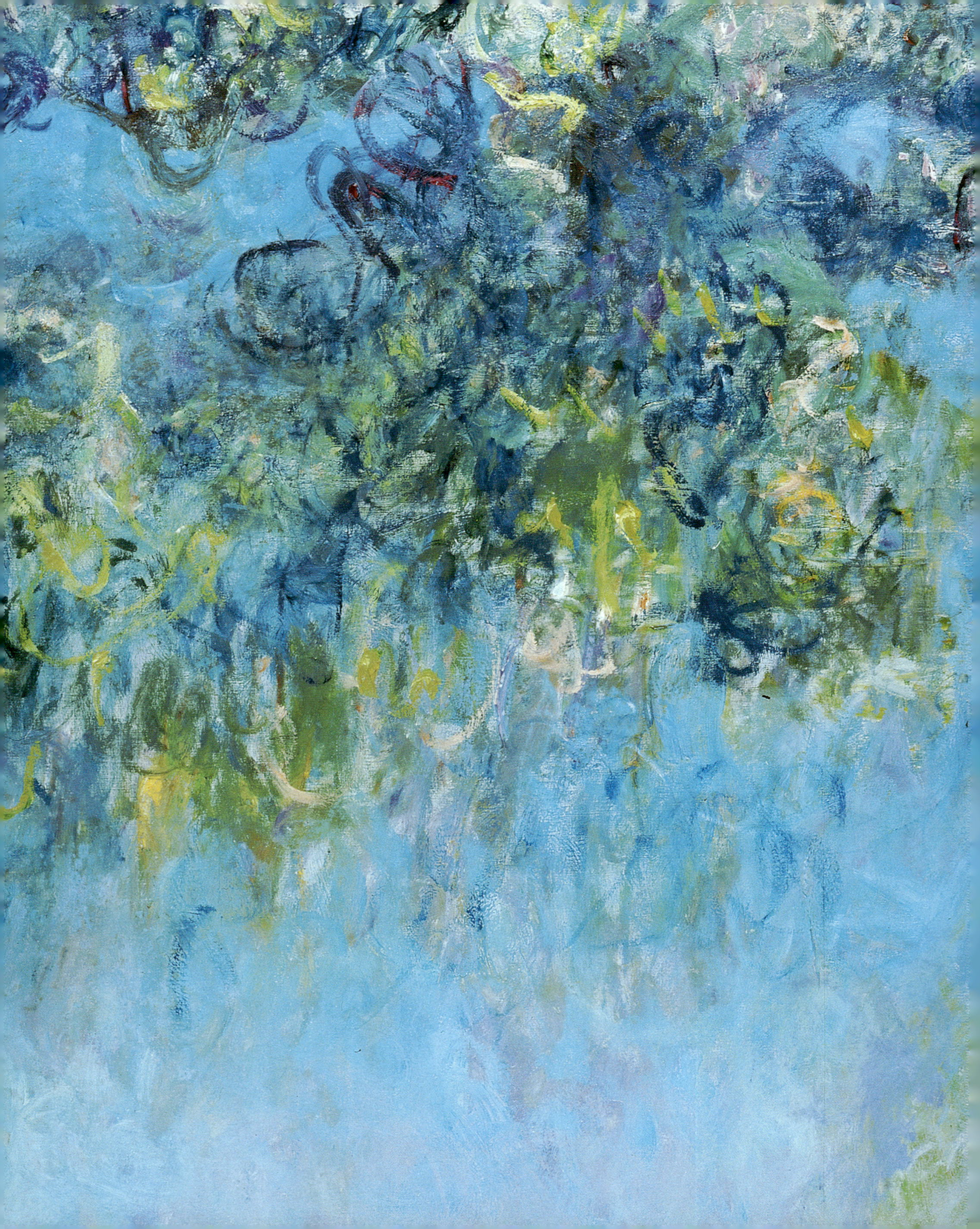

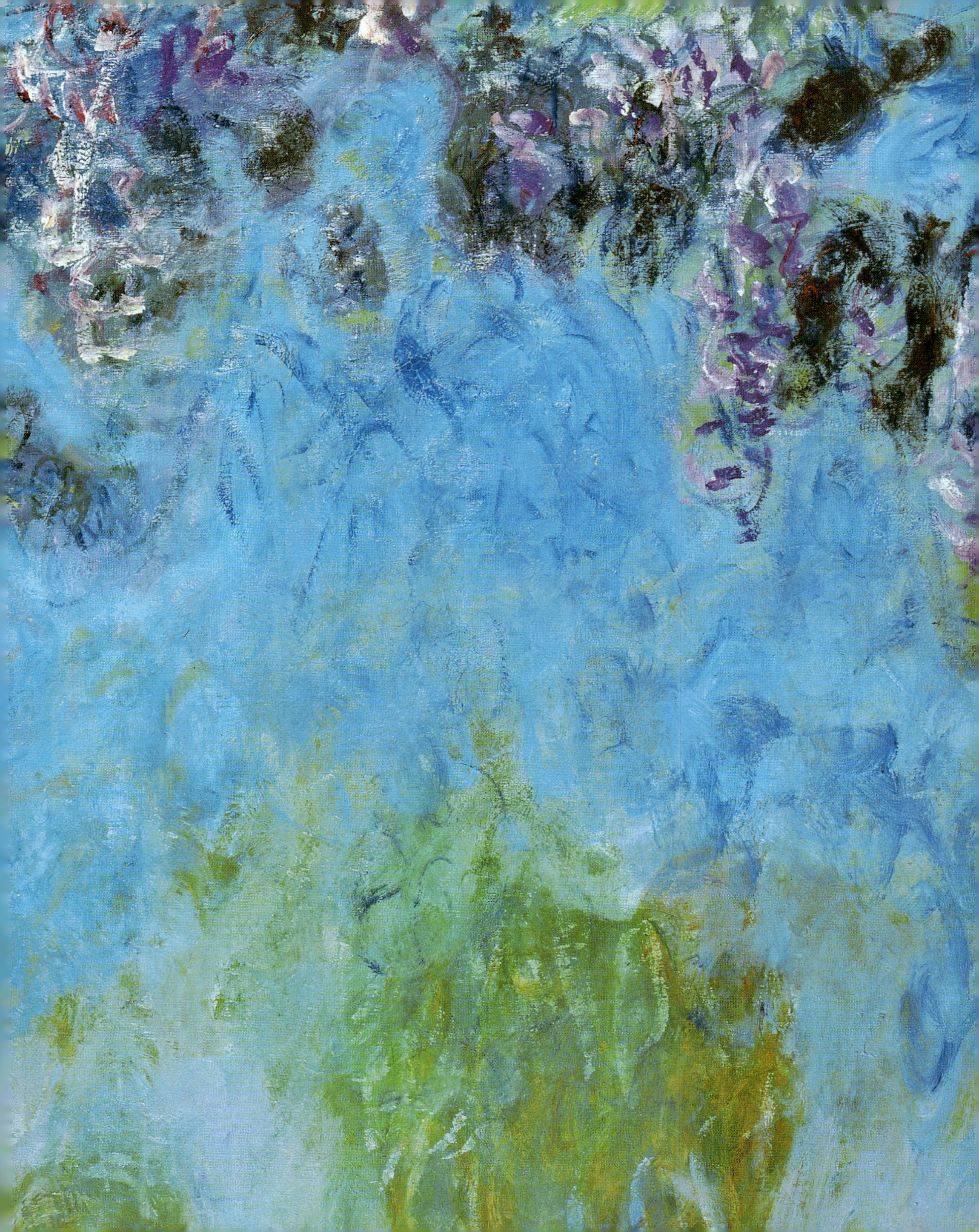

Nachwort

NACH MONETS TOD erhielten zahlreiche Künstler die Erlaubnis, in seinem Garten zu malen. Diese Tradition wird bis zum heutigen Tag fortgesetzt – an jedem Montag, wenn Giverny für die Öffentlichkeit geschlossen ist, können sich Maler hier aufhalten. Auch wenn Monet Imitationen strikt als Schmeichelei ablehnte und seine Nachahmer dazu anhielt, eigene Interpretationen zu finden, besteht sowohl sein künstlerischer als auch sein gärtnerischer Einfluss fort. Der große Landschaftsmaler J. C. N. Forestier schreibt in seinem Werk *Jardins: Carnets de Plans et de Dessins* aus dem Jahr 1920 beispielsweise die Renaissance der Rosen als Gartenpflanzen Monets Rosenbeeten in Giverny zu. Für die von Forestier durchgeführte Restaurierung der Pariser Bagatelle-Gärten lieferte Monet mit seinen Rosen, den Iris, dem Küchengarten und dem Teich mit den von Latour-Marliac stammenden, farbenfrohen Seerosen eine Fülle von Inspirationen.

Rund um die Welt versuchte man in der Folgezeit, »impressionistische« Gärten anzulegen. Das Museum of American Art in Giverny, das der beachtlichen Kolonie amerikanischer Künstler in Giverny gewidmet ist, betritt man durch eine mit Glyzinen berankte Pergola. Im 4H Children's Garden im amerikanischen Bundesstaat Michigan laufen die Kinder über eine Nachbildung von Monets Brücke und bringen mit schaukelnden Balken die bronzenen Frösche zwischen den Seerosen dazu, ahnungslose Passanten mit Wasser zu bespritzen; in England verbindet sich der impressionistische Stil wunderbar mit der Arts-and-Crafts-Vorliebe für Pergolen. Im japanischen Kochee wurde das neue Jahrtausend mit einer detailgetreuen Rekonstruktion von Monets Haus und Gärten begrüßt. Regelmäßig reist der Chefgärtner von Giverny, Gilbert Vahé, nach Kochee, um dieser Reproduktion von Monets Pflanzenpalette den letzten impressionistischen Schliff zu geben – das Ergebnis ist atemberaubend. Zu einem Zeitpunkt, als keiner von dem zukünftigen Ruhm Monets auch nur ahnte, tat Cézanne den berühmten Ausspruch: »Monet ist ein Auge, das wunderbarste Auge, seit es Maler gibt.« Welche Farben, welche Gefühle würde dieses Auge spüren, wenn es die fernöstliche Sonne über diesem neuen Garten aufgehen sähe?

Monets Pflanzen

Bambus

Joseph Bory Latour-Marliac war ein begnadeter Seerosenzüchter, doch in seiner Gärtnerei südlich von Bordeaux kultivierte er auch Bambusarten, die an verschiedenste Klimazonen angepasst sind, sowie eine Vielzahl von Sumpfgewächsen. 1894 bestellte Monet bei ihm Seerosen, Bambus und 16 weitere Pflanzenarten für seinen Wassergarten. Die besondere Struktur des Bambus, der rund ums Jahr attraktiv aussieht und auch winterhart ist, machten diesen zu einer idealen Wahl für den japanisch angehauchten Wassergarten von Giverny.

Blühende Bäume

Bei seinem Einzug in Giverny im April 1883 wurde Monet von einer berauschenden Apfelblüte begrüßt. Mit neu aus Japan eingeführten Zierkirschen (*Prunus ssp.*) trug er das Seinige dazu bei, diesen Effekt noch zu verstärken. Ab März verschönern die Blütenwolken die weiten Rasenflächen; das sattgrüne Laub der Bäume wirkt inmitten der kaleidoskopisch bunten Beete im oberen Garten später im Jahr als erholsamer Blickfang. Auch im oberen Garten finden sich zahlreiche Zierkirschen, die durch rosafarbene und weiße Blütenschleier bestechen. In der Nähe des Hauses wachsen außerdem Spalierbirnen, deren reinweiße Blüten einige Zeit vor den rosa Blüten des Holzapfels (*Malus ssp.*) erscheinen.

Clematis

Bevor die Clematis im 16. Jahrhundert nach Europa kam, wurde sie bereits lange Zeit in Japan kultiviert. Japanische Züchtungen, insbesondere die früh blühende *Patens*-Gruppe, gelangten ebenso wie die großblütigen chinesischen Sorten in der Mitte des 19. Jahrhunderts nach Europa. Die Züchter waren schnell erfolgreich, so dass bald eine Fülle außergewöhnlicher Sorten erhältlich war.

Dahlien

Diese ursprünglich in Mittel- und Südamerika heimischen Staudengewächse kamen bereits Mitte des 16. Jahrhunderts nach Madrid. Im 19. Jahrhundert erforschte man sie im Pariser Jardin des Plantes auf ihre Verwendung als Futterpflanze. Dahlien lassen sich leicht kreuzen, was viel zu ihrer Popularität in den 1840er Jahren beitrug. Auch Monet gelangen durch Kreuzung einige neue Sorten; seine Lieblingsvarietät war ›Etoile de Digoin‹. Daneben hatte er eine Vorliebe für Kaktusdahlien, die von dem Gärtner Truffaut als »einem Seestern ähnlich« beschrieben werden.

Glyzinen

Die französische Pflanzenbezeichnung *glycine* evoziert auf lautmalerische Weise den Anblick dieser grün belaubten Rankpflanzen aus der Familie der Schmetterlingsblütler mit ihren prächtigen violetten oder weißen Blütentrauben. Eine von Monet noch persönlich gepflanzte Glyzine windet sich am Ufer des Teiches um ein Rankgerüst, während üppige Büschel violetter und weißer Blüten die Bögen der japanischen Brücke verschönern.

Iris

Monet pflanzte eine Fülle von verschiedenartigen Irisgewächsen (Schwertlilien). Die prächtig gefärbten Blüten schaffen vor dem Hintergrund der schwertförmigen grünen Blätter sowohl Licht reflektierende als auch Licht absorbierende Effekte. Große Horste aus leuchtend gelben Iris stechen am sonst von gedämpften Tönen beherrschten Teichufer heraus; ihr Spiegelbild verschmilzt auf dem Wasser mit den Reflexionen von Wolken und Weiden. Im 19. Jahrhundert führten Spezialgärtnereien neue Sorten aus aller Welt ein und züchteten eine Vielzahl von Varietäten mit neuen Farben und Größen.

Rosen

Der große Landschaftsgärtner J. C. N. Forestier war Monet dankbar dafür, dass er den zuvor in den Gärten verpönten Rosen zu neuer Beliebtheit verhalf. Der Künstler ließ sie an verschiedensten schmiedeeisernen Rankgerüsten emporklettern, zum Beispiel an den berühmten Bögen der Grande Allée, stützte sie mit freistehenden, dreibeinigen Gerüsten oder zog sie zu meterhohen »Bäumen« heran. Die Kletterrose ›Belle Vichyssoise‹ hat nur in Giverny überlebt. Im oberen Garten trugen Rosen zur »malerischen Komposition» vor allem in vertikaler Richtung bei, während sich im Wassergarten ihre bezaubernden Weiß- und Rosatöne im Teich spiegelten.

Seerosen

Zehn Jahre lang beschäftigte sich Latour-Marliac in seiner Gärtnerei mit der Kreuzung von Seerosen (*Nymphaea ssp.*). William Robinson, der Herausgeber von *The Garden*, berichtete bereits früh über diese Züchtungen und bestellte im Vorfeld der Weltausstellung von 1889 verschiedene Sorten. Im Jahr 1894 orderte Monet seine ersten Seerosen, daneben Lotosblumen, Riedgräser und ausgewählte Wasserpflanzen. 1904 erstand er vier weitere seltene Seerosen-Sorten: ›Arethusa‹, ›Atropurpurea‹, ›William Falconer‹ und ›James Brydon‹. In den 1920er Jahren waren im Garten von Giverny mehr als 1000 Seerosenexemplare zu bestaunen.

Monets Verwandte, Freunde und Bekannte

Boudin, Eugène (1824–1898) Der in Honfleur geborene Maler ist für seine maritimen Wasserlandschaften und die normannische Küste darstellenden Strandszenen bekannt. 1856 lernte er Monet kennen und hatte großen Einfluss auf den jungen Künstler. Er ermutigte ihn dazu, im Freien die Natur zu malen. Boudin war bis an sein Lebensende eng mit Monet befreundet.

Caillebotte, Gustave (1848–1894) Der Maler und wohlhabende Sammler schloss sich im Rahmen der zweiten Impressionistenausstellung im Jahr 1876 dieser Künstleravantgarde an. Alle folgenden Ausstellungen organisierte er mit und nahm mit eigenen Werken daran teil; daneben trat er auch als Käufer zahlreicher zeitgenössischer Gemälde in Erscheinung. Die von ihm erstandenen Bilder vermachte er dem französischen Staat; sie stellen heute das Kernstück der impressionistischen Sammlung des Pariser Musée d'Orsay dar. Caillebottes Werk umfasst zahlreiche Gemälde, die Gärten um Yerres sowie einen eigenen Garten in Petit Gennevilliers zeigen.

Clemenceau, Georges (1841–1929) Clemenceau war einer der politisch führenden Köpfe seiner Zeit und ein großer Kunstliebhaber. Er ließ sich in Bernouville nieder, um in Monets Nähe zu sein; beide Männer verband eine enge Freundschaft. Clemenceaus gutem Zureden ist es zu verdanken, dass Monet die *Grandes Décorations* vollendete und die Augenoperationen vornehmen ließ, die seine Sehkraft wiederherstellten. Unter dem Titel *Claude Monet* veröffentlichte er 1928 eine Biographie des Malers.

Durand-Ruel, Paul (1831 – 1922) Der Kunsthändler Paul Durand-Ruel war einer der wichtigsten Förderer Monets und der Impressionisten. Die Freundschaft zerbrach später an einer Meinungsverschiedenheit über den Verkauf von Monets Arbeiten an amerikanische Sammler.

Geffroy, Gustave (1855 – 1926) Der angesehene Kunstkritiker interessierte sich insbesondere für japanische Kunst und zeitgenössische Literatur. Monet und Geffroy verband eine enge Freundschaft; 1924 veröffentlichte Geffroy eine Monet-Biographie.

Hoschedé, Alice (1845 – 1911) 1892, ein Jahr nach dem Tod ihres Mannes Ernest Hoschedé, wurde Alice Hoschedé Monets zweite Frau. 1878, nach dem Bankrott des Kaufmanns Ernest Hoschedé, schloss sich die Familie Hoschedé dem Haushalt der Monets an. Alice pflegte Monets erste Frau Camille bis zu deren Tod 1879 und zog danach Camilles Kinder zusammen mit ihren eigenen auf. Alice war Mutter von sechs Kindern: Marthe, die nach dem Tod ihrer Schwester Suzanne Theodore Butler heiratete; Blanche, selbst Künstlerin und Frau von Jean Monet – sie pflegte Monet bis zu seinem Tod und kümmerte sich bis zu ihrem eigenen Tod um Giverny; Suzanne, Monets Lieblingsmodell, Frau von Theodore Butler und Mutter von Lily und James; Jacques, der nach Norwegen zog; Germaine, die Albert Salerou heiratete; Jean-Pierre, der sich nach Blanches Tod um Giverny kümmerte und das Buch *Monet: ce mal connu* veröffentlichte.

Latour-Marliac, Joseph Bory (1830–1911) Der bekannte Pflanzenzüchter präsentierte auf der Pariser Weltausstellung 1889 seine neuesten Seerosenhybriden und erhielt drei Goldmedaillen. Monet kaufte bei ihm viele Seerosen.

Mallarmé, Stéphane (1842 – 1898) Der symbolistische Dichter, der in seinem Werk visuelle und verbale Effekte verknüpfte, war ein begeisterter Anhänger der Impressionisten. Monet bewunderte Mallarmés dichterisches Werk und stellte ihn dem amerikanischen Maler James McNeill Whistler vor.

Mirbeau, Octave (1848 – 1917) Der Schriftsteller und Kunstkritiker war ein enger Freund Monets und verfasste begeisterte Rezensionen zu den Werken der Impressionisten. Er war ein leidenschaftlicher Gärtner.

Pissaro, Camille (1830 – 1903) Monet lernte Pissarro bereits zu Beginn der 1860er im Atelier Suisse kennen. Der aus einer französisch-jüdischen Familie stammende Pissarro wurde zu einer der Leitfiguren des Impressionismus; mit seiner Unterstützung fand 1874 die erste impressionistische Ausstellung statt. Während des Deutsch-Französischen Kriegs ging Pissarro nach London ins Exil und machte Monet dort mit Durand-Ruel bekannt. In den 1890ern bediente sich Pissarro der neuen Technik des Pointillismus.

Renoir, Pierre Auguste (1841 – 1919) Renoir begann seine künstlerische Laufbahn in Paris als Porzellanmalergehilfe, bevor er sich zu Beginn der 1860er Jahre dem Kunstatelier von Charles Gleyre anschloss; dort lernte er Monet kennen. Er wurde zu einem seiner treuesten Freunde, besonders um 1860 arbeiteten die beiden eng zusammen. Der von Rheuma geplagte Renoir zog 1895 nach Südfrankreich. 1907 kaufte er das Anwesen Les Collettes in Cagnes, wo mehr als 1000 Jahre alte Olivenbäume stehen. Renoir hatte drei Söhne, Pierre, Jean (der Regisseur wurde) und Claude. Nach dem Tod Renoirs 1911 war Monet der letzte noch lebende Vertreter der Impressionisten.

Weitere Literatur

Monographien

André, E.: *L'art des jardins: traité générale de la composition des parcs et jardins*, Paris 1879.
Arnold, M.: *Claude Monet*, rororo, Reinbek 1998
Chevreul, E.: *De la loi du contraste simultané des couleurs et de l'assortiment des objets colorés considerées d'après cette loi dans ses rapports avec la peinture, les tapisseries*, Paris 1839.
Chevreul, E.: *L'enseignement durant l'étude de la vision, la loi du contraste simultané des couleurs*, Paris 1865.
Clemenceau, G.: *Claude Monet*, Insel Verlag, Frankfurt 1992.
Elder, M.: *A Giverny, chez Claude Monet*, Paris 1924.
Forestier, J.C.N.: *Jardins: Carnets de Plans et de Dessins*, Paris, 1920.
Geffroy, G.: *Monet: Sa Vie, Son Temps, Son Œuvre*, 2 Bde., Crès & Cie, 1924 (Editions Macula, 1980).
Gerdts, W. H.: *Monet's Giverny: An Impressionist Colony*, Abbeville Press, New York 1993.
Hayes Tucker, P.: *Monet in the Nineties: The Series Paintings*, Yale University Press, New Haven 1989.
Hayes Tucker, P.: *Monet in the 20th Century*, Yale University Press, New Haven 1998.
Hoschedé, J. P.: *Monet: ce mal connu*, Genf 1960.
House, J.: *Monet: Nature into Art*, Yale University Press, New Haven 1986.
Joyes, C.: *Monet bittet zu Tisch*, Collection Rolf Heyne, München 1993.
Keller, H.: *Monets Jahre in Giverny*, Du Mont Verlag, Köln 1989.
Levine, S. Z.: *Monet, Narcissus and Self-Reflection*: the *Modernist Myth of Self*, University of Chicago Press, Chicago 1994.
Mallarmé, S.: *Gedichte/Kritische Schriften*, Primus Verlag, Darmstadt 1998.
Plumptre, G.: *The Water Garden*, Thames and Hudson, London 1993.
Renoir, J.: *Mein Vater Auguste Renoir*, Diogenes, Zürich 1982.
Robinson, W.: *The English Flower Garden*, J. Murray, 1883 (Amaryllis Press, 1984).
Russell, V.: *Monet's Garden: Through the Seasons at Giverny*, Frances Lincoln, London 1995.
Russell, V.: *Monet und seine Landschaften*, Knesebeck, München 1998.
Sagner-Düchting, K.: *Monet in Giverny*, Prestel, München 1994.
Société des Amis de Georges Clemenceau: *Georges Clemenceau à son ami Claude Monet*, 1993.
Spate, V.: *The Colour of Time*, Thames and Hudson, London 2001.
Toussaint, Abbé A. & Hoschedé, J. P.: *La Flore de Vernon et de la Roche Guyon*, 1898.
Van der Kemp, G.: *A Visit to Giverny*, Art Lys, Versailles 1993.
Walther, I. F.: *Malerei des Impressionismus 1860–1920*, Band I: *Der Impressionismus in Frankreich*, Benedikt Taschen Verlag, Köln 1992.
Wildenstein, D.: *Claude Monet: biographie et catalogue raisonné*, 4 Bde, Lausanne und Paris 1974–85.
Wildenstein, D.: *Monet or the Triumph of Impressionism*, Benedikt Taschen Verlag, Köln 1999.
Wittmer, P.: *Caillebotte and his garden at Yerres*, Harry N. Abrams, Inc., New York 1991.

Zeitschriften

Breuil, Felix, ›Les Iris pour bord de rivières, étangs et terrains humides‹, *Jardinage*, Nr. 21, Oktober 1913.
Gwynn, Stephen, ›Claude Monet's Lily Garden‹, *Country Life*, Okt. 1933.
Mosser, Monique, ›Jardins ›fin de siècle‹ en France‹, *Revue de l'Art*, Paris 2000.
Truffaut, Georges, ›Le Jardin de Claude Monet‹, *Jardinage*, Nr. 87, November 1924.

Quellen der Zitate

1. Kapitel

Seiten 18–19: Claude Monet in einem Brief an Jean-Frédéric Bazille, 1868.
Seite 22: Claude Monet in einem Brief an Jean-Frédéric Bazille, 1861.
Seiten 24–25: Claude Monet in einem Gespräch mit Herman Bang, veröffentlicht in *Bergens Tiede*, 1895.
Seite 26: Geffroy, Gustave: *Monet: Sa Vie, Son Temps, Son Œuvre*, 1924.
Seiten 32–33: Claude Monet in einem Brief an Paul Durand-Ruel, 1890.
Seite 39: Claude Monet in einem Gespräch mit Stéphane Mallarmé, 1880er Jahre.
Seiten 42–43: Geffroy, Gustave: *Monet Sa Vie, Son Temps, Son Œuvre*, 1924.
Seite 45: Claude Monet in einem Gespräch mit Herman Bang, veröffentlicht in *Bergens Tiede*, 1895.
Seite 46: Claude Monet in einem Brief an Renoir nach dem Deutsch-Französischen Krieg, zitiert von Jean Renoir in *Mein Vater Auguste Renoir*, 1962.
Seite 53: Claude Monet in einem Brief an Georges Clemenceau, 1922.
Seite 60: Claude Monet in einem Brief an Georges Clemenceau, 1922.
Seite 63: Clemenceau, Georges, *Claude Monet*, 1928.
Seite 66: Claude Monet in einem Gespräch mit Herman Bang, veröffentlicht in *Bergens Tiede*, 1895.

2. Kapitel

Seite 76: René Gimpel, Kunsthändler, in: Notizen über den oberen Garten von Giverny, 1918.
Seiten 77–78: Laforge, Jules: *L'Art Impressioniste*, 1895.
Seite 87: Claude Monet in einem Gespräch mit Herman Bang, veröffentlicht in *Bergens Tiede*, 1895.
Seite 88: Geffroy, Gustave: *Monet: Sa Vie, Son Temps, Son Œuvre*, 1924.
Seite 93: Claude Monet in einem Brief an Gustave Geffroy, 1890.
Seiten 94–95: Claude Monet in einem Brief an Paul Durand-Ruel, 1890.
Seite 100: Claude Monet zu Georges Clemenceau, 1922.
Seiten 108–109: Claude Monet zu Gaston Bernheim-Jeune, 1920.
Seite 112: Claude Monet in einem Brief an Gustave Geffroy, 1890.
Seiten 114–115: Claude Monet in einem Brief an Gustave Geffroy, 1890.
Seiten 120–121: Claude Monet zu Paul Durand-Ruel, 1883.
Seite 124: Claude Monet in einem Gespräch mit Herman Bang, veröffentlicht in *Bergens Tiede*, 1895.

3. Kapitel

Seiten 136–137: Claude Monet in einem Interview, veröffentlicht in *Dagbladet*, 1895.
Seiten 144–145: Claude Monet in einem Gespräch mit Herman Bang, veröffentlicht in *Bergens Tiede*, 1895.
Seiten 154–155: Claude Monet in einem Gespräch mit Herman Bang, veröffentlicht in *Bergens Tiede*, 1895.
Seite 156: René Gimpel, Kunsthändler, in: Notizen über den oberen Garten von Giverny.
Seite 165: Ambroise Vollard in der Beschreibung eines Treffens mit Monet.
Seite 172: Claude Monet in einem Gespräch mit Professor Jacques Mawas, 1924.
Seite 176: Claude Monet in einem Brief an Jean-Frédéric Bazille, 1868.
Seiten 180–181: Claude Monet in einem Brief an André Barbier, 1925.

Register

Kursive Stichworte verweisen auf Bildtitel, kursive Zahlen verweisen auf Abbildungen.

Dank der Autorin

Die Danksagungen stellen für mich den schwierigsten Teil des Buches dar, denn so viele Menschen haben dazu beigetragen, dass die Ergebnisse meiner Recherche und die ersten Textentwürfe – die zuweilen sowohl etwas esoterisch als auch eklektisch anmuteten – zu einem schön illustrierten, gut lesbaren Buch geformt wurden. Zuerst möchte ich meiner Redakteurin Catherine Bradley danken, die mir mit ihren ausgezeichneten sprachlichen Kenntnissen dabei half, das auszudrücken, was ich wollte, und dem Text den letzten Schliff gab. Ein Dank gebührt auch Sue Webb für das Korrekturlesen des Textes und Cecilia Weston-Baker für weitere Bildrecherche. Ich hoffe, dass Monet die wunderbar farbenfrohe und fantasievolle Gestaltung des Buches gefallen würde, für die ich Clive Hayball danke.

Ein großer Dank gebührt auch vielen Menschen, die mit Claude Monet und Giverny in Zusammenhang stehen. Ich danke Philippe Piguet, der mir den Zugang zu den Familienalben der Monets ermöglichte; Mme Claudette Lindsey, der Gartendirektorin, für viele wertvolle Erklärungen; Gilbert Vahé für die Informationen über die Restaurierung des Hauses und die Anlage des Monet-Gartens im japanischen Kochee; Ray und Barbara Davis für ihre herzliche Gastfreundschaft und den Zugang zu den Latour-Marliac-Archiven; dem Musée Clemenceau sowie dem Musée Marmottan für ihre Unterstützung. Für die Hilfe bei den Recherchearbeiten danke ich der Bibliothèque National, der Cambridge University Library und der Lindley Library; Philip Norman vom Museum of Garden History; dem Fitzwilliam Museum und – last but not least – Erica Hunningher, der ich dieses faszinierende Projekt verdanke.
Ein Dank geht auch an P&O Porthsmouth für die Überfahrt.

Ein liebevoller Dank geht an David, der immer ein offenes Ohr hatte und zahllose Antiquariate für mich durchstöberte, sowie an Nick und Will für ihre spontanen Reaktionen.

Bildnachweis

Der Originalverlag dankt den folgenden Personen, Museen, Galerien und Bildagenturen für die Erlaubnis, Bildmaterial zu reproduzieren. Es wurden alle Anstrengungen unternommen, die jeweiligen Copyright-Inhaber zu ermitteln. Sollte das in dem einen oder anderen Fall nicht gelungen sein, entschuldigen wir uns in aller Form dafür und werden bei Benachrichtigung die entsprechenden Angaben in den folgenden Auflagen korrigieren.

AKG, London 52; Art Archive 92, 110, 116f.,122f., 169; Art Archive/Jean Waller und Paul Guillaume Collection 131, 176f.; Art Archive/Joseph Martin Album 23 und Art Archive/Musée d'Orsay 67; Bridgeman Art Library/Agnew & Sons 164; Bridgeman Art Library/Archive Larousse 82 (links); Bridgeman Art Library/British Library 30; Bridgeman Art Library/Christie's Images 49 und 80; Bridgeman Art Library/Galerie David Malingue 57; Bridgeman Art Library/Gemeentemuseum, Den Haag, Niederlande 182f.; Bridgeman Art Library/Minneapolis Institute of Arts 175; Bridgeman Art Library/Musée de Grenoble 119; Bridgeman Art Library/Musée des Beaux-Arts, Caen 108; Bridgeman Art Library/Musée des Beaux-Arts, Nantes 142f.; Bridgeman Art Library/Musée Marmottan 18, 19, 36, 38, 51, 61, 72, 73, 97, 102f., 135, 136 und 173; Bridgeman Art Library/Museum of Art, Tokio 181; Bridgeman Art Library/Privatsammlungen 34, 50, 83, 86, 113 und 137; Caroline Holmes 141; Christie's Images 150, 152 und 161; Country Life Picture Library 20f., 70 (rechts), 96 und 132f.; Fitzwilliam Museum, Cambridge 2 und 139; Harry Smith Collection 81 und 90 (unten); Hugh Palmer 27; Latour-Marliac Pflanzschulen, Frankreich; 120; Andrew Lawson Collection 30, 32f., 45, 53, 70 links, 77, 84f., 90 (oben), 91, 101, 153 und 157; Philippe Piguet Collection, Paris 6, 16 (links), 26, 28f., 37, 48, 56 (links und rechts), 62, 63 (oben und unten), 64f., 76, 89, 106f., 112, 124, 127, 130 (rechts), 138, 144, 160, 162, 165, 172, 174 und 180; Réunion des Musées Nationaux, Paris 17, 35, 40f., 47, 54f., 75, 128, 140, 148 und 149; Roger Viollet 14, 44, 71, 94f., 100, 158f., 166, 170f. und 178f.; Stapleley Water Gardens Nursery 42 und 109 (oben und unten); Sygma/Corbis 43 und 118; Vivian Russell 4f., 16 (rechts), 25, 39, 58, 59, 68, 78f., 82 (rechts), 98f., 104, 111, 115, 121, 125, 126, 130 (links), 146f., 154f. und 167.

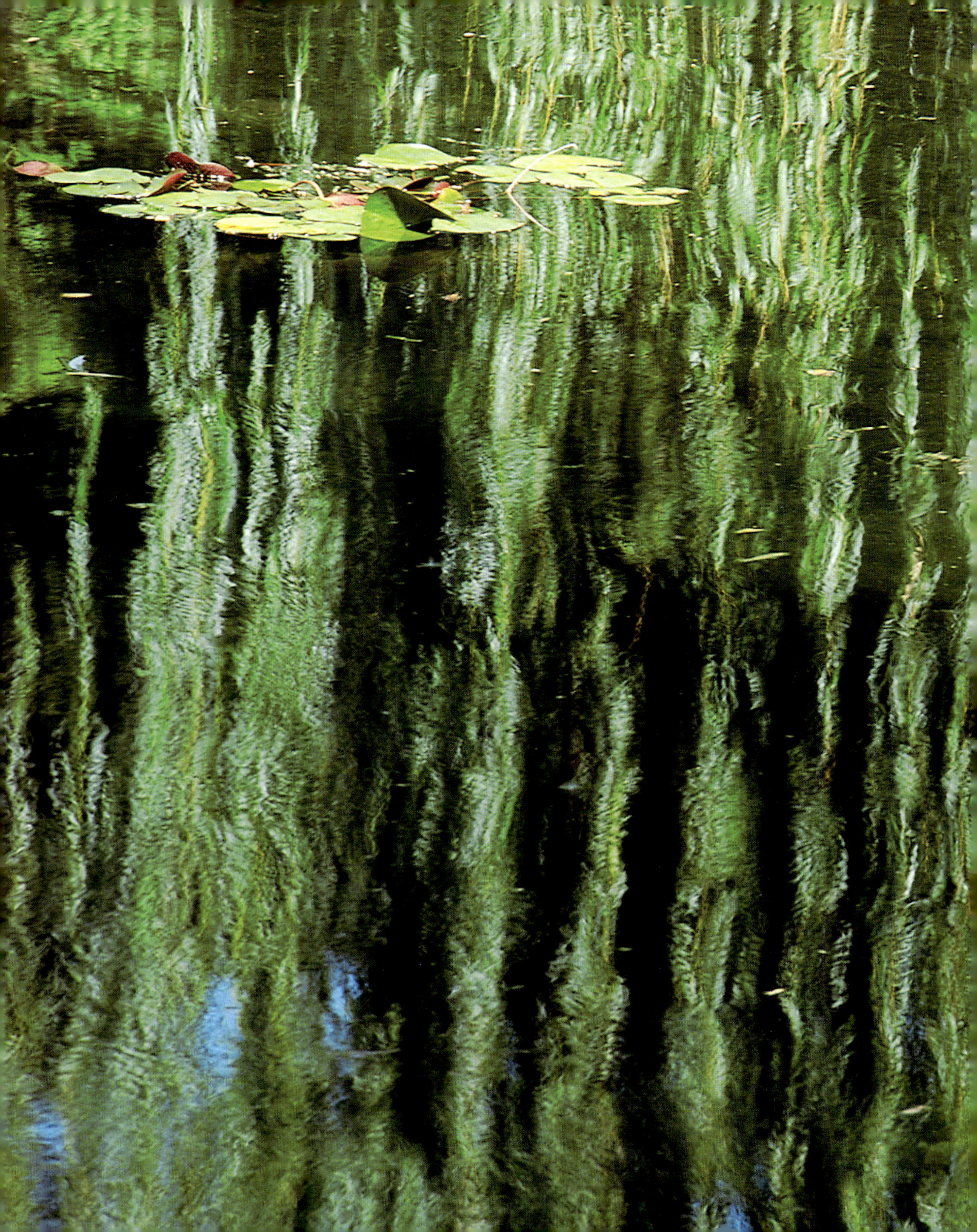